改訂
戸籍のための Q&A

「婚姻届」のすべて

届書の記載の仕方及びその解説

荒木文明 著

日本加除出版

改訂版　はしがき

　本書の初版は，平成21年3月に刊行しましたところ，幸いにも届出をする方や届出にかかわる方々並びに戸籍事務に携わっておられる方々にもご利用いただき，心から感謝申し上げます。

　本書の主たる目的は，初版のはしがきでも申し上げましたとおり，婚姻の届書の様式に沿って，届書の各欄をどのように記載して届出をするかについて，届出する方々の立場にたって解説したものです。また，婚姻届に記載する内容は，届出をする方々によって異なることにもなりますので，同時に届書の記載に関連する事柄についても，項目を設けて解説することにしました。

　今回の改訂は，初版刊行から8年以上経過し，その間に法令等の改正がされています。その主なものは次のとおりですが，それらの改正で関連するものを付け加えることにしました。

　初版刊行後の法令等の改正で関連するものとしては，例えば，平成21年法律第79号をもって「出入国管理及び難民認定法」が改正され（平成24年7月9日施行），新しい在留管理制度の導入により外国人の住民についても日本人と同様に住民基本台帳法の適用対象とされました。その関係で同年法律第77号をもって「住民基本台帳法の一部を改正する法律」が同日に施行され，同法に外国人住民に関する特例の規定が新設されました。これに伴い外国人登録法（昭和27年法律125号）は廃止されました。

　また，平成23年法律第51号をもって「非訟事件手続法」が制定され，さらに同年法律第52号で「家事事件手続法」が制定されたことにより，従前の家事審判法（昭和22年法律152号），家事審判規則，特別家事審判規則が廃止されました。

　次いで平成23年法律第61号をもって「民法等の一部を改正する法律」が施

行され，親権停止，その取消し，未成年後見人の複数の選任，未成年後見人に法人の選任が認められる等の改正がされました。さらには平成25年法律第94号をもって嫡出でない子の相続分を嫡出子と同等とする民法の規定の一部が改正され施行されました。また，平成28年法律第71号をもって再婚禁止期間の6箇月を百日とする等の民法の規定の一部が改正され，同年6月7日施行されました。

　これらの改正は，本書の内容のすべてに影響するものではないが，この改正法等の施行を契機に本書の全面的な見直しを行いました。これに伴いQ&Aに3問，事例に1つを追加しました。また，初版発刊以後に読者の方々からいただいた貴重なご意見等を参考にして，必要な加除・修正等を行った上ここに改訂版を刊行することにしました。なお，本書の主たる目的は先に述べたとおりですので，従前の書名に「届書の記載の仕方及びその解説」と副題を付け加えることにしました。

　改訂にあたっては，初版のときと同様に日本加除出版株式会社常任顧問の木村三男先生（元大津地方法務局長）に適切なご指導を頂き，心から感謝申し上げます。また，同社編集部長の大野弘さん並びに同部倉田芳江さんに多くのご協力を頂いたことに対し厚くお礼申し上げます。

　本書が初版と同様，届出をする方々にとって多少なりとも役立つことになれば，望外の幸せであります。

平成29年9月

著　者

初版　はしがき

　本書は，平成20年1月に刊行した『戸籍のためのQ&A「出生届」のすべて』の第2弾として，今回「婚姻届」編を刊行することにしたものです。本書が婚姻の届出をされる方々，あるいは戸籍事務に携わっておられる方々のために多少なりともお役に立てるところがあれば，望外の幸せであります。なお，この後は「離婚届」編等の発刊を予定しております。引き続き読者の皆様のご支援をお願い申し上げます。

　婚姻の届出件数は，最近の統計によれば，総届出件数（平成19年度・453万6,677件）の16.3パーセント（74万736件）を占めております。これは，死亡届（113万8,401件），出生届（112万6,850件）に次いで第三位になりますから，市区町村における戸籍事務に占める割合は高いことになります（法務省の統計・「戸籍」823号49頁参照）。

　最近の婚姻の届出件数は以上のとおりですが，これまでの経緯をみてみると，昭和47年度の111万8,790件をピークに，その後年々減少し，昭和62年度には71万848件となり，その後はやや増加傾向を示し，平成5年度から平成13年度までは80万件前後で増減を繰り返していました。しかし，平成14年度以降は，80万件台を大きく割り込んで，平成19年度（平成19.4.1～20.3.31）は前記のとおり74万736件となっています。

　昭和47年度のピークは，戦後の第一次ベビーブーム期（昭和22～24年）に出生したいわゆる団塊の世代が，平均初婚年齢に近づいたことを示していたためと考えられていますが，最近の減少傾向は，晩婚化，非婚化が影響しているのではないかといわれています。

　婚姻の届出の総件数は以上のように減少していますが，それにひきかえ近年は，渉外的婚姻の件数が年々増加の傾向にあります。これは，わが国の国

際交流化の進展に伴う人的交流の影響によるとされていますが，平成18年には日本人と外国人との婚姻件数は，4万4,701件で，前年より3,220件の増加を示しており（厚生労働省の調査・「戸籍」823号54頁参照），この傾向は今後とも続くものと考えられます。渉外的婚姻の届出の処理は，外国法の把握と婚姻当事者である外国人の国籍及び身分関係の確認等が必要とされますから，市区町村の戸籍事務担当職員はもとより，戸籍事務に係わる方々にとっては，事務処理の困難さが増しているものと思われます。

　本書の主たる目的は，婚姻の届書の様式に沿って，届書の各欄にはどのように記載して届出をすればよいかということを，届出をされる方々の立場にたって解説しようとするものです。

　また，婚姻の届出は，前述のとおり渉外的婚姻の占める割合も高くなっていることから，届書に記載する内容も多様になっていますので，本書が届出をされる方々の届書記載のヒントになればと考え，設問（Q）と事例を多く掲げました。

　一方，市区町村の戸籍事務担当職員におかれても，届出の内容が多様で複雑になっていることから，届出される方々に対して，届書の記載等の説明をする場合には，いろいろな質問を受けるものと考えられます。戸籍事務の適正な処理は，届出をする方々にいかに正確な届出をしていただくかにかかっているといっても過言ではありません。その意味では，届出をする方々に対する届書の記載についての説明は大事であり，前述の届書記載のヒントは，戸籍事務担当職員においても役立つものと考えられるので，答（A）の他に〔注〕を付け加えて，説明をする場合に役立つようにしました。

　さらに，届出の内容によっては，経験を積んだ戸籍事務の担当職員でも，法令や戸籍先例等を確認する必要性が生じる場合もあると考え，前記の〔注〕の他に〔参考文献〕を掲げ，その文献を参照することによって，より深く理解が得られるようにしました。

本書は，以上のような点に配慮したところですが，筆者が何分にも非力であるため，思わぬ誤りをおかしている点があるのではないかと危惧しております。その点については，読者の皆様のご叱正やご意見をいただき，今後さらに充実を期して参りたいと考えております。

　また，本書の題名を「Q&A婚姻届のすべて」としましたが，まだまだ付け加えるべき事項があると思われ，「すべて」というには程遠いと考えますが，それは前記の〔注〕及び〔参考文献〕によって補うことを望んでいるところであります。

　おわりに，本書の構成・内容等につきましては，日本加除出版株式会社常任顧問の木村三男氏（元大津地方法務局長）並びに竹澤雅二郎氏（元浦和地方法務局次長）に適切なご指導をいただきました。

　ここに記して，心から感謝を申し上げます。

　平成21年2月

　　　　　　　　　　　　　　　　　　　　　　　荒　木　文　明

【凡　例】

法令，先例は，次のように略記しました。

　　民………………民法
　　通則法…………法の適用に関する通則法
　　人訴……………人事訴訟法
　　家事……………家事事件手続法
　　家事規…………家事事件手続規則
　　戸………………戸籍法
　　戸規……………戸籍法施行規則
　　住基法…………住民基本台帳法
　　標準準則………戸籍事務取扱準則制定標準

　　昭和16．5．20大審院判決・民集20巻629頁
　　　　………………………………昭和16年5月20日大審院判決・大審院民
　　　　　　　　　　　　　　　　　事判例集20巻629頁
　　昭和44．10．31最高裁判決・民集23巻10号1894頁
　　　　………………………………昭和44年10月31日最高裁判所判決・最高
　　　　　　　　　　　　　　　　　裁判所民事判例集23巻10号1894頁
　　昭和37．2．8高松高裁判決・下民集13巻1号45頁
　　　　………………………………昭和37年2月8日高松高等裁判所判決・
　　　　　　　　　　　　　　　　　下級裁判所民事判例集13巻1号45頁
　　昭和29．8．24東京地裁判決・判例時報34号19頁
　　　　………………………………昭和29年8月24日東京地方裁判所判決・
　　　　　　　　　　　　　　　　　判例時報34号19頁
　　昭和29．10．5大阪地裁判決・下民集5巻1675頁
　　　　………………………………昭和29年10月5日大阪地方裁判所判決・
　　　　　　　　　　　　　　　　　下級裁判所民事判例集5巻1675頁
　　平成20．4．7民一1000号通達………平成20年4月7日付け法務省民一第1000
　　　　　　　　　　　　　　　　　号法務局長，地方法務局長あて法務省民
　　　　　　　　　　　　　　　　　事局長通達
　　平成14．8．8民一1885号通知………平成14年8月8日付け法務省民一第1885
　　　　　　　　　　　　　　　　　号法務局民事行政部長，地方法務局長あ
　　　　　　　　　　　　　　　　　て法務省民事第一課長通知
　　昭和39．5．27民事甲1951号回答………昭和39年5月27日付け民事甲第1951号法
　　　　　　　　　　　　　　　　　務省民事局長回答（昭和39年5月14日付
　　　　　　　　　　　　　　　　　け戸甲第811号東京法務局長照会に対す
　　　　　　　　　　　　　　　　　る回答）

【参考文献】

引用した参考文献は，次のように略記しました。

新版注釈民法(21)親族(1)………………	青山道夫・有地亨編集「新版注釈民法(21)親族(1)」
改訂親族法逐条解説…………………	中川淳著「改訂親族法逐条解説」
全訂戸籍法………………………………	青木義人・大森政輔著「全訂戸籍法」
最新体系・戸籍用語事典………………	南敏文監修・髙妻新著・青木惺補訂「最新体系・戸籍用語事典」
全訂Q&A渉外戸籍と国際私法 ………	南敏文編著「全訂Q&A渉外戸籍と国際私法」
はじめての渉外戸籍…………………	南敏文編著「はじめての渉外戸籍」
改訂設題解説渉外戸籍実務の処理Ⅰ …	渉外戸籍実務研究会著「改訂設題解説渉外戸籍実務の処理Ⅰ総論・通則編」
改訂設題解説渉外戸籍実務の処理Ⅱ …	渉外戸籍実務研究会著「改訂設題解説渉外戸籍実務の処理Ⅱ婚姻編」
設題解説渉外戸籍実務の処理Ⅳ ………	渉外戸籍実務研究会著「設題解説渉外戸籍実務の処理Ⅳ出生・認知編」
改訂はじめての戸籍法………………	南敏文編著「改訂はじめての戸籍法」
改訂戸籍届書の審査と受理…………	木村三男・神崎輝明著「改訂戸籍届書の審査と受理」
設題解説戸籍実務の処理Ⅰ…………	木村三男著「設題解説戸籍実務の処理Ⅰ総論編」
設題解説戸籍実務の処理Ⅱ…………	木村三男・竹澤雅二郎著「設題解説戸籍実務の処理Ⅱ戸籍の記載・届出（通則）編」
改訂設題解説戸籍実務の処理Ⅲ………	竹澤雅二郎・荒木文明著「改訂設題解説戸籍実務の処理Ⅲ出生・認知編」
改訂設題解説戸籍実務の処理Ⅴ(1)……	横塚繁・竹澤雅二郎著「改訂設題解説戸籍実務の処理Ⅴ婚姻・離婚編(1)婚姻」
改訂設題解説戸籍実務の処理Ⅸ………	竹澤雅二郎著「改訂設題解説戸籍実務の処理Ⅸ氏名の変更・転籍・就籍編」
設題解説戸籍実務の処理ⅩⅢ …………	木村三男編著「設題解説戸籍実務の処理ⅩⅢ戸籍訂正各論編(3)婚姻」
設題解説戸籍実務の処理ⅩⅦ …………	神崎輝明著「設題解説戸籍実務の処理ⅩⅦ追完編」
初任者のための戸籍実務の手引き（改訂新版第六訂）	戸籍実務研究会編「初任者のための戸籍実務の手引き（改訂新版第六訂）」

参考文献

初任者のための渉外戸籍実務の手引（新版2訂）	戸籍実務研究会編「初任者のための渉外戸籍実務の手引（新版2訂）」
全訂戸籍訂正・追完の手引	戸籍実務研究会編「全訂戸籍訂正・追完の手引き」
新版実務戸籍法	（一財）民事法務協会・民事法務研究所　戸籍法務研究会編「新版実務戸籍法」
届書式対照戸籍記載の実務（上）	木村三男著「届書式対照戸籍記載の実務（上）届出編」
新版Q&A戸籍公開の実務	斉藤忠男著「新版Q&A戸籍公開の実務」
補訂第3版注解戸籍届書「その他」欄の記載	島田英次著・大熊等・荒木文明補訂「補訂第3版注解戸籍届書「その他」欄の記載」
改訂第2版注解コンピュータ記載例対照戸籍記載例集	日本加除出版㈱・（一財）民事法務協会共編「改訂第2版注解コンピュータ記載例対照戸籍記載例集」
全訂注解・戸籍記載例集	木村三男・神崎輝明編著「全訂注解・戸籍記載例集」
8訂版住民記録の実務	東京都市町村戸籍住民基本台帳事務協議会住民基本台帳事務手引書作成委員会編著「8訂版住民記録の実務」
7訂版初任者のための住民基本台帳事務	東京都市町村戸籍住民基本台帳事務協議会住民基本台帳事務手引書作成委員会編著「7訂版初任者のための住民基本台帳事務」
戸籍法施行規則解説①	戸籍法研究会編「戸籍法施行規則解説①」（日本加除出版）
戸籍時報	月刊誌「戸籍時報」（日本加除出版）
戸籍	月刊誌「戸籍」（テイハン）

目 次

第1 概　説

Q1　婚姻の届出をすることによって，婚姻が成立するというのはどういうことですか。……………………………………………… 1

Q2　婚姻の届出をした夫婦と届出をしない夫婦では，どのような違いがありますか。……………………………………………… 2

第2 婚姻の実質的成立要件

1 婚姻意思

Q3　人違いその他の事由によって当事者間に婚姻をする意思がないときは，婚姻は無効であるとされていますが，婚姻をする意思というのは，どういうことをいうのですか。………… 4

Q4　婚姻をする当事者間における婚姻意思は，婚姻の届書を作成し，署名押印するときにあればよいですか。……………… 5

Q5　婚姻の届書を作成し，署名押印するときには婚姻する意思はあったが，市区町村長に届出をするときに当事者の一方が，婚姻する意思を失くしたときは，その者の婚姻意思はどうなりますか。………………………………………………… 6

2 婚姻年齢

Q6　婚姻は，男18歳，女16歳にならなければできないとされていますが，その年齢はどのように計算をするのですか。………… 7

Q7　日本人と外国人が婚姻をする場合の婚姻年齢は，どのようになりますか。…………………………………………………… 8

3 重婚の禁止

Q 8 協議離婚した夫婦の夫が，その後，他女と婚姻したところ，先の協議離婚について無効の裁判が確定した場合，後の婚姻はどうなりますか。その場合の戸籍はどのようになりますか。 …… 9

Q 9 妻がある日本人男が，外国人女と外国の方式で婚姻をした場合，どのようになりますか。 …… 10

Q 10 日本人女が，妻がある外国人男と外国の方式で婚姻をした場合，どのようになりますか。 …… 11

4 再婚禁止期間

Q 11 女性は，前婚の解消又は取消しの日から起算して100日を経過した後でなければ，再婚できないとされているのは，どうしてですか。 …… 12

Q 12 女性は，前婚の解消又は取消しの日から起算して100日を経過した後でなければ，再婚することができないとされていますが，100日を経過しないうちに再婚できる場合がありますか。 …… 14

Q 13 婚姻届書に添付されている妻となる者の戸籍謄本には，離婚事項の記載がないため，当該婚姻の届出を受理したところ，再婚禁止期間の100日を経過しない婚姻であることが判明した場合，どのようになりますか。 …… 16

Q 14 日本人女が外国人男と婚姻をする場合，前婚の解消又は取消しの日から100日を経過した後でなければ，再婚できないですか。 …… 18

5 近親婚の禁止

Q 15 直系血族又は三親等内の傍系血族の間では，婚姻をすることができないとされていますが，具体的にはどのような関係をいうのですか。 …… 19

Q 16　直系姻族の間では，婚姻をすることができないとされていますが，具体的にはどのような関係をいうのですか。……… 20

　　　Q 17　養子若しくはその配偶者又は養子の直系卑属若しくはその配偶者と，養親又はその直系尊属との間では，離縁によって親族関係が終了した後でも，婚姻をすることができないとされていますが，具体的にはどのような関係をいうのですか。……………………………………………………………… 21

6　父母の同意

　　　Q 18　未成年の子の婚姻について，父母の同意が得られない場合は，婚姻の届出は受理されないことになりますか。……… 22

　　　Q 19　父母が離婚している場合，未成年の子の婚姻についての父母の同意は，親権者である父（又は母）の同意があればよいですか。……………………………………………………… 23

　　　Q 20　未成年の子の婚姻について，父母の一方が死亡又は行方不明等で，同意が得られない場合は，父母の同意はどのようになりますか。……………………………………………… 24

　　　Q 21　未成年の養子が婚姻をする場合，父母の同意は，養親及び実親の双方について必要ですか。……………………… 24

第3　婚姻の形式的成立要件

1　届出事項

　　　Q 22　婚姻は，戸籍法の定める届出によって効力を生ずるとされていますが，どのような事項を届出するのですか。……… 25

2　届出の書式

　(1)　書面による届出

　　　Q 23　婚姻の届出は，必ず書面によらなければならないのですか。……………………………………………………………… 26

Q 24　婚姻届の届書の様式は，法律又は規則等に定められているのですか。 …………………………………………………… 27

Q 25　婚姻届の届出用紙は，どこにありますか。 ………………… 30

Q 26　婚姻の届出をする場合，届書の記載を，鉛筆，ボールペン，ワープロ，パソコンなどで記載したものでも受け付けられますか。 …………………………………………………… 30

(2)　口頭による届出

Q 27　婚姻届を口頭によって届出をするときは，どのようにするのですか。 …………………………………………………… 31

Q 28　婚姻届を口頭によって届出をする場合に，婚姻当事者の男女及び証人が，病気その他の事故で市区町村役場に出頭できないときは，どのような方法がありますか。 ………… 32

3　届出の方法

(1)　届出人による届出

Q 29　婚姻の届出をするときは，夫婦になる男女が，届書を市区町村役場の窓口に直接持参して提出しなければならないですか。 …………………………………………………… 33

(2)　使者による届出

Q 30　婚姻の届書の「届出人」欄及び「証人」欄の署名，押印がされているが，市区町村役場の窓口に届書を提出したのは，夫になる者の父である場合，そのまま受け付けられますか。 ……………………………………………………………… 35

(3)　郵送等による届出

Q 31　婚姻の届書を，届出人の夫になる者及び妻になる者並びに証人が署名，押印し，夫になる者又は妻になる者の本籍地の市区町村長に郵送等により届出した場合，当該届出は受け付けられますか。 …………………………………… 36

Q 32　婚姻の届書を，届出人の夫になる者及び妻になる者並び

　　　　に証人が署名，押印し，届出人の住所地の市区町村長に郵
　　　　送等により届出した場合，当該届書は受け付けられます
　　　　か。………………………………………………………………………… 37

Q 33　郵送等による婚姻の届出の場合は，いつ届出がされたこ
　　　　とになりますか。……………………………………………………… 38

Q 34　婚姻の届出人が生存中に郵送等の手続きをした届書が，
　　　　市区町村役場に到達する前に届出人の一方又は双方が死亡
　　　　した場合，その届出が，届出人が死亡した時に届出された
　　　　とみなされるのは，どうしてですか。…………………………… 39

Q 35　前問において，届出人が死亡した時に届出がされたもの
　　　　とみなすという場合，それはどのような方法で確認するこ
　　　　とになりますか。……………………………………………………… 40

Q 36　郵送等の手続きによる婚姻の届出を受理し，戸籍の記載
　　　　をした後に，婚姻届の届出人の一方の死亡の届出がされ，
　　　　死亡の日が，婚姻届の郵送等の後で市区町村役場に到達す
　　　　る前日であることが判明した場合，先に受理した婚姻の届
　　　　出及び婚姻の戸籍の記載事項はどのようになりますか。………… 40

Q 37　郵送等の手続きによる婚姻の届出が到達する前に婚姻届
　　　　の届出人の一方の死亡届がされ，その死亡の日が，婚姻届
　　　　の郵送等の後で市区町村役場に到達する前日であることが
　　　　判明した場合，この婚姻届及び戸籍の記載はどのようにな
　　　　りますか。……………………………………………………………… 41

Q 38　外国に在住する日本人の男女間の創設的婚姻届を，同男
　　　　又は同女の本籍地の市区町村長に郵送等の手続きで届出す
　　　　ることができますか。……………………………………………… 42

Q 39　日本人の男女がその在住する国の方式で婚姻をした場
　　　　合，同男又は同女の本籍地の市区町村長に郵送等の手続き
　　　　で届出することができますか。…………………………………… 43

Q 40　日本人と外国人がその在住する外国において，その国の

　　　　方式ではなく，婚姻の相手方である外国人の本国の方式で婚姻をした場合，婚姻証書の謄本を日本人の本籍地の市区町村長に郵送等の手続きで届出をすることができますか。……… 43

　　Q 41　日本人同士又は日本人と外国人がその在住する外国において，その国の方式又は外国人の国の方式で婚姻をした場合，在外公館の長又は日本人の本籍地の市区町村長に郵送等の手続きで届出するときは，婚姻証書の謄本を提出するだけでよいですか。………………………………………………… 45

(4)　その他の届出

　　Q 42　日本人同士が日本にある教会で結婚式をあげ，その教会が発行した証明書を添付して，報告的婚姻届をすることができますか。…………………………………………………………… 46

　　Q 43　日本人同士が外国にある教会で結婚式をあげ，その教会が発行した証明書を添付して，報告的婚姻届をすることができますか。…………………………………………………………… 47

　　Q 44　日本人と外国人が，日本にある外国人の国の教会で結婚式をあげ，その教会が発行した証明書を添付して，日本人が報告的婚姻届をすることができますか。…………………………… 48

　　Q 45　日本人と外国人が，外国においてその国の教会で結婚式をあげ，その教会が発行した証明書を添付して，報告的婚姻届をすることができますか。……………………………………… 49

　　Q 46　日本人同士が外国にある教会で結婚式をあげた後，帰国して市区町村長に創設的婚姻の届出をした場合，外国の教会であげた結婚式（婚姻）についての届出はしなくてもよいですか。…………………………………………………………… 49

4　届出人

　　Q 47　婚姻当事者の代理人が，委任状を添付して，婚姻の届出を代理人名義で届出ができますか。……………………………… 50

　　Q 48　婚姻当事者の一方が未成年者のため，その者の父母が代

わって届出人として届出をすることができますか。……………… 51

5　証　人

　Q 49　婚姻の届出をする場合は，届書に成年の証人2人以上が
　　　署名することとされていますが，証人となる者は，何を証
　　　明するのですか。……………………………………………………… 51

6　届出地

(1)　届出地の原則

　Q 50　婚姻届は，どこの市区町村役場に届出をすることになり
　　　ますか。………………………………………………………………… 52

(2)　本籍地での届出

　Q 51　夫になる者の本籍地がA市で，妻になる者の本籍地がB
　　　市であるが，婚姻の届出は夫の氏を称し，婚姻後の本籍を
　　　A市に定める場合は，A市長に届出をすることができます
　　　か。……………………………………………………………………… 53

(3)　住所地（所在地）での届出

　Q 52　夫になる者の住所がC市で，妻になる者の住所がD市で
　　　あるが，婚姻届は夫の氏を称し，婚姻後の本籍をC市に定
　　　める場合は，C市長に届出をすることができますか。………… 54

　Q 53　日本人の男女（又は日本人と外国人）が，日本国内の新
　　　婚旅行先の市区町村長に，婚姻の届出をすることができま
　　　すか。…………………………………………………………………… 54

　Q 54　夫になる外国人の居住地がJ市，妻になる日本人の本籍
　　　地はK市で，住所地がL市である場合，2人の創設的婚姻
　　　届はどこの市区町村長にすればよいですか。……………………… 55

　Q 55　日本人の男女が，外国の新婚旅行先において，その国に
　　　ある在外公館の長に，婚姻の届出をすることができます
　　　か。……………………………………………………………………… 55

(4) 新本籍地での届出

> Q 56　夫になる者の本籍地はE市，住所地はF市で，妻になる者の本籍地はG市，住所地はH市であるところ，婚姻は夫の氏を称し，婚姻後の本籍をI市に定める届出をする場合，婚姻の届出をI市長にすることができますか。………………… 56

(5) 在外公館への届出

> Q 57　日本人同士が，外国において創設的婚姻の届出をする場合，在外公館の長にすることができますか。……………… 57

> Q 58　日本人同士が，外国において外国の方式で婚姻を成立させた場合の届出は，在外公館の長にすることになりますか。……………………………………………………………………… 58

> Q 59　日本人と外国人間の創設的婚姻届が，在外公館の長において受理され，日本人の本籍地の市区町村長に送付された場合，どのように処理をすることになりますか。……………… 58

7　婚姻届書の提出通数

(1) 提出通数の原則と届書の一通化

> Q 60　婚姻の届出を，夫となる者の本籍地で，かつ，夫婦の新本籍地になる市区町村長にする場合，届書は，妻となる者の本籍地の市区町村長に送付する分を含めて2通の提出をすることになりますか。…………………………………………… 60

> Q 61　婚姻の届出が，夫婦となる者の住所地（同一の住所地）のA市役所にされたが，届書は1通だけしか提出されません。この場合，夫になる者の本籍地のB市役所，妻になる者の本籍地のC町役場及び夫婦の新本籍地と定めたD村役場に送付する分の届書は提出しなくてもよいのですか。………… 61

> Q 62　婚姻の届出を，夫になる者の本籍地で，かつ，夫婦の新本籍地になるA市長にすることにして，妻になる者の本籍地のB市長に送付する分を含めて，届書を2通提出しました。

　　　　届書を受付したA市役所は，届書の一通化を実施しているので，届書は1通で足りるとして，他の1通は返戻されましたが，これでよいのでしょうか。 ……………………………… 63

(2) 届書謄本の作成方法

　Q 63　婚姻の届出を受理した市区町村長が，他の市区町村長に届書謄本を作成して送付する場合（戸36条3項），届書謄本に添付する戸籍謄本又は外国の方式で成立した婚姻証書の謄本等は，届出人が提出することになりますか。 ……………… 64

(3) 届書原本の保管市区町村

　Q 64　婚姻の届出を，夫になる者の住所地のA市役所に1通提出しましたが，この場合，夫になる者の本籍地のB村役場，妻になる者の本籍地のC町役場及び夫婦の新本籍地となるD市役所には届書はどのように送られるのですか。また，届書の原本は，どこの市区町村に保存されることになりますか。 …………………………………………………………………… 65

8　添付書類

　Q 65　婚姻の届出をする場合は，夫になる者及び妻になる者の戸籍謄抄本等を必ず届書に添付（提出）しなければなりませんか。 ……………………………………………………………… 67

　Q 66　夫になる者の本籍地はC市，妻になる者の本籍地はD市である当事者の婚姻届を，住所地のE市に届出をする場合，届書に添付（提出）する戸籍謄抄本等はどのようになりますか。 …………………………………………………………… 68

　Q 67　婚姻の届書に戸籍謄抄本等を添付（提出）すべき場合に，これを添付（提出）しないで届出がされたときは，どのようにしますか。 …………………………………………………… 68

　Q 68　日本人と外国人の創設的婚姻の届出を市区町村長にする場合，届書に添付すべき書類はどのようなものですか。 ………… 69

第4 婚姻届出の受理又は不受理

1 届出の審査

(1) 届出事件の本人であることの確認

　ア　届出が市区町村役場に出頭した者によってされた場合
　　Q 69　婚姻の届出が市区町村役場の窓口にされた場合，届出事件の本人であることの確認は，どのような理由でするのですか。……………………………………………………… 70

　　Q 70　婚姻の届出が市区町村役場の窓口にされた場合，届出事件の本人であることの確認は，どのような方法でするのですか。……………………………………………………… 72

　イ　届出が市区町村役場に出頭した者によってされたが，届出事件の本人であることの確認ができない場合
　　Q 71　婚姻の届出が市区町村役場の窓口にされた場合に，証明書等の資料が提出できないとき，あるいは使者によって窓口に提出されたときで，届出事件の本人であることの確認ができないときは，どのようになりますか。……………… 74

　ウ　届出が市区町村役場に出頭せずにされたため，届出事件の本人であることの確認ができない場合
　　Q 72　婚姻の届出が郵送等又はオンラインによる方法によってされた場合で，届出事件の本人であることの確認ができないときは，どのようになりますか。……………………… 75

　エ　届出事件の本人であることの確認ができない場合の通知
　　Q 73　婚姻の届出が，届出事件の本人であることの確認ができなかった場合において，当該届出を受理した旨の通知は，どのようにしますか。……………………………………… 76

　オ　届出事件の本人であることの確認ができない旨の通知により，戸籍に真実でない記載がされていることが判明し，戸籍訂正をする場合
　　Q 74　婚姻の届出が，届出事件の本人であることの確認ができなかったため，当該届出を受理した旨の通知が市区町村長

からされたが，当該届出に基づく戸籍の記載は虚偽の届出によるものであるときは，どのようにしますか。……………… 82

(2) 届出の不受理申出とその有無

　ア　不受理申出の方法

Q 75　婚姻の届出についての不受理申出は，どのような理由でするのですか。…………………………………………………… 83

Q 76　婚姻の届出についての不受理申出は，どのような方法でするのですか。…………………………………………………… 86

Q 77　不受理申出は，どこの市区町村長にすることになりますか。……………………………………………………………………… 93

Q 78　不受理申出は，郵送等で申出をすることができますか。……… 94

Q 79　日本に居住する外国人から，婚姻の不受理申出をすることができますか。………………………………………………………… 95

Q 80　矯正施設に収容されている者から，婚姻の不受理申出をすることができますか。………………………………………………… 96

Q 81　当面，誰とも婚姻をする意思がないので，一方的に婚姻の届出がされることのないようにしておくには，どのようにすればよいですか。……………………………………………………… 97

Q 82　交際中の相手が一方的に婚姻の届出をするおそれがある場合，それを防止するには，どのようにすればよいですか。……………………………………………………………………… 98

Q 83　婚姻の届書に署名・押印し，その届書を相手方が市区町村役場に提出をすることにして相手方に渡していますが，その届出前に当方が婚姻の意思を失くした場合，その届出を防止することができますか。…………………………………… 99

　イ　不受理申出の対象とされている婚姻届について，その届出がされた場合

Q 84　婚姻届についての不受理申出がされている場合に，当該

届出がされたときは，どのようになりますか。················· 100

　Q 85　婚姻届の不受理申出があらかじめされている場合において，申出人を当事者とする婚姻の届出がされ，市区町村役場の窓口に出頭した届出事件の本人全員について確認することができたときは，当該届出は受理することができますか。
　　　その場合において，不受理申出書はどうなりますか。··········· 104

　Q 86　婚姻届の不受理申出をしている場合に，申出人を一方の当事者とする婚姻の届出がされ，市区町村役場の窓口で申出人である届出事件の本人であることの確認ができなかったときは，その届出はどのようになりますか。················· 105

　Q 87　婚姻届の不受理申出があらかじめされている場合において，申出人を一方の当事者とする婚姻の届出がされ，市区町村役場の窓口で本人確認ができなかったため，その届出は不受理にすべきところ，これを受理して戸籍の記載をした後，不受理申出がされていることが判明した場合は，どのようになりますか。································· 107

　ウ　不受理申出の取下げ
　Q 88　婚姻の不受理申出を取り下げる場合は，どのようにしますか。·································· 108

２　届出の受理
　Q 89　婚姻の届書を窓口に提出した後は，どのように処理されるのですか。······························ 112

　Q 90　婚姻の届出の受付と受理は，違うのですか。············· 114

　Q 91　婚姻の届出が受理されるのは，どのような場合ですか。······ 115

　Q 92　日本人と外国人の創設的婚姻の届出が市区町村長にされた場合，届書の審査はどのような点に留意する必要がありますか。·································· 116

Q 93　婚姻の届出が受理されたときは，当事者に受理した旨の通知がされますか。……………………………………………………………… 117

3　届出の不受理

Q 94　婚姻の届出が不受理とされるのは，どのような場合ですか。………………………………………………………………………… 118

Q 95　婚姻の届出が不受理とされたときは，届出人に不受理にした旨の通知がされますか。…………………………………… 120

4　受理又は不受理の証明書

Q 96　婚姻の届出を証明する必要があるため，受理証明書の交付を請求したいが，どのようにすればよいですか。……………… 121

Q 97　婚姻の届出が，届書の記載の誤り又は添付書類等の不備などにより，届出人においてその補正をすべきところ，それができなかったため不受理になりました。
　　　その届出が不受理になったことを証明するため，その証明書が必要になりましたが，どのようにすればよいですか。………………………………………………………………………… 122

Q 98　住所地の市区町村長に届出をした婚姻の届出書類が，本籍地の市区町村長に送付されたが，まだ戸籍の記載がされていなかったので，戸籍謄抄本等の代わりに，婚姻届の受理証明書の交付を請求しました。この証明書の交付は受けられますか。…………………………………………………………… 123

5　届出の取下げ

Q 99　婚姻の届出が不受理となる前に，届出人が届出を取り下げることはできますか。………………………………………… 124

6　婚姻届が即日に受理決定ができない場合

(1)　届書の補正又は追完

Q100　婚姻の届出を市区町村役場の執務時間の終わる直前にしたが，その日に受理されますか。……………………………… 125

Q101 婚姻の届出を市区町村役場の執務時間の終わる直前にしたが，その日に受理できないので，届書の審査は翌日になるといわれました。届書の記載の誤りによる書類の補正等ついては，届出人に連絡がされますか。……………… 126

Q102 婚姻の届出が受理されたが，その後に，戸籍に記載できない書類上の不備があるので，追完の届出をするようにと市区町村役場から通知がありました。どのようにしたらよいですか。……………… 127

Q103 婚姻の届出を受理し，戸籍受附帳に記載した後，戸籍に記載する際に届書の記載に誤りがあることを発見したが，その誤りが戸籍の記載に差し支えない場合は，届出人に補正を求めるまでもなく，市区町村役場において処理するとされているようですが，具体的にはどのような手続きをするのですか。……………… 128

(2) 受理照会を要する届出

Q104 婚姻の届出がされたときに，市区町村長が，管轄法務局の長に指示を求めるのは，どのような場合ですか。…………… 129

(3) 執務時間外の届出

Q105 婚姻の届出が執務時間後に庁舎管理室，守衛室又は宿直室に提出された場合は，どのように取り扱いますか。………… 130

第5 婚姻の効果

1 婚姻による夫婦同氏の原則

Q106 婚姻の届出をする場合，必ず夫になる者又は妻になる者の氏のいずれかを選択しなければなりませんか。……………… 132

Q107 日本人が外国人と婚姻の届出をする場合，夫になる者又は妻になる者の氏（姓）のいずれかを選択しなければなりませんか。……………… 132

2 婚姻による成年擬制

Q108 未成年者が婚姻をすると，成年に達したものとみなされるのはどうしてですか。それは20歳になったことになるのですか。……………………………………………………………… 133

Q109 婚姻によって成年に達したとみなされた者が，20歳になる前に離婚したときは，また未成年者に戻ることになりますか。……………………………………………………………… 134

3 父母の婚姻による子の準正（婚姻準正）

Q110 母の戸籍に在籍する子が，父に認知された後，父母が夫の氏を称する婚姻をした場合，子の身分上に変更がありますか。また，戸籍はどのようになりますか。………………… 135

第6 婚姻の無効・取消し

Q111 婚姻が無効になるのは，どのような場合ですか。その場合，戸籍はどのようになりますか。………………………… 136

Q112 婚姻が取り消されるのは，どのような場合ですか。その場合，戸籍はどのようになりますか。………………………… 137

第7 婚姻による戸籍の変動

1 婚姻による夫婦の戸籍

Q113 婚姻によって夫になる者又は妻になる者の戸籍は，どのようになりますか。………………………………………… 140

Q114 外国人と婚姻をした日本人の戸籍は，どのようになりますか。…………………………………………………… 141

2 外国人と婚姻をした者の氏の変更

Q115 外国人と婚姻をした日本人が，外国人が称している氏に変更する場合は，どのようにしたらよいですか。………… 142

第8 渉外婚姻の報告的届出

1 届出期間

Q116 日本人同士が，外国においてその国の方式で婚姻をした場合は，いつまでに届出をしなければならないのですか。…… 143

Q117 日本人と外国人が，外国においてその国の方式で婚姻をした場合は，いつまでに届出をしなければならないのですか。…………………………………………………………………… 144

Q118 日本人と外国人が，在住する外国においてその国の方式ではなく，相手方である外国人の国の方式で婚姻をした場合は，いつまでに届出をしなければならないのですか。………… 144

Q119 外国の方式で成立した婚姻の報告的届出をする場合に，その届出期間の満了となる日が，日曜日その他の休日に当たり，市区町村役場の窓口が開いていないので，休日受付又は夜間受付の場所で届出をしたが，これでよかったですか。…………………………………………………………………… 145

Q120 外国の方式で成立した婚姻の報告的届出をする場合に，その届出期間が満了となる日が，日曜日その他の休日に当たり，市区町村役場の窓口が開いていないので，窓口が開いているその翌日に届書を提出したが，届出期間が過ぎた届出になるのですか。………………………………………… 146

2 届出期間経過後の届出

Q121 外国の方式で成立した報告的婚姻届（証書謄本の提出）が，届出期間が過ぎたときは，もう届出はできないのですか。…………………………………………………………………… 147

Q122 外国の方式で成立した婚姻の報告的届出（証書謄本の提出）が，届出期間を過ぎているときは，届出が遅れた理由を市区町村役場の窓口で説明することになりますか。又は遅れたことについて理由書を提出することになりますか。…… 147

3　届出の催告

Q123 外国の方式で成立した婚姻の報告的届出（証書謄本の提出）が，届出期間を過ぎているときは，どのようになりますか。 …… 148

Q124 日本人と外国人夫婦の離婚が，外国の裁判所で成立し，その離婚の届出が日本人当事者からされましたが，同人の戸籍には外国人との婚姻事項が記載されていません。この場合，どのようになりますか。 …… 149

4　届出義務者

Q125 日本人同士が，外国において外国の方式で婚姻をした場合，届出をするのはだれですか。 …… 150

Q126 日本人と外国人が，外国において外国の方式で婚姻をした場合，届出はだれがするのですか。 …… 151

Q127 日本に居住する外国人と日本人が，日本において外国人の本国法の方式で婚姻をした後，その報告的婚姻届を所在地の市区町村長に届出をすることができますか。 …… 152

5　婚姻証書の謄本等の添付書類

Q128 日本人同士が外国において，外国の方式で婚姻を成立させ，当該国の官憲から婚姻証書の交付を受けた場合，その証書に基づく婚姻の届出はどのようにしますか。 …… 153

Q129 日本人と外国人が外国において，その国の方式で婚姻を成立させ，婚姻証書の交付を受けた場合，その証書に基づく婚姻の届出はどのようにしますか。 …… 154

Q130 日本人がA国人とB国において，A国の方式で婚姻を成立させ，婚姻証書の交付を受けた場合，その証書に基づく婚姻の届出はどのようにしますか。 …… 154

第9 戸籍の処理

1 婚姻届による戸籍受附帳の記載

(1) 本籍人に関する届出

Q131 婚姻の届出がされた場合は，まず，戸籍受附帳に記載し，それから届書類の審査をすることになりますか。…………… 156

Q132 婚姻の届書類を受領し，戸籍受附帳に記載するまでの間は，届書を審査する時間を要することになりますが，その届出がされたことを他の帳簿に書きとめておくことになりますか。…………………………………………………………… 156

(2) 非本籍人に関する届出

Q133 届出人の所在地の市区町村長に婚姻の届出がされたが，本籍地の市区町村長に送付するまでの間は，戸籍発収簿に記載することになりますか。…………………………………… 158

2 婚姻届による戸籍の記載

(1) 戸籍の記載

Q134 婚姻の届出に基づく戸籍の記載は，どのようになりますか。…………………………………………………………… 159

(2) 記載の具体例

Q135 婚姻の届出に基づく戸籍の記載は，具体的にはどのようになりますか。………………………………………………… 160

3 婚姻届書の他市区町村役場への送付

Q136 夫になる者の氏を称する婚姻届が，夫婦の新本籍地となる夫の本籍地の市区町村長に届出された場合，妻になる者の本籍地の市区町村長には，その届出書類はどのようにして送られるのですか。………………………………………… 173

Q137 夫になる者の氏を称する婚姻届が，夫になる者の所在地の市区町村長に届出され，夫婦の新本籍地は夫になる者の

　　　　本籍地の市区町村である場合，その本籍地の市区町村長には，届出書類はどのようにして送られるのですか。 ……… 174

　Q138　夫になる者の氏を称する婚姻届が，夫婦の新本籍地と定める所在地の市区町村長に届出された場合，夫又は妻になる者の本籍地の市区町村長には，その届出書類はどのようにして送られるのですか。 ……………………… 175

　Q139　妻になる者の氏を称し，妻になる者の本籍地を新本籍地とする婚姻届が，妻になる者の本籍地の市区町村長に届出された場合，夫になる者の本籍地の市区町村長には，その届出書類はどのようにして送られるのですか。 ……………… 176

　Q140　妻になる者の氏を称し，妻又は夫になる者の本籍地以外の場所を新本籍地とする婚姻届が，夫及び妻になる者の所在地の市区町村長に届出された場合，本籍地の市区町村長には，届出書類はどのようにして送られるのですか。 …………… 177

4　婚姻届書の整理

(1)　市区町村役場での保管

　Q141　市区町村長に届出された婚姻の届書類は，どのように整理し保存されるのですか。 …………………………………… 178

　Q142　外国人同士が所在地の市区町村長に届出した婚姻の届書類は，どのように整理し保存されるのですか。 ……………… 179

(2)　管轄法務局への送付

　Q143　婚姻の届出書類のうち，本籍人に関するものが管轄法務局に送付するのは，どうしてですか。 ……………………… 180

5　婚姻届書類の記載事項証明書

(1)　市区町村役場での証明

　Q144　婚姻の届出をした届出人等が，婚姻届書の写しが必要になった場合，どのようにすればよいですか。 ……………… 182

Q145 非本籍地の市区町村長が婚姻の届出を受理し，婚姻届書の謄本を保存している場合に，届出人が婚姻届の記載事項証明書を請求したときは，交付されますか。 ……………………… 183

Q146 外国人同士の婚姻の届出を，所在地の市区町村長が受理し，同届書を保存している場合，夫又は妻が旅券等の変更のため在日大使館に提出する必要があるとして，当該届書の記載事項証明書を請求した場合，交付が受けられますか。 …………………………………………………………………… 184

(2) 管轄法務局での証明

Q147 婚姻の届出が当事者の一方からの届出であり，婚姻無効の裁判を提起するため，婚姻届の写しが必要になり，裁判を提起する者が婚姻の届出をした市区町村役場に請求したところ，その届出書類は既に管轄法務局に送付し，市区町村役場に保存していないといわれました。この場合，どのようにしたらよいですか。 ……………………………… 185

第10 婚姻届書の記載方法

1 届出の日

Q148 婚姻の届書を届出する前日に作成して，届出の年月日もその作成日にしたが，そのままの日付で翌日に市区町村役場の窓口に提出できますか。 ………………………………… 186

Q149 婚姻の届書に記載した届出の日が，届出する日の10日前の日付の届書が提出されたときは，どのようにしますか。 …… 187

2 届出先

Q150 外国に在る日本人が外国の方式で婚姻を成立させた場合その届出は，どこに提出することになりますか。 ……………… 188

Q151 外国に在る日本人同士の創設的婚姻の届出は，どこに提出することになりますか。 …………………………………… 189

Q152 外国に在る日本人と外国人の創設的婚姻の届出は，どこ

　　　　に提出することになりますか。·· 189

　Q153　婚姻の届書に届出先の市区町村長名を記載するとき，夫又は妻になる者の本籍地の市区町村長をあて先にしますか。それとも夫婦の新本籍地と定める市区町村長をあて先にしますか。·· 190

　Q154　夫の氏を称する婚姻届を届出人（夫及び妻になる者）が住所地の市区町村役場に提出したが，届出先を夫婦の本籍地となる地の市区町村長をあて先にした場合，その本籍地の市区町村長に回送してくれるのですか。 ····················· 191

3　「氏名・生年月日」欄

(1)　「夫になる人」欄

　Q155　妻になる者の氏を称する婚姻をする場合は，婚姻届書中の夫になる人の「氏名」欄は婚姻後の氏（妻の氏）で記載することになりますか。··· 192

　Q156　婚姻届書の「氏名」欄中の「よみかた」の記載は，住民票の「氏名」欄に付されている「ふりがな」と一致していなければなりませんか。·· 193

　Q157　婚姻届書の「氏名」欄中の「生年月日」を，西暦の年号で記載して届出をすることができますか。 ······························· 194

(2)　「妻になる人」欄

　Q158　夫になる者の氏を称する婚姻をする場合は，婚姻届書中の妻になる人の「氏名」欄は婚姻後の氏（夫の氏）で記載することになりますか。·· 194

　Q159　夫又は妻になる者が外国人の場合，氏名は本国において使用する文字で記載することになりますか。······························· 195

　Q160　夫又は妻になる者が外国人の場合，氏名を片仮名で，氏，名の順に記載し，本国において使用している文字を付記することとされていますが，その場合，「よみかた」欄

には「平仮名」で記載することになりますか。 …………………… 196

4 「住所」欄

Q161 夫になる者と妻になる者が，婚姻の届出当時まだ同居していない場合，「住所」欄はどのように記載するのですか。… 197

Q162 夫になる者と妻になる者が，婚姻の届出当時既に同居しているが，住所を変更していない場合，「住所」欄はどのように記載するのですか。 …………………………………… 198

Q163 夫又は妻になる者が，外国人の場合の「住所」欄はどのように記載するのですか。 …………………………………… 198

Q164 夫になる者及び妻になる者の双方が外国人の場合，「住所」欄はどのように記載するのですか。 ……………………… 199

Q165 日本人同士が外国において創設的婚姻届を在外公館の長に届出をする場合（又は本籍地の市区町村長に郵送等により届出をする場合），「住所」欄はどのように記載するのですか。 …………………………………………………………… 199

Q166 日本人同士が外国において外国の方式により婚姻をし，婚姻証書の謄本を在外公館の長（又は本籍地の市区町村長）に提出するときに添付する婚姻届書の「住所」欄はどのように記載するのですか。 ……………………………… 200

5 「本籍」欄

Q167 夫になる者及び妻になる者の「本籍」欄の記載は，婚姻の届出をするときにおける本籍及び筆頭者の氏名を記載するのですか。 …………………………………………………… 201

Q168 夫又は妻になる者が外国籍の場合の「本籍」欄の記載は，どのようにしますか。 ……………………………………… 201

Q169 夫になる者及び妻になる者の婚姻後の本籍をどこにするかは，どのようにして決めるのですか。 ……………………… 202

6 「父母の氏名，父母との続き柄」欄

Q170 父母が婚姻中で生存している場合，父母の氏名はどのように記載するのですか。また，父母との続き柄はどのように記載するのですか。 …………………………………………… 203

Q171 父母の一方が死亡している場合，父母の氏名の前に「亡」の文字を付けることになりますか。 …………………………… 203

Q172 父母が離婚している場合，父母の氏名はどのように記載するのですか。 ………………………………………………………… 204

Q173 父に認知されている場合，父母の氏名はどのように記載するのですか。また，父母との続き柄はどのように記載するのですか。 …………………………………………………………… 205

Q174 父に認知されていない場合，父母の氏名はどのように記載するのですか。また，父母との続き柄はどのように記載するのですか。 …………………………………………………………… 205

Q175 養子縁組により養父母がいる場合，「父母」欄の記載はどのようにするのですか。また，父母との続き柄はどのように記載するのですか。 ………………………………………… 207

Q176 実父母が離婚し，離婚した夫婦間の子が，実母の再婚の夫の養子になっている場合，「父母」欄の記載はどのようにするのですか。また，父母との続き柄はどのように記載するのですか。 …………………………………………………………… 207

Q177 父に認知されている子が，他の夫婦の養子になっている場合，父母の氏名はどのように記載するのですか。また，父母との続き柄はどのように記載するのですか。 …………… 208

Q178 父に認知されていない子が，他の夫婦の養子になっている場合，父母の氏名はどのように記載するのですか。また，父母との続き柄はどのように記載するのですか。 ………… 208

Q179 特別養子になっている場合，父母の氏名はどのように記

　　　　載するのですか。 ………………………………………………… 209

　　Q180　日本人と外国人父母間の嫡出子の場合，父母の氏名はど
　　　　のように記載するのですか。 …………………………………… 209

　　Q181　外国人夫婦間の養子になっている場合，父母の氏名はど
　　　　のように記載するのですか。 …………………………………… 210

7　「婚姻後の夫婦の氏・新しい本籍」欄

(1)　「□夫の氏」・「□妻の氏」欄

　　Q182　婚姻の届出の際に，婚姻後の夫婦の称する氏を「夫」
　　　　（又は「妻」）の氏と協議で定めたときは，届書の「□夫の
　　　　氏」（又は「□妻の氏」）の□の箇所にチェックすることに
　　　　なりますか。
　　　　　その場合，氏の協議をした書類を添付することになりま
　　　　すか。 ……………………………………………………………… 211

　　Q183　日本人同士が婚姻する場合，夫又は妻になる者は，それ
　　　　ぞれ婚姻前の氏をそのまま称することはできないのです
　　　　か。 ………………………………………………………………… 212

　　Q184　日本人と外国人が婚姻する場合，婚姻後の夫婦の称する
　　　　氏を，夫婦の協議で「夫」又は「妻」の氏と定めることに
　　　　なりますか。
　　　　　また，届書の「□夫の氏」・「□妻の氏」の□の箇所の
　　　　チェックはどのようになりますか。 …………………………… 214

　　Q185　日本人と外国人が婚姻した場合において，婚姻後に日本
　　　　人が外国人配偶者の称している氏に変更するときは，どの
　　　　ようにしたらよいですか。 ……………………………………… 215

(2)　「新本籍」欄

　　Q186　日本人同士の婚姻の場合において，夫になる者及び妻に
　　　　なる者の双方が，父母の戸籍にそれぞれ在籍しているとき
　　　　は，婚姻後の新本籍は，いずれかの婚姻前の本籍と同じ場
　　　　所に定めることになりますか。 ………………………………… 216

Q187 日本人同士の婚姻の場合において，夫になる者が戸籍の筆頭者で，妻になる者が父母の戸籍に在籍しているときは，婚姻後の新本籍は，夫婦の協議で定めることになりますか。 …………………………………………………… 217

Q188 日本人同士の婚姻の場合において，夫になる者及び妻になる者の双方が，いずれも戸籍の筆頭者であるときは，婚姻後の新本籍は，いずれかの婚姻前の本籍と同じ場所に定めることになりますか。 ………………………………………………… 218

Q189 日本人と外国人の婚姻の場合において，日本人が父母の戸籍に在籍しているときは，婚姻後の日本人の戸籍及び本籍はどのようになりますか。 ……………………………………………………… 218

Q190 日本人と外国人の婚姻の場合において，日本人が戸籍の筆頭者であるときは，婚姻後の日本人の戸籍及び本籍はどのようになりますか。 …………………………………………………………… 219

8 「同居を始めたとき」欄

Q191 「同居を始めたとき」欄は，どうして記載するのですか。… 220

Q192 「同居を始めたとき」欄の記載をしたときは，結婚式をあげたとき，又は，同居を始めたときについて，何か証明するものが必要ですか。 ………………………………………… 221

9 「初婚・再婚の別」欄

Q193 「初婚・再婚の別」欄は，どうして記載するのですか。……… 221

Q194 再婚の場合の「□死別年月日，□離別の年月日」欄は，どのように記載するのですか。 …………………………………… 222

10 「同居を始める前の夫妻のそれぞれの世帯のおもな仕事と夫妻の職業」欄

Q195 「同居を始める前の夫妻のそれぞれの世帯のおもな仕事と夫妻の職業」欄は，どうして記載するのですか。……………… 222

Q 196 「同居を始める前の夫妻のそれぞれの世帯のおもな仕事と夫妻の職業」欄の「夫の職業」,「妻の職業」は,国勢調査の年に記載するとされていますが,これはどうしてですか。……………………………………………………………………… 223

11 「その他」欄

Q 197 「その他」欄には,どのようなことを記載するのですか。… 224

Q 198 「その他」欄には,具体的にどのような事項を記載することになりますか。
　　　その記載は,どのようにして確認することになりますか。……………………………………………………………………… 225

Q 199 届書の「その他」欄には,届書の各欄に記載することができない事項を記載することとされているが,その必要とされる事項以外の事項を記載したときは,どのようになりますか。…………………………………………………………………… 227

12 「届出人署名押印」欄

(1) 届出人が自署できない場合

Q 200 届出人が,「届出人署名押印」欄に自ら署名できないときは,どのようにすればよいですか。…………………………… 228

(2) 届出人が印を有しない場合

Q 201 届出人が,「届出人署名押印」欄に署名した後,押印しようとしたところ,印を持参していないときは,押印しないで届書を提出できますか。……………………………………… 229

Q 202 届出人が,「届出人署名押印」欄に署名したあとに押す印は,実印でなければならないですか。もし,認印しか持っていない場合はどうすればよいですか。……………………… 230

(3) 届出人が自署できず印も有しない場合

Q 203 届出人が,「届出人署名押印」欄に自ら署名できず,また,印を持参していない場合はどのようにすればよいです

　　　　　　　　　　　　か。 ………………………………………… 231

13　「証人」欄

Q204　婚姻届の証人は，日本人でなければなりませんか。 ……… 231

Q205　外国人が証人になった場合，証人の資格について本国法上の証明が必要ですか。 …………………………………………… 232

Q206　証人が成年であることを，どのようにして証明しますか。 ……………………………………………………………………… 233

Q207　未成年者の婚姻に同意した父母が，証人になることができますか。 ……………………………………………………………… 233

Q208　婚姻当事者の兄弟姉妹，伯（叔）父・伯（叔）母等の親戚の者は，証人になれますか。 ……………………………………… 234

Q209　婚姻当事者の一方は知っていますが，相手方は知らない場合，証人になれますか。 ……………………………………… 234

Q210　証人が自署できず，印も有しない場合は，証人になれないですか。 ……………………………………………………………… 235

Q211　日本人同士（又は日本人と外国人）が，外国において外国の方式で婚姻した場合において，婚姻証書謄本の提出をする際は，証人が必要ですか。 ……………………………………… 236

事例

第1 創設的婚姻届

事例1 戸籍の筆頭者及びその配偶者以外の者同士が，夫の氏を称する婚姻届を夫になる者の本籍地の市区町村長に届出をし，妻になる者の従前の本籍地の市区町村長に届書謄本が送付された場合 …………………………………………… 237

事例2 戸籍の筆頭者及びその配偶者以外の者同士が，夫の氏を称する婚姻届を夫婦となる者の所在地（夫婦の新本籍地）の市区町村長に届出をし，夫及び妻になる者の従前の本籍地の市区町村長に届書謄本が送付された場合 …………………… 242

事例3 戸籍の筆頭者である男と戸籍の筆頭者及びその配偶者以外の女が，夫の氏を称する婚姻届を夫になる者の本籍地の市区町村長に届出をし，妻になる者の従前の本籍地の市区町村長に届書謄本が送付された場合 ……………………………… 246

事例4 戸籍の筆頭者である女と戸籍の筆頭者及びその配偶者以外の男が，妻の氏を称する婚姻届を妻になる者の所在地の市区町村長に届出をし，妻になる者の本籍地の市区町村長に届書が，夫になる者の従前の本籍地の市区町村長に届書謄本が送付された場合 ……………………………………………… 249

事例5 戸籍の筆頭者である女と戸籍の筆頭者及びその配偶者以外の男が，夫の氏を称する婚姻届を夫になる者の所在地（夫婦の新本籍地）の市区町村長に届出をし，夫及び妻になる者の従前の本籍地の市区町村長に届書謄本が送付された場合 ……………………………………………………………… 252

事例6 戸籍の筆頭者の生存配偶者である女と戸籍の筆頭者及びその配偶者以外の男が，妻の氏を称する婚姻届を妻になる

者の本籍地（夫婦の新本籍地）の市区町村長に届出をし，夫になる者の従前の本籍地の市区町村長に届書謄本が送付された場合 ··· 256

事例7 戸籍の筆頭者の生存配偶者である女と戸籍の筆頭者及びその配偶者以外の男が，夫の氏を称する婚姻届を夫になる者の本籍地の市区町村長に届出をし，妻になる者の従前の本籍地の市区町村長に届書謄本が送付された場合 ······················ 260

事例8 戸籍の筆頭者の生存配偶者である女と戸籍の筆頭者である男が，夫の氏を称する婚姻届を夫になる者の所在地の市区町村長に届出をし，夫になる者の本籍地の市区町村長に届書が，妻になる者の従前の本籍地の市区町村長に届書謄本が送付された場合 ··· 264

事例9 戸籍の筆頭者の生存配偶者である男と戸籍の筆頭者の生存配偶者である女が，夫の氏を称する婚姻届を夫になる者の本籍地の市区町村長に届出をし，妻になる者の従前の本籍地の市区町村長に届書謄本が送付された場合 ······················ 267

事例10 戸籍の筆頭者及びその配偶者以外の日本人女と外国人男との婚姻届を，妻になる者の本籍地の市区町村長に届出をする場合（婚姻後の本籍を従前の本籍と同一の場所に定める場合） ··· 271

事例11 戸籍の筆頭者及びその配偶者以外の日本人女と外国人男との婚姻届を，妻になる者の所在地の市区町村長に届出をする場合（婚姻後の本籍を住所と同一の場所に定める場合） ··· 274

事例12 戸籍の筆頭者及びその配偶者以外の日本人男と外国人女との婚姻届を，夫になる者の所在地の市区町村長に届出をする場合（婚姻後の本籍を従前の本籍と同一の場所に定める場合） ··· 277

事例13 戸籍の筆頭者及びその配偶者以外の日本人男と外国人女との婚姻届を，夫になる者の所在地の市区町村長に届出をする場合（婚姻後の本籍を住所と同一の場所に定める場合） ··· 280

事例14 戸籍の筆頭者の日本人男と外国人女との婚姻届を，夫になる者の本籍地の市区町村長に届出をする場合 ························ 283

事例15 戸籍の筆頭者の日本人女と外国人男との婚姻届を，妻になる者の所在地の市区町村長に届出をする場合 ························ 285

事例16 戸籍の筆頭者及びその配偶者以外の日本人の男女が，夫の氏を称する創設的婚姻届を在外公館の長に届出をし，その届書が外務省を経由して夫になる者の本籍地の市区町村長に送付された場合（婚姻後の本籍を夫の従前の本籍と同一の場所にする場合） ··· 287

事例17 戸籍の筆頭者である日本人の男と戸籍の筆頭者及びその配偶者以外の日本人の女が，夫になる者の氏を称する創設的婚姻届を在外公館の長に届出をし，その届書が外務省を経由して夫になる者の本籍地の市区町村長に送付された場合 ··· 291

事例18 戸籍の筆頭者及びその配偶者以外の日本人の男女が，妻になる者の氏を称する創設的婚姻届を在住する外国から妻になる者の本籍地の市区町村長に直接郵送等により届出がされた場合（婚姻後の本籍を妻になる者の従前の本籍と同一の場所にする場合） ··· 294

事例19 外国人同士の創設的婚姻届が，所在地の市区町村長に届出された場合 ··· 298

事例20 離婚後100日以内の女が離婚時に懐胎していなかった旨の医師の証明書を添付して，夫になる者の氏を称する婚姻届を夫になる者の本籍地の市区町村長に届出をし，新戸籍を編製する場合で，妻になる者の従前の本籍地の市区町村長に届書謄本が送付された場合 ··· 299

第2 報告的婚姻届

事例21 戸籍の筆頭者及びその配偶者以外の日本人の男女が，在住する外国の方式で婚姻し，その証書の謄本（夫の氏を称する旨及び婚姻後の本籍を夫の従前の本籍と同一の場所に定める旨の申出書を添付—婚姻届書使用）を在外公館の長に提出し，それが外務省経由で夫の本籍地の市区町村長に送付された場合 ······················ 304

事例22 戸籍の筆頭者及びその配偶者以外の日本人男が，外国人女と在住する外国の方式で婚姻し，その証書の謄本（婚姻後の本籍を従前の本籍と同一の場所に定める旨の申出書を添付—婚姻届書使用）を在外公館の長に提出し，それが外務省経由で本籍地の市区町村長に送付された場合 ················ 308

事例23 戸籍の筆頭者である日本人男が，外国人女と在住する外国の方式で婚姻し，その証書の謄本等を在外公館の長に提出し，その証書の謄本が外務省を経由して，夫の本籍地の市区町村長に送付された場合 ······················ 311

事例24 戸籍の筆頭者である日本人女が，在住するA国において，B国人男とB国の方式で婚姻し，その証書の謄本（B国官憲発行）を在外公館の長に提出し，その証書の謄本が外務省を経由して，本籍地の市区町村長に送付された場合（証書の謄本が婚姻届書とともに提出された場合）··············· 313

事例25 戸籍の筆頭者及びその配偶者以外の日本人の男女が，その在住する外国の方式で婚姻し，その証書の謄本（夫の氏を称する旨及び婚姻後の本籍を夫の従前の本籍と同一の場所にする旨の申出書を添付—婚姻届書使用）が夫の本籍地の市区町村長に直接郵送等により届出がされた場合 ··············· 315

事例26 戸籍の筆頭者及びその配偶者以外の日本人男と外国人女が，在住する外国の方式で婚姻し，その証書の謄本（婚姻後の本籍を従前の本籍と同一の場所に定める旨の申出書を添付—婚姻届書使用）が夫の本籍地の市区町村長に直接郵送等により届出がされた場合 ··············· 319

Q&A

婚姻届書の記載の仕方とその根拠など211項目について，問(Q)・答(A)に〔注〕・〔参考文献〕を付け加えています。

第1 概　説

Q1
婚姻の届出をすることによって，婚姻が成立するというのはどういうことですか。

A　わが国は，法律婚主義を採っていますから，婚姻の届出をしない限り，法律的には婚姻をした夫婦とは認められないことになります（民739条）。したがって，結婚式をあげて夫婦が共同生活をしていても，婚姻の届出をしない限り法律上の婚姻をしたことにはなりません。

　民法第739条においては，「婚姻は，戸籍法の定めるところにより届け出ることによって，その効力を生ずる。」とされていますので，戸籍法に基づく婚姻の届出が「民法第731条から第737条及び第739条第2項の規定その他の法令の規定に違反せず」に適法になされ（民740条），市区町村長が当該届出を受理することによって婚姻は成立します。

　婚姻を成立させるためには，実質的要件と形式的要件を備える必要がありますが，そのことについては，第2及び第3において述べています。また，婚姻の届出をするための届書の記載方法については，第10において述べています。

〔**参考文献**〕「最新体系・戸籍用語事典」394頁以下

Q2

婚姻の届出をした夫婦と届出をしない夫婦では、どのような違いがありますか。

A　婚姻をした夫婦は、①婚姻をする際に協議により夫婦の氏を、夫又は妻になる者の氏のいずれかに定めることになります。したがって、夫婦は同一の氏を称し、同一戸籍になります（民750条、戸16条）。②夫婦は同居し、互いに協力し扶助することの法律上の義務が生じます（民752条）。③未成年者が婚姻をしたときは、成年に達したものとみなされます（民753条）。したがって、父母（養父母）の親権は消滅し、未成年後見人の場合は、その任務が終了します。④父が認知した子は、父母の婚姻により嫡出子の身分を取得します（民789条1項）。

これに対し、内縁夫婦の場合は、以上に述べたような法律上の効果は生じません。

また、内縁の夫婦間においては、相続が開始した場合には、相互に配偶者としての地位にないことから、妻（又は夫）としての身分での相続人にはなりません（民890条）。なお、婚姻をした夫婦間の出生子は、嫡出の身分を取得するのに対し（民772条）、内縁夫婦間の出生子は、嫡出でない子とされ、父に認知されないかぎり法律上の父はないことになります。ただし、その後に父に認知されたときは、法律上の父はあることになりますが、嫡出でない子の身分に変わりはありません。相続分については、嫡出子と嫡出でない子の間では従前は相続分に差が生じていました（平成25年法律94号の民法の一部改正前の民900条4号では、嫡出でない子は嫡出子の相続分の二分の一とされていた。）が、改正後で平成25年9月5日以後に開始した相続については、同等とされました（改正附則2の経過措置参照）。

〔注〕
1　婚姻による夫婦の氏を規定する民法第750条は、日本人と外国人間の婚姻については、戸籍の実務上は適用されないと解されています（昭和26.4.30

民事甲899号回答，昭和26.12.28民事甲2424号回答，昭和40.4.12民事甲838号回答，昭和42.3.27民事甲365号回答)。

2 　内縁関係にある者の保護については，特別法において内縁の妻を，法律上の妻と同一に取り扱おうとする配慮がみられます。例えば，次のような場合です。労働者災害補償保険法第16条の2第1項，労働基準法施行規則第42条第1項，船員法第93条・第94条（同施行規則第63条第1項第1号・第66条），雇用保険法第10条の3第1項，国家公務員共済組合法第2条第1項第2号ハ，厚生年金保険法第3条第2項，国民年金法第5条第7項，戦傷病者戦没者遺族等援護法第24条第1項等

第2 婚姻の実質的成立要件

1 婚姻意思

Q3 人違いその他の事由によって当事者間に婚姻をする意思がないときは，婚姻は無効であるとされていますが，婚姻をする意思というのは，どういうことをいうのですか。

A 婚姻の意思とは，男性と女性が，夫婦として継続的な共同生活を成立させようとする意思をいうものと解されています。

婚姻を成立させるには，Q1で述べたように当事者双方が婚姻の意思をもって市区町村長に婚姻の届出をし，その届出が市区町村長によって受理されることによって成立します（民739条1項・740条，戸74条）。

婚姻は，このように届出の形式でされる身分法上の契約ですから，当事者間に婚姻意思の合致があることが必要とされます。したがって，当事者間に婚姻をする意思がないときは，たとえ届出が受理されたとしても，その婚姻は無効です（民742条1号）。

〔注〕 婚姻意思の内容は，夫婦として継続的な共同生活を成立させようとする意思と解するのが通説ですが，これに対して婚姻意思とは婚姻の届出の意思であるとする見解もあります。判例は，通説の立場を採用しています（昭和44.10.31最高裁判決・民集23巻10号1894頁）。したがって，当事者間に夫婦としての共同生活を成立させる意思がなく，他の何らかの方便のために届出をする合意をしても，婚姻意思があるとはいえません。

〔参考文献〕「改訂戸籍届書の審査と受理」372頁以下，「改訂設題解説戸籍実務の処理Ⅴ(1)」7頁以下，「初任者のための戸籍実務の手引き（改訂新版第六訂）」117頁

Q4

婚姻をする当事者間における婚姻意思は，婚姻の届書を作成し，署名押印するときにあればよいですか。

A　婚姻の意思は，届書を作成する時点でその意思があることはもちろん，届書を市区町村長に提出し，それが受理されるときにも存続していることを要するとされています〔注1〕。

したがって，届書を作成するときには婚姻の意思はあったが，届出のときにはその意思をなくしている場合は，その届出は意思のない無効な届出と解されます。

戸籍の実務上の取扱いにおいては，当事者間に婚姻意思が合致し，届書に署名押印したが，その届出前に，当事者の一方から婚姻の意思を失くしたので，当該届出がされても受理しないように市区町村長に申出書が提出されているときなどにおいては，当該届出を受理しないこととされています（戸27条の2第3項・第4項，平成20.4.7民一1000号通達第6，平成22.5.6民一1080号通達第2の5）〔注2〕。

なお，婚姻の届出等の不受理申出については，Q75からQ87を参照願います。

〔注1〕　判例は，婚姻当事者の一方が持参し提出された婚姻の届出が受理されたところ，他の一方が昏睡状態に陥り，当該届出の受理後1時間ほどで死亡した事案について，「当該婚姻届書がその者の意思に基づいて作成され，同人がその作成当時は婚姻意思を有していて，当事者間に事実上の夫婦共同生活関係が存続していたとすれば，その届出が受理されるまでの間に意識を失っていたとしても，届出受理前に死亡した場合とは異なり，届出受理前に翻意するなどの婚姻の意思を失う特段の事情のない限り，届出の受理によって当該婚姻は有効に成立する。」としています（昭和44.4.3最高裁判決・民集23巻4号709頁）。

〔注2〕　平成19年法律第35号をもって「戸籍法の一部を改正する法律」が施行され（平成20.5.1施行），同法に第27条の2が新設されました。これにより，従来，法務省民事局長通達（昭和51.1.23民二900号通達）により取り扱われていました離婚届等の不受理申出は，同条の第3項から第5項に

新たに不受理申出についての規定が設けられました。なお，不受理申出ができる届出は，認知，縁組，離縁，婚姻又は離婚の届出に限るとされています（同条3項，「戸籍」815号68頁以下）。

〔参考文献〕「最新体系・戸籍用語事典」394頁以下，「改訂戸籍届書の審査と受理」372頁以下，「改訂設題解説戸籍実務の処理V(1)」7頁以下，「初任者のための戸籍実務の手引き（改訂新版第六訂）」117頁，「戸籍」801号1頁以下，814号1頁以下，815号1頁以下，844号1頁以下

Q5

婚姻の届書を作成し，署名押印するときには婚姻する意思はあったが，市区町村長に届出をするときに当事者の一方が，婚姻する意思を失くしたときは，その者の婚姻意思はどうなりますか。

A 　婚姻の意思はないものと解されます。

　ただし，当該婚姻の届出がされた場合における市区町村長の審査は，いわゆる形式審査主義に基づいて行われますから，届出の際に当事者の婚姻意思を口頭等で直接確認するというような取扱いはしません。したがって，本問のように当事者の一方の意思を欠くようなときでも当該届出が適式な届出であれば受理され，戸籍に記載されることになります。

　前記のような当事者の意思を欠く届出は，実体的に無効です。しかし，いったん市区町村長においてこれが受理され，戸籍に記載された場合は，それを訂正，消除するには，その記載を無効とする確定判決（審判）等を得て戸籍訂正の申請をしなければならないことになります（戸116条・114条・113条）。

　本問の場合は，婚姻をする意思を失くした者の相手方が当該婚姻届書を所持し，その届出をするおそれがある場合と考えられますから，その届出がされる前に，婚姻する意思を失くした者から，婚姻の届出の不受理申出をすれば，当該届出は受理されないことになります（戸

27条の2第3項・第4項)。

　もし不受理申出をする前に当該婚姻の届出が受理された場合は，前述のように戸籍訂正の問題が生じます。

　なお，不受理申出については，Q75からQ87を参照願います。

　　〔参考文献〕「戸籍」801号1頁以下，814号1頁以下，815号1頁以下，844号1頁以下

2　婚姻年齢

Q6

婚姻は，男18歳，女16歳にならなければできないとされていますが，その年齢はどのように計算をするのですか。

A　婚姻の当事者が婚姻のできる年齢に達しているかどうかは，「年齢計算ニ関スル法律」(明治35年法律第50号)の規定に基づいて，出生の日を算入して，民法第143条(暦による期間の計算)の計算方法によってすることになります。

　例えば，平成15年6月7日生まれの男性が婚姻をすることができる年齢の満18歳に達するのは，出生の日を起算日として18年を経過する応当日の前日の平成33年6月6日を経過することであり，その翌日の同年6月7日に満18歳になります。

　また，女性の場合の婚姻年齢は満16歳とされていますので，前記と同じ日に生まれた女性の場合であれば，同様の計算方式によって平成31年6月7日に満16歳になります。

　　〔参考文献〕「改訂戸籍届書の審査と受理」374頁，「改訂設題解説戸籍実務の処理Ⅴ(1)」12頁以下，「初任者のための戸籍実務の手引き(改訂新版第六訂)」117頁

Q7

日本人と外国人が婚姻をする場合の婚姻年齢は，どのようになりますか。

A　渉外的婚姻の場合の準拠法は，法の適用に関する通則法（平成18年法律第78号，以下「通則法」という。）第24条の規定によります。

同条第1項では，婚姻の実質的成立要件は，各当事者の本国法によるとされています。したがって，婚姻をする場合は，各当事者がその本国法に定める年齢に達している必要があります。なお，婚姻年齢は，いわゆる一方的要件と解されていますので，本国法により婚姻年齢に達していれば，他方当事者の本国法上の婚姻年齢に達していなくても，要件を満たしているものと解されています。

また，通則法第41条には「反致」の規定があります。同条の本文では，「当事者の本国法によるべき場合において，その国の法に従えば日本法によるべきときは，日本法による。」と規定しています。つまり，本国法として乙国の法律を適用すべき場合において，乙国の国際私法によれば日本の法律を適用するものとしている場合には，日本の法律を適用することになりますが，これを反致といいます。

婚姻年齢について，この反致が問題になる例としては，例えば，中華人民共和国婚姻法では，婚姻適齢は男22歳，女20歳とされていますが（同法6条），同国人の18歳の女が日本において日本人男と婚姻するときは，20歳にならないと婚姻できないかという問題があります。

中国の国際私法である中華人民共和国渉外民事関係法律適用法第21条によれば，その準拠法は，共通常居所地法とされ，それがないときは共通国籍国の法律とされ，それを持たず，一方当事者の常居所地法又は国籍国において婚姻を締結したときは婚姻締結地の法律を適用すると規定しています。この規定により，前掲の事例の場合は，わが国を婚姻挙行地として婚姻するときは，当該中国人女については，反致

の結果，日本の法律が婚姻の実質的成立要件の準拠法となり，日本の民法が適用されることになります（この事例では中華人民共和国婚姻法は適用されないことになります。）。日本の民法は，女は満16歳を婚姻適齢とされており（民731条），本事例の同女は18歳になっていますから，婚姻をすることができることになります。

〔注〕 日本に在る日本人と中華人民共和国に在る中国人が，日本において日本の法律に基づき婚姻した場合でも，当該婚姻は中華人民共和国においても有効とされています（平成14．8．8民一1885号通知）。
〔**参考文献**〕「改訂設題解説渉外戸籍実務の処理Ⅱ」59頁以下・78頁以下・80頁以下

3 重婚の禁止

Q8

協議離婚した夫婦の夫が，その後，他女と婚姻したところ，先の協議離婚について無効の裁判が確定した場合，後の婚姻はどうなりますか。その場合の戸籍はどのようになりますか。

A 　後の婚姻は重婚になります。
　戸籍は，前婚についての協議離婚が，裁判によって無効と確定したときは，前婚の離婚はなかったことになり，また，後婚も成立していますので，前婚と後婚とが併存し，重婚関係になります（昭和23．4.21民事甲54号回答）。
　この場合の戸籍は，①前婚及び後婚とも夫の氏を称する婚姻をしている場合は，前婚の妻は夫の戸籍に回復されますが，同戸籍には後婚の妻が既に入籍していますから，前婚の妻は後婚の妻と同籍になります。②また，後婚が，妻の氏を称する婚姻をしている場合は，夫は後婚の妻の戸籍に入籍することになるので，前婚の戸籍が除かれた戸籍になっているときは，その戸籍を回復し，前婚の妻はその戸籍に回復

されます。その場合は、夫は後婚の妻の戸籍に入籍した状態のままということになり、前婚の妻は、回復した戸籍に配偶者として単独で入籍している状態になります。

〔注〕　わが国は、一夫一婦制の法制を採っていますから、配偶者のある者は、重ねて婚姻をすることができないとされています（民732条）。したがって、重婚となるような婚姻の届出は認められないことになります（民740条）。
　　　重婚となる婚姻の届出は、通常は受理されることはないところ、何らかの原因で誤って受理される場合も考えられます。また、本問のように協議離婚後に再婚した場合に、協議離婚が無効になった場合は、重婚が生じることになります。さらには、Q9・Q10のように、日本人が外国の方式で婚姻を成立させた場合にも重婚が生じることがあります。重婚が生じた場合、日本民法では、後婚について取消し原因が発生するとされますが、取り消されるまでは有効とされています（民743条・744条）。

〔参考文献〕　「改訂戸籍届書の審査と受理」374頁以下、「改訂設題解説戸籍実務の処理Ⅴ⑴」14頁以下

Q9

妻がある日本人男が、外国人女と外国の方式で婚姻をした場合、どのようになりますか。

A　外国人女の本国法が、重婚を無効としているときは、当該婚姻は無効になります。また、同女の本国法が、重婚を取消し原因にしているときは、取り消されるまでは有効です。

　婚姻の実質的成立要件は、各当事者の本国法とされています（通則法24条1項）が、各本国法に定められている要件については、その当事者のみについて適用される一方的要件と、当事者双方に重複的に適用される双方的要件があります。重婚の禁止は、双方的要件とされています。

　重婚は、日本法上は取消し原因とされていますが、外国人女の本国法が、無効原因か、取消し原因かによって、本問の婚姻が、有効か無

効かにわかれます。すなわち，外国人女の本国法が重婚を無効としているときは，当該婚姻は無効になります。これは，双方的要件を備えないときの効果は，いずれか重い方の法律によることとされているためです。また，外国人女の本国法が，重婚を取消し原因にしているときは，双方とも取消し原因になっていますから，取り消されるまでは有効となります。

　本問の婚姻が有効であるときは，日本人男の戸籍の「身分事項」欄に，外国人女と婚姻した旨の記載をすることになります。その結果，同男には前婚の妻がいますので，同男の戸籍の「身分事項」欄には，婚姻事項が二つ記載されることになります（前婚の妻が日本人の場合は，夫の戸籍に入籍しているが，外国人の場合は，夫の身分事項欄に婚姻事項が記載されるだけで，外国人の妻が夫の戸籍に入籍することはありません。）。

〔注〕　日本人が外国人と婚姻する場合の形式的成立要件である方式については，婚姻挙行地の法律（通則法24条2項）又は当事者の一方の本国法とされています（同条3項本文）。ただし，日本において婚姻をする場合に当事者の一方が日本人であるときは，日本法によらなければならないとされています（同項ただし書）。

〔**参考文献**〕「改訂設題解説渉外戸籍実務の処理Ⅱ」8頁以下・159頁以下・163頁以下

Q10

日本人女が，妻がある外国人男と外国の方式で婚姻をした場合，どのようになりますか。

A　本問は，妻がある外国人男が外国の方式で婚姻をしていることから，同男の本国法は，男性は複数人の女性と婚姻できる法制を採っている国とも考えられます（アラブ諸国では，夫は4人まで妻をもてるとしています。）。その場合であれば，当該外国人の本国法上は，当該婚姻は有効になります。

一方，日本法上は，重婚は禁止されていますが（民732条），重婚となった場合は，取消し原因とされ，取り消されるまでは有効とされています（民743条・744条・748条）。

　本問の婚姻が，取り消されるまでは有効となる場合であれば，日本人女の戸籍の「身分事項」欄に，外国人男と婚姻した旨及び「配偶欄」の記載をすることになります。この場合，同女が，戸籍の筆頭者でないときは，同女につき新戸籍を編製し，前記の記載をすることになります（戸16条3項）。

　なお，外国人男の本国法が，重婚を無効又は取消し原因としている場合についての婚姻の効力は，Q9を参照願います。

〔参考文献〕「改訂設題解説渉外戸籍実務の処理Ⅱ」159頁以下

4　再婚禁止期間

Q11

女性は，前婚の解消又は取消しの日から起算して100日を経過した後でなければ，再婚できないとされているのは，どうしてですか。

A　出生する子の父性推定の混乱を避けるためであるとされています。
　すなわち，この期間100日を経過せずに婚姻した場合は，民法第772条第1項が「妻が婚姻中に懐胎した子は，夫の子と推定する。」とし，同条第2項は「婚姻成立の日から200日を経過した後又は婚姻の解消若しくは取消しの日から300日以内に生れた子は，婚姻中に懐胎したものと推定する。」と規定しているため，この第2項に該当する子が出生したときに，前夫，後夫のいずれの嫡出子かが法律的に判然としないことになり，父性推定の混乱が生じるので，これを避けるためであるとされています。

再婚禁止期間（あるいは待婚期間ともいう）については，同法第733条第1項は，「女は，前婚の解消又は取消しの日から起算して100日を経過した後でなければ，再婚をすることができない。」と規定しています。

　なお，同条第2項では「前項の規定は，次に掲げる場合には，適用しない。」とし，その第1号では「女が前婚の解消又は取消しの時に懐胎していなかった場合」，第2号では「女が前婚の解消又は取消しの後に出産した場合」と規定していますので，この規定に該当するときは，離婚後100日を経過しない場合でも再婚することができることになりますが，その場合については，医師の証明書を提出することとされています。その詳細はQ12において解説していますから，そちらをご参照願います。

〔注〕　従来，再婚禁止期間を定める民法第733条第1項は「女は，前婚の解消又は取消しの日から6箇月を経過した後でなければ，再婚をすることができない。」とされ，第2項は「女が前婚の解消又は取消しの前から懐胎していた場合には，その出産の日から，前項の規定を適用しない。」と規定されていました。
　　　　この規定は，平成28年法律第71号による「民法の一部を改正する法律」（平成28年6月7日公布，同日施行）により改正されました。
　　　　改正前の同条の「6箇月を経過した後でなければ，再婚をすることができない。」とする規定について，「6箇月の再婚禁止期間のうち100日を超える部分は憲法違反である。」とする平成27年12月16日の最高裁判所大法廷判決がされました（判例時報2284号20頁，判例タイムズ1421号61頁）。
　　　　この判決に鑑み再婚禁止期間を100日に短縮する民法の一部改正及び同判決の共同補足意見で示された本条第2項の解釈を，改正条文上明確にする改正も前記のとおりされました。

　　　〔**参考文献**〕「改訂親族法逐条解説」42頁以下，「改訂戸籍届書の審査と受理」372頁以下，「改訂はじめての戸籍法」140頁以下，「改訂設題解説戸籍実務の処理Ⅴ(1)」18頁以下
　　　　　　「民法の一部を改正する法律の概要」（「戸籍」930号1頁以下）
　　　　　　「婚姻の解消又は取消しの日から起算して100日を経過していない女性を当事者とする婚姻の届出の取扱いに関する通達等の解説」（「戸籍」929号1頁以下）

Q12

女性は，前婚の解消又は取消しの日から起算して100日を経過した後でなければ，再婚することができないとされていますが，100日を経過しないうちに再婚できる場合がありますか。

A　あります。それは次の場合です。

民法第733条第2項第1号は，「女が前婚の解消又は取消しの時に懐胎していなかった場合」及び同項第2号は「女が前婚の解消又は取消しの後に出産した場合」は，同条第1項の「女は，前婚の解消又は取消しの日から起算して100日を経過した後でなければ，再婚をすることができない。」としている規定を適用しないとしています。

したがって，設問の場合は，同条第2項の第1号又は第2号に該当するときは，離婚後100日を経過しない場合でも再婚することができることになります。

なお，その場合は同項第1号又は第2号に該当する旨の医師の証明書を提出することになります（平成28.6.7民一584号通達，同日付け民一585号依命通知）。

〔注〕
1　民法第733条は，平成28年法律第71号による「民法の一部を改正する法律」（平成28年6月7日公布，同日施行）により改正されたものであることについては，Q11で述べたとおりです。
2　なお，次の戸籍の先例は，嫡出子の推定についての混乱が生じない場合であることから，再婚禁止期間の適用がないものとされています。
(1)　離婚した直前の夫と再婚する場合（大正元.11.25民事708号回答）
(2)　前夫の失踪宣告により婚姻が解消している場合（昭和41.7.20〜21甲府管内戸籍協議会決議）
(3)　夫の生死が3年以上生死不明を理由として離婚判決が確定後に再婚する場合（大正7.9.13民1735号回答，昭和25.1.6民事甲2号回答）
(4)　夫が3年前から音信不通状態で悪意の遺棄を理由として離婚の判決が確定後に再婚する場合（昭和40.3.16民事甲540号回答）
(5)　女性が懐胎することができない年齢で再婚する場合（昭和39.5.27民事

甲1951号回答・67歳の女の例）
3　民法第733条第2項に該当する旨の医師の証明書の様式は，前掲民一第584号通達中に，（別紙様式）として示されています。
　その別紙様式として通達中に示されている証明書は次とおりです。

（別紙様式）
民法第７３３条第２項に該当する旨の証明書

診察を受ける者	氏　名	
	住　所	
	生年月日	年　　　月　　　日　（　　　歳）
	前婚の解消又は取消日（①）	年　　　月　　　日　（注１）

（注１）前婚の解消又は取消日（以下「①の日」という）については，本人の申出による日を記載する。

上記記載の者について，①の日に懐胎していなかった又は①の日の後に出産したことを証明する。

（理由について，以下の□のいずれかにチェックし，必要事項を記入してください）
□①の日より後に懐胎している
　懐胎の時期（推定排卵日）は，①の日の後である，　　年　　月　　日から　　年　　月　　日までと推定される。
　算出根拠（１．２．のいずれかに丸印をつけてください）
　１．懐胎の時期（推定排卵日）は，超音波検査及びその他の診断により求められた推定排卵日（妊娠２週０日）に前後各１４日間ずつを加え算出した（注２）。
　　（注２）医師の判断により，より正確な診断が可能なときは，前後各１４日間より短い日数を加えることになる。

　２．その他（不妊治療に対して行われる生殖補助医療の実施日を基に算出等，具体的にお書きください）
　　（　　　）

□①の日以後の一定の時期において懐胎していない
　根拠（１．２．のいずれかに丸印をつけてください）
　１．診察日（注３）において尿妊娠反応が陰性である。
　　診察日：　　　年　　月　　日
　　（注３）①の日から４週間以上経過した日以降に尿妊娠検査（感度hCG50IU/Lまたは25IU/Lのもの）を行い，その反応が陰性の場合，①の日から継続する正常妊娠はないと判断する。

　２．上記１．以外の場合であって，①の日以降の一定の時期において，以下の理由により，懐胎していないと判断できる（注４）。
　　（理由：　　　　　　　　　　　　　　　　　　　　　　　　　　　　　　　　　　　　　　）
　　（注４）１．以外であっても，医師の判断により，①の日以後の一定の時期において，懐胎していないとの診断が可能な場合である。

□①の日以後に出産（注５）した
　　出産の日　／　　　年　　月　　日
　　（注５）ここにいう出産には，出産（早産を含む），死産（流産），異所性妊娠（子宮外妊娠）の手術が含まれる。

　　　　　　　　　　　　　　　　　　　　　　　　　　　　平成　　年　　月　　日
　　医師　　　　（住所）

　　　　　　　　（氏名）　　　　　　　　　　　　　　　　　　　　　　　　印

※　この証明書は，前婚の解消又は取消しの日から起算して１００日以内にする婚姻届に添付するために医師が作成するものです。

なお，本証明書の様式は前記のとおり通達で示されていますが，医師から交付されたものであれば，これに準ずるものでも差し支えないとされています（前掲民一585号依命通知）。

4　戸籍の記載は，紙戸籍の場合は婚姻事項中に括弧書きで（民法第七百三十三条第二項）と記載します（前掲民一584号通達・「戸籍」929号9頁）。コンピュータ戸籍の場合は，婚姻事項の項目（インデックス）中の末尾に「【特記事項】民法第７３３条第２項」と記載します（同上）。

5　再婚禁止期間の起算日は，前婚の解消又は取消しの日から起算して100日とされていますから初日となる前婚の解消又は取消しの日は期間に算入することになります（前掲民一585号依命通知）。

〔**参考文献**〕　「改訂親族法逐条解説」42頁以下，「改訂戸籍届書の審査と受理」372頁以下，「改訂はじめての戸籍法」140頁以下，「改訂設題解説戸籍実務の処理Ⅴ(1)」18頁以下

「民法の一部を改正する法律の概要」（「戸籍」930号1頁以下）

「婚姻の解消又は取消しの日から起算して100日を経過していない女性を当事者とする婚姻の届出の取扱いに関する通達等の解説」（「戸籍」929号1頁以下）

Q 13

婚姻届書に添付されている妻となる者の戸籍謄本には，離婚事項の記載がないため，当該婚姻の届出を受理したところ，再婚禁止期間の100日を経過しない婚姻であることが判明した場合，どのようになりますか。

A　婚姻の届出が受理された場合は，婚姻は有効に成立します（民739条・740条）。しかし，その婚姻は取消しの対象になります（民743条から747条）が，取り消されるまでは有効です（民748条）。

この取消しをする場合は，婚姻の各当事者，その親族，検察官及び前婚の配偶者が，家庭裁判所に取消しの請求をすることになります（民744条）。ただし，再婚禁止期日内にした婚姻の取消しは，前婚の解消又は取消しの日から100日を経過し，又は女性が再婚後に出産した

ときは，取消しの請求をすることができないとされています（民746条）。

〔注〕
1　婚姻の実質的成立要件は，婚姻年齢に達していること（民731条），重婚とならないこと（民732条），女性の場合は，再婚禁止期間を経過していること（民733条），近親者間の婚姻でないこと（民734条）等，民法第731条から第737条の要件を備えていなければなりません。

　　また，婚姻の届出に当たっては，前記の要件を備えた上で，婚姻届書に当事者双方及び成年の証人2人以上の署名した書面によって届出をすることになります（民739条2項）が，この婚姻の届出を受理する市区町村長は，これらの規定及びその他の法令の規定に違反しないことを認めた後でなければ，受理することができないとされています（民740条）。

　　そのことから，届出の受理に当たっては，これらの要件を婚姻届書の記載（届書の「初婚・再婚の別」欄の記載）及び届書に添付された戸籍謄抄本（本籍地の市区町村長が受理する場合は，戸籍の原本）によって審査しますから，これらの規定に反する届出を誤って受理することはないはずです。ただ，再婚禁止期間の審査を添付された戸籍謄抄本等で行う場合は，戸籍の編製が離婚後100日以内にされた戸籍で，離婚事項が記載されたものでなければ，その審査ができませんから，その謄抄本等が添付されていなければなりません。

　　したがって，例えば，前婚の解消又は取消しの日以後に転籍又は分籍している戸籍の謄抄本等が添付されている場合は，転籍又は分籍の戸籍に離婚事項は移記されていないから（戸規39条），前婚の有無の審査ができないので，それ以前の戸籍の確認をする必要があります。しかし，その確認を遺漏した場合等においては，本問のような事例が生じることになります。
2　婚姻取消しの手続きについては，人事訴訟法の規定によることになります（人訴2条1号）が，この場合は，まず，調停に付されます（家事法257条）。調停において当事者の合意が正当と認められたときは，その旨の審判がなされ（家事法277条），審判が確定したときは，確定判決と同一の効力を有することになります（家事法281条）。

〔**参考文献**〕「最新体系・戸籍用語事典」396頁以下，「改訂設題解説戸籍実務の処理Ⅴ(1)」18頁以下・132頁以下

Q14

日本人女が外国人男と婚姻をする場合，前婚の解消又は取消しの日から100日を経過した後でなければ，再婚できないですか。

A　渉外的婚姻における実質的成立要件は，各当事者の本国法によるとされています（通則法24条1項）が，その各本国法に規定されている要件によっては，その当事者のみについて適用されるもの（一方的要件）と，当事者双方に重複的に適用されるもの（双方的要件）があります。

　女性が再婚する場合に，前婚の解消又は取消しの日から一定の期間を経過しなければならないとする，いわゆる再婚禁止期間については，双方的要件とされています。

　日本の民法は，女性が再婚する場合は，前婚の解消又は取消しの日から100日を経過した後でなければ，再婚できないとされています（民733条）が，外国人男の本国法が，100日より長い期間の経過を定めている場合（例えば，タイは310日・同国民商法1453条）は，長い方の再婚禁止期間を経過しなければならないことになります。その場合は，日本人女性は，100日以上の長い期間を経過しなければ，再婚できないことになります。

　本問の場合は，婚姻の相手方である外国人の本国法が，どのように規定されているかによります。

　〔注〕　日本の民法の再婚禁止期間は，100日とされていますが，相手方である外国人の本国法には，その期間の定めがない場合は，本問では日本の法律によることになります。なお，婚姻当事者の双方の本国法に再婚禁止期間の定めがないときは，制限がないものとして扱うことになります。

　〔**参考文献**〕「改訂設題解説渉外戸籍実務の処理Ⅱ」13頁以下

5　近親婚の禁止

Q15
直系血族又は三親等内の傍系血族の間では，婚姻をすることができないとされていますが，具体的にはどのような関係をいうのですか。

A　直系血族の間では，実親子関係である自然血族と，養親子関係である法定血族とを区別せず，また，親等のいかんを問わずに婚姻はできないとされています（民734条1項）。

例えば，自然血族である父又は母と子，祖父又は祖母と孫とは，それぞれ婚姻をすることができません。また，法律上の親子関係にあるものの間では，子が嫡出子であるか，嫡出でない子であるかを問わず，婚姻はできないことになります。

法定血族の関係にある養親及びその尊属と養子の間でも同様とされています。

傍系の自然血族の間では，三親等内での婚姻はできないとされています。例えば，兄弟姉妹の間の婚姻，伯（叔）父・伯（叔）母と甥・姪との間の婚姻は認められません。兄弟姉妹の婚姻は，父母の双方を同じくする場合とその一方を同じくする場合とを区別していません。

養子と養方の傍系血族との間では，婚姻は禁止されていません（民734条1項ただし書）。養方の傍系血族とは，養親の自然血族又は法定血族であり，養子が縁組によって法定血族関係になり，それが傍系血族関係にある者をいいます。したがって，養子は，養親の兄弟姉妹，子，孫又は養親の他の養子と婚姻をすることは差し支えないことになります。

〔注〕　自然血族間の婚姻禁止は，優生学的見地に基づくものであり，法定血族の間の婚姻禁止は，社会倫理的見地に基づくものとされています。

〔参考文献〕　「改訂親族法逐条解説」45頁以下，「改訂設題解説戸籍実務の処理Ⅴ(1)」35頁以下

Q16

直系姻族の間では，婚姻をすることができないとされていますが，具体的にはどのような関係をいうのですか。

A 　直系姻族とは，配偶者の一方と他方の直系血族との関係をいいます（この直系血族には，自然血族のほかに法定血族も含まれます。）。例えば，夫と妻の祖父母・父母・子・孫との関係，また，妻と夫の祖父母・父母・子・孫との関係になります。

　直系姻族の間では，婚姻をすることができない（民735条）から，例えば，夫は妻の母（養母），妻の連れ子（実子・養子）と，また，妻は夫の父（養父），夫の先妻の子（実子・養子）と，それぞれ婚姻をすることができないことになります。

　これは直系姻族が離婚等により婚姻が解消した後でも婚姻はできないし，また，生存配偶者が姻族関係終了届をした後でも同様とされています（民735条）。このように直系姻族間の婚姻の禁止は，社会の倫理観念によるものであるとされています。

　なお，傍系姻族間の婚姻についての禁止規定はないので，例えば，妻が夫の死亡後，夫の兄弟と婚姻すること，また，夫が妻の死亡後，妻の姉妹と婚姻することに制限はありません。

　〔**参考文献**〕「改訂親族法逐条解説」45頁以下，「改訂設題解説戸籍実務の処理Ⅴ(1)」35頁以下

Q 17

養子若しくはその配偶者又は養子の直系卑属若しくはその配偶者と，養親又はその直系尊属との間では，離縁によって親族関係が終了した後でも，婚姻をすることができないとされていますが，具体的にはどのような関係をいうのですか。

A　養親子関係にある間は，直系血族又は直系姻族の関係にありますから，養親又はその直系尊属と養子，その配偶者，直系卑属又はその配偶者との間での婚姻はできないとされています（民734条・735条）。このことについては，Q15及びQ16において述べたとおりです。

　上記の婚姻禁止については，養親親子関係が離縁によって親族関係が終了した（民729条）後においても，同様に婚姻ができないとしています（民736条）。

〔注〕①養子の配偶者は，養子縁組後の配偶者及び縁組当時の配偶者をいいます。離縁後の養子の配偶者は含まれません。②養子の直系卑属は，養親の直系卑属であることが必要です。したがって，縁組前又は離縁後の養子の直系卑属は，これに含まれません。③養子の直系卑属の配偶者は，縁組後の養子の直系卑属の配偶者をいいます。したがって，縁組前又は離縁後の養子の直系卑属の配偶者は，これに含まれません。

〔**参考文献**〕「改訂親族法逐条解説」52頁以下，「改訂戸籍届書の審査と受理」378頁以下，「改訂設題解説戸籍実務の処理Ⅴ(1)」35頁以下・38頁以下

6 父母の同意

Q18

未成年の子の婚姻について、父母の同意が得られない場合は、婚姻の届出は受理されないことになりますか。

A 　原則として受理されないことになります。ただし、父母の同意が得られない事由があるときは（民737条2項）、同意は要しないとされています。

　民法第740条は、婚姻の届出が市区町村長にされたときは、「その婚姻が民法第731条から第737条まで及び前条第2項の規定その他の法令の規定に違反しないことを認めた後でなければ、受理することができない。」としています。

　未成年の子の婚姻についての父母の同意は、民法第737条に規定されています。また、父母の一方の同意が得られない場合について規定する同条第2項に該当する事由があるときは、他の一方の同意で足りることになります。しかし、その事由がないのに、父母の同意を得ないでされた婚姻の届出は受理されないことになります（昭和42.11.13～14大分県連合戸住協決議）。

　なお、民法第737条第2項の規定は、父母の一方が同意しないときは、他の一方の同意だけで足りるとし、父母の一方が知れないとき、死亡したとき、又はその意思を表示することができないときも、他の一方の同意で足りるとしています。したがって、この場合は、婚姻届書の「その他」欄にその事由を記載し、一方の同意が表示されていれば、その届出は受理されることになります。また、父母の双方が知れないとき、死亡したとき又は意思表示をすることができないときは、何人の同意も要しないことになります。

　なお、Q20を参照願います。

〔注〕 未成年の子の婚姻において，父母の同意を得ない届出がされても受理されないが，もしその届出が誤って受理されたときは，その届出が父母の同意以外に欠缺がない限り有効に成立し，取消しの対象にはならないとされています（昭和30．4．5最高裁判決・民集18巻61頁）。

〔参考文献〕「改訂親族法逐条解説」56頁以下，「改訂戸籍届書の審査と受理」379頁以下，「改訂設題解説戸籍実務の処理Ⅴ(1)」40頁以下

Q 19

父母が離婚している場合，未成年の子の婚姻についての父母の同意は，親権者である父（又は母）の同意があればよいですか。

A 　父母双方の同意が必要です。

　父母の同意を要する理由は，未成年の子は婚姻についての判断能力が不十分であることを考慮したものであるとされています。この父母の同意権は，親権の作用とは別であり，父又は母が親権を有しない場合であっても，親権を有しない父又は母の同意を得る必要があります（昭和24.11.11民事甲2641号回答，昭和33．7．7民事甲1361号回答）。したがって，父母が離婚している場合でも双方の同意が必要となります（前掲民事甲2641号回答）。

〔参考文献〕「改訂親族法逐条解説」56頁以下，「改訂戸籍届書の審査と受理」379頁以下，「改訂設題解説戸籍実務の処理Ⅴ(1)」40頁以下

Q20

未成年の子の婚姻について，父母の一方が死亡又は行方不明等で，同意が得られない場合は，父母の同意はどのようになりますか。

A　他の一方の同意があれば足ります（民737条2項）。その場合は，婚姻届書の「その他」欄に，死亡又は行方不明の父又は母について，その旨を記載します（昭和23.9.10松江司法事務局管内島根県戸協今市支会決議）。
例えば，次のように記載します。

　　妻未成年者につき，この婚姻に同意します。
　　住　所　〇〇県〇〇市〇〇町〇丁目〇番〇号
　　母　甲野　梅子㊞　　昭和〇年〇月〇日生
　　父　甲野　義太郎は平成〇年〇月〇日死亡（又は，父甲野義太郎は平成〇年〇月〇日以来行方不明である。）

〔参考文献〕「改訂設題解説戸籍実務の処理Ⅴ(1)」44頁以下，「補訂第3版注解戸籍届書「その他」欄の記載」261頁以下

Q21

未成年の養子が婚姻をする場合，父母の同意は，養親及び実親の双方について必要ですか。

A　養親の同意があれば足ります。
　未成年の子に実父母と養父母がある場合は，養子制度の趣旨にかんがみ，養父母の同意で足りるとされ，養父母が同意しない場合，又はその意思を表示することができない場合でも，実父母の同意は要しないとされています（昭和24.11.11民事甲2641号回答）。

〔参考文献〕「改訂設題解説戸籍実務の処理Ⅴ(1)」46頁以下

第3 婚姻の形式的成立要件

1 届出事項

Q 22
婚姻は，戸籍法の定める届出によって効力を生ずるとされていますが，どのような事項を届出するのですか。

A 　婚姻は，戸籍法に規定する方式によって市区町村長に届出をし，その届出が民法その他の法令の規定に違反しないことが認められたときは，市区町村長は当該届出を受理します。この受理によって婚姻は成立します（民739条・740条）。

　婚姻の届出をする場合は，届出様式が法定されています（戸28条，戸規59条）ので，その様式に沿った事項を届書に記載して届出をすることになります（戸29条・74条，戸規56条）。

　具体的には，届書に記載すべき一般的な必要事項として，①届出事件，②届出の年月日，③届出人の出生年月日，住所及び戸籍の表示，④届出人と届出事件の本人と異なるときは，届出事件の本人の氏名，出生の年月日，住所，戸籍の表示及び届出人の資格を記載し，届出人が署名し，印を押さなければならないとしています（戸29条）。

　婚姻届の場合は，①は「婚姻届」と記載することになりますが，④の記載は，婚姻届は事件本人が届出をするので該当しません。

　また，婚姻の届出に特有なものとして，「夫婦が称する氏」と「その他法務省令で定める事項」を記載することとしています（戸74条）が，法務省令で定める事項は，戸籍法施行規則第56条に規定しています。同条の第1号は「当事者が外国人であるときは，その国籍」，第2号は「当事者の父母の氏名及び父母との続柄並びに当事者が特別養子以外の養子であるときは，養親の氏名」とされています。それ以外の同

条の第3号から第6号までは，人口動態調査票の作成上において必要とされているものです。

婚姻の届出においては，これらの事項を届書に記載した上で，当事者双方及び成年の証人2人以上が署名することとされています（民739条2項）。

〔注〕 外国人の国籍は，本籍欄に記載します。また，養親がある場合は，届書の「その他」欄に養親の氏名を記載します。

〔参考文献〕 「改訂設題解説戸籍実務の処理Ⅴ(1)」60頁以下

2 届出の書式

(1) 書面による届出

Q23

婚姻の届出は，必ず書面によらなければならないのですか。

A　口頭によって届出をすることもできます。

なお，口頭によって届出をする場合については，Q27・Q28を参照願います。

〔参考文献〕 「改訂設題解説戸籍実務の処理Ⅴ(1)」53頁以下・58頁以下，「初任者のための戸籍実務の手引き（改訂新版第六訂）」4頁

Q24

婚姻届の届書の様式は，法律又は規則等に定められているのですか。

A　戸籍法及び同法施行規則において定められています（戸28条，戸規59条）。

婚姻届，離婚届，出生届及び死亡届の届書の様式は，戸籍法及び同法施行規則に定められていますが，これを「法定様式」といいます。したがって，婚姻届はその様式により届出することになります。

しかし，通常は，この法定様式と同じですが，様式の欄外の余白に「事務処理」欄（受理，発送，送付，審査事項の欄が市区町村における事務処理上の便宜上から設けられている欄である。）及び「記入の注意」事項（届出人が記載する上での注意事項である。）が付け加えられた「標準様式」によって届出をすることになります。

〔参考〕　・法定様式による「婚姻届書」（戸規附録第12号様式）……別紙1参照
　　　　・標準様式による「婚姻届書」（昭和59.11.1民二5502号通達）……別紙2参照

〔注〕　法定様式以外の認知，養子縁組，養子離縁等の届書の様式は，届出人の便宜と事務処理の効率化等の観点から，戸籍の先例によって定められています（前掲民二5502号通達）。この先例によって定められた様式を「標準様式」といいます。

　なお，標準様式を定める前記の先例には，法定様式も含まれていますが，これは，法定様式にない事務処理のための「受理」，「発送」，「送付」，「処理」の欄及び「記入の注意」事項を，様式の中の欄外余白に付け加え，様式の統一化を図る必要があるためです（標準準則29条）。

〔参考文献〕　「改訂戸籍届書の審査と受理」61頁以下，「設題解説戸籍実務の処理Ⅱ」239頁以下，「初任者のための戸籍実務の手引き（改訂新版第六訂）」3頁

※ 別紙1　法定様式（戸規附録第12号様式）

婚　姻　届

年　月　日 届出

長 殿

	夫 に な る 人		妻 に な る 人	
氏　名				
生 年 月 日	年　月　日		年　月　日	
住　所	番地 番　号		番地 番　号	
	世帯主の氏名		世帯主の氏名	
本　籍 （外国人のときは国籍だけをかいてください）	番地 番		番地 番	
	筆頭者の氏名		筆頭者の氏名	
父母の氏名 父母との続き柄 （他の養父母はその他の欄にかいてください）	父	続き柄	父	続き柄
	母	男	母	女
婚姻後の夫婦の 氏・新しい本籍	□夫の氏 □妻の氏	新本籍（左の☑の氏の人がすでに戸籍の筆頭者となつているときはかかないでください） 番地 番		
同居を始めたとき	年　月			
初婚・再婚の別	□初婚　再婚（□死別 □離別　年　月　日）		□初婚　再婚（□死別 □離別　年　月　日）	
同居を始める前の夫妻のそれぞれの世帯のおもな仕事と	夫 妻 1．農業だけまたは農業とその他の仕事を持っている世帯 夫 妻 2．自由業・商工業・サービス業等を個人で経営している世帯 夫 妻 3．企業・個人商店等（官公庁は除く）の常用勤労者世帯で勤め先の従業者数が1人から99人までの世帯（日々または1年未満の契約の雇用者は5） 夫 妻 4．3にあてはまらない常用勤労者世帯及び会社団体の役員の世帯（日々または1年未満の契約の雇用者は5） 夫 妻 5．1から4にあてはまらないその他の仕事をしている者のいる世帯 夫 妻 6．仕事をしている者のいない世帯			
夫妻の職業	（国勢調査の年…　年…の4月1日から翌年3月31日までに届出をするときだけかいてください） 夫の職業		妻の職業	
その他				
届出人 署名押印	夫　印		妻　印	

	証	人
署名押印	印	印
生 年 月 日	年　月　日	年　月　日
住　所	番地 番　号	番地 番　号
本　籍	番地 番	番地 番

2 届出の書式　29

Q25

婚姻届の届出用紙は，どこにありますか。

A 　市役所，区役所及び町村役場の戸籍の窓口に備え付けてありますので，そこでもらうことができます（以下「市役所，区役所及び町村役場」を，単に「市区町村役場」と表現します。）。

　また，市区町村役場に支所や出張所等の出先機関があるときは，そこの窓口にも備え付けている場合もありますので，そこでももらうことができます。

Q26

婚姻の届出をする場合，届書の記載を，鉛筆，ボールペン，ワープロ，パソコンなどで記載したものでも受け付けられますか。

A 　特に決められてはいませんが，届書に記載した事項が，簡単に消すことができるものや記入した事項が退色したり滲んで判読ができなくなるような記入用具による記載は適当ではありません。したがって，そのような記入用具で記載した届書は受け付けられないことになります。

　〔注〕　戸籍の届書類は，本籍地の市区町村役場を管轄する法務局において，届出の翌年から起算して27年間保存されます（戸規49条2項）。その保存期間中に，退色等により記載した文字が消えてしまうような用具を用いて記載した届書類は，受け付けられません。また，記載した文字が滲んで判読できなくなるような用具を用いた届書類も同様です。

　　鉛筆で記載した届書は，記載した事項を消しゴムにより簡単に消すことができるから，適当ではありません。ボールペン，ワープロ，パソコンで記載

したものが，退色等により記載した文字が消えることや，記載した文字が滲んで判読できなくなるようなことがないと考えられるので，受け付けられます（戸規67条・31条，大正8．1．17民2807号回答，大正9．5．27民事1698号回答，大正10.12.27民事2449号回答，昭和38．3．16民事甲800号回答，昭和38．5．22民事甲1556号回答）。

〔**参考文献**〕「改訂戸籍届書の審査と受理」80頁以下，「設題解説戸籍実務の処理Ⅱ」248頁以下，「新版実務戸籍法」74頁以下，「初任者のための戸籍実務の手引き（改訂新版第六訂）」8頁

(2) 口頭による届出

Q27

婚姻届を口頭によって届出をするときは，どのようにするのですか。

A 婚姻の届出については，2人以上の証人を必要とされていますから（民739条2項），口頭による届出の場合は，婚姻の当事者となる男女及び証人となる者の全員が市区町村役場に出頭し（大正5．6．7民465号回答2），陳述することになります。陳述した事項については，市区町村長が（実際は戸籍事務担当職員が行う）婚姻届の用紙に筆記した後，届出の年月日を記載し，届出人及び証人に読み聞かせることになります。

届出事項に相違がないときは，届出人及び証人は届書に署名し押印します（戸37条1項・2項）。

その口頭に基づく届書は，書面による届出がされた場合と同様に処理されます。

〔注〕
1　婚姻届は，届出人が婚姻当事者の男女で，かつ，成年の証人が2人以上必要とされるが，口頭による届出の場合には，全員が市区町村役場に出頭する必要があります。したがって，一部の者が口頭による届出をし，他の者は書面による届出をすることはできないとされています（大正5．6．7民465号回答2）。

2　口頭による届出における署名・押印については，戸籍法施行規則第62条の規定が適用されます（Q200～Q203参照）。
　　なお，届書は使者に託して届出をすることもできることから，口頭による届出は多くないものと考えられます。
　〔参考文献〕「改訂戸籍届書の審査と受理」100頁以下，「設題解説戸籍実務の処理Ⅱ」307頁以下，「改訂設題解説戸籍実務の処理Ⅴ(1)」53頁以下・58頁以下，「初任者のための戸籍実務の手引き（改訂新版第六訂）」4頁

Q28

婚姻届を口頭によって届出をする場合に，婚姻当事者の男女及び証人が，病気その他の事故で市区町村役場に出頭できないときは，どのような方法がありますか。

A　婚姻の届出について，口頭により届出をする場合は，届出人である婚姻当事者の男女及び証人が市区町村役場に出頭する必要があり，届出人の代理人が代わって口頭による届出をすることはできません（戸37条3項ただし書，昭和11.9.24民事甲1159号回答）。

　したがって，口頭で届出をする場合において，届出人及び証人が市区町村役場に出頭できないときは，市区町村長が届出人の所在地に出張して，口頭による届出を受理することができるとされています（前掲民事甲1159号回答）。

〔注〕
　1　創設的届出のうち，認知（含む胎児認知），縁組（含む代諾縁組），協議離縁（含む代諾離縁，死後離縁），婚姻及び協議離婚については，特に重要な身分行為であるため，口頭による届出においては本人自身が市区町村役場に出頭することを要し，代理人による口頭届出は認められていません（戸37条3項ただし書）。これらの届出は，性質上本人自身の自由な意思が必要とされているためです。
　2　届出人の口頭による届出（Q27），あるいは市区町村長が届出人の所在地

に出張して、その届出を受理する取扱いは（本問のQ28、前掲民事甲1159号回答)、婚姻の届出は使者に託してすることもできるとされていることから、現在はほとんど利用されていないものと考えられます。

〔**参考文献**〕「改訂戸籍届書の審査と受理」100頁以下、「設題解説戸籍実務の処理Ⅱ」308頁以下、「改訂設題解説戸籍実務の処理Ⅴ(1)」53頁以下・58頁以下、「初任者のための戸籍実務の手引き（改訂新版第六訂)」4頁

3　届出の方法

(1)　届出人による届出

Q 29

婚姻の届出をするときは、夫婦になる男女が、届書を市区町村役場の窓口に直接持参して提出しなければならないですか。

A　届出人が、届書を直接持参して提出する必要はありません。

　戸籍の届書は、届出人の使者が持参して提出することもできるし、郵送等によって届出をすることもできます（戸47条)。したがって、届出人が届書を持参して直接提出しなければならないというものではありません。

　ただ、婚姻の届出が市区町村役場に出頭した者によってされた場合は、市区町村長は、出頭した者が届出事件の本人であるかどうかを確認するため、出頭した者を特定するために必要な氏名及び住所等の事項を運転免許証その他の資料の提供を求めて確認することとされています（戸27条の2第1項)。もし、この確認ができない者がある場合は、その者に対し、遅滞なく婚姻の届出を受理した旨の通知がされることになります（同条2項、戸規53条・53条の2・53条の3)。

　したがって、婚姻の届出を届出人である婚姻当事者の男女が、ともに市区町村役場に出頭し、双方とも届出事件の本人であることが確認

されたときは，特に問題はありませんが，夫になる者（又は妻になる者）だけが出頭し，その者の確認はされたが，出頭しない妻となる者（又は夫になる者）について確認ができないときは，その者に対しては，婚姻の届出を受理した旨の通知がされることになります（戸規53条の３）。なお，婚姻の届出が使者によってされた場合，又は郵送等若しくはオンラインによる届出がされた場合は，いずれも，市区町村長において届出事件本人の確認ができないので，前記の通知がされることになります。

　届出事件の本人であるかどうかの確認については，Ｑ69以下を参照願います。

　　〔注〕　届出事件の本人であることの確認に関する戸籍法第27条の２の規定は，平成19年５月11日法律第35号による「戸籍法の一部を改正する法律」（平成20年５月１日から施行）により新たに設けられたものです。同条の施行前は，平成15年３月18日民一第748号法務省民事局長通達「戸籍の届出における本人確認等の取扱いについて」によって取り扱われていましたが，この取扱いが法制化されたものです。
　　　　　前記の通達による取扱い及びその後法制化されるに至った経緯については，「近年，当事者の知らない間に偽造の婚姻の届出等がされ，戸籍に不実の記載がされる事件が急増していることから，これを未然に防止するため，緊急かつ暫定的な措置」として，まず，通達によって取扱いをすることとされました（前掲民一748号通達参照）。しかし，その後も虚偽の届出が発生・発覚している一方で，この通達による運用は，届書を持参した者が使者の場合や，届出人の一部のみについて本人確認ができる場合については市区町村長の実情により前記の通知を省略することを許容する等，その取扱いが必ずしも統一的でない等の問題があり，そのため，実務界から戸籍の記載の真実性を担保するための法的措置を講じるべきであるという指摘がされていました（「戸籍」801号４頁参照）。
　　　　　このような指摘等を踏まえ，平成17年10月，法務大臣から法制審議会に対し，「個人に関する情報を保護する観点から，戸籍及び除かれた戸籍の謄抄本等の交付請求をすることができる場合を制限するとともに，当該交付請求の際に請求者の本人確認を行うなど，戸籍の公開制度の在り方を見直し，併せて，戸籍に真実でない記載がされるのを防止するため，戸籍の届出をする者の本人確認を行う必要があると思われるので，別紙要綱（骨子）について御意見を承りたい。」との諮問がされました。これを受けて，同審議会は，この諮問について調査審議を行うための専門部会（戸籍法部会）を設置しました。

戸籍法部会は，平成17年11月から調査審議を開始し，平成18年7月にはそれまでの調査審議の結果を「戸籍法の見直しに関する要綱中間試案」として取りまとめ，事務当局の責任において作成した「戸籍法の見直しに関する要綱中間試案補足説明」とともにこれを公表するとともに，パブリック・コメントの手続きを実施して広く国民に意見を求めました。その後，同部会では，パブリック・コメントの結果を踏まえて更に調査審議を進め，同年12月19日には「戸籍法の見直しに関する要綱案」を決定し，これが平成19年2月7日に開催された法制審議会において「戸籍法の見直しに関する要綱」として決定され，法務大臣に答申されました（「戸籍」801号4頁以下参照）。

法務省は，この要綱に基づく法案の立案作業を進め，同年3月6日「戸籍法の一部を改正する法律案」が閣議決定され，国会に提出されました。同法律案は，同月24日に衆議院本会議で可決された後，同月27日参議院本会議で可決され成立しました（「戸籍」801号6頁参照）。

〔**参考文献**〕「改訂設題解説戸籍実務の処理V(1)」56頁以下，「初任者のための戸籍実務の手引き（改訂新版第六訂）」3頁以下・12頁以下，「戸籍」801号1頁以下

(2) 使者による届出

Q30

婚姻の届書の「届出人」欄及び「証人」欄の署名，押印がされているが，市区町村役場の窓口に届書を提出したのは，夫になる者の父である場合，そのまま受け付けられますか。

A　夫になる者の父が，「届出人」欄に記載されている夫及び妻になる者の使者（使いの者）として届書を持参し，提出する場合であれば，使者について，氏名及び住所等を確認した上で受付をします。使者について確認した事項の氏名及び住所又は氏名及び生年月日を，届書の欄外に記載するとともに，確認台帳にも同様の事項を記載します（平成20．4．7民一1000号通達第5の3・4，平成22．5．6民一1080号通達第2の4(2)参照）。

本問は，使者は夫になる者の父であるが，使者がそれ以外の者で

あっても同様に取り扱うことになります。

なお，本問のように，届出人の夫及び妻になる者が出頭しないで，届出人の使者が届書を持って出頭したときは，届出事件の本人であることの確認ができない場合に当たるので，届出人の夫及び妻になる者に対して，婚姻の届出を受理した旨の通知をすることになります（戸27条の2第2項）。

なお，Q71を参照願います。

〔注〕 本問は，婚姻届書の届出人欄等の記載から，夫及び妻になる者が届出人であり，その届出を夫になる者の父が届出人から依頼されて，届出人の「使いの者」（使者）として届書を提出する場合と考えられるので，そのまま受付することになります。届出の使者の確認については，上記のとおり行うことになります。

〔参考文献〕「改訂戸籍届書の審査と受理」98頁以下，「設題解説戸籍実務の処理Ⅱ」301頁以下，「改訂設題解説戸籍実務の処理Ⅴ(1)」56頁以下，「初任者のための戸籍実務の手引き（改訂新版第六訂）」12頁以下，「戸籍」815号56頁以下

(3) 郵送等による届出

Q31

婚姻の届書を，届出人の夫になる者及び妻になる者並びに証人が署名，押印し，夫になる者又は妻になる者の本籍地の市区町村長に郵送等により届出した場合，当該届出は受け付けられますか。

A　受け付けられます。

戸籍の届出は，届出人（夫及び妻になる者）の本籍地の市区町村長，又は届出人の所在地の市区町村長にすることができます（戸25条1項）。

また，それを郵送等によって届出をすることもできるとされています（戸47条）から，本問の婚姻の届出書類は受け付けられます。

〔注〕
1 平成17年法律第102号により戸籍法の一部が改正され、同法第47条第1項は「……郵送した届書は……」とされていたところ、「……郵便又は民間事業者による信書の送達に関する法律（平成14年法律第99号）第2条第6項に規定する一般信書便事業者若しくは同条第9項に規定する特定信書便事業者による同条第2項に規定する信書便によって発送した届書……」と、ほぼ全改されました（平成18年4月1日施行）。
2 郵送等でされた届書類を市区町村長が受理したときは、戸籍受附帳の備考欄に「年　月　日（封筒に施されている通信日付印中の年月日）郵送」と記載します。また、封筒には届出事件名、受付番号及び年月日を記載して、届書に添付しておく取扱いになっています（標準準則27条）。

〔**参考文献**〕「設題解説戸籍実務の処理Ⅱ」302頁以下、「改訂設題解説戸籍実務の処理Ⅴ(1)」56頁以下、「初任者のための戸籍実務の手引（改訂新版第六訂）」12頁以下

Q32

婚姻の届書を、届出人の夫になる者及び妻になる者並びに証人が署名、押印し、届出人の住所地の市区町村長に郵送等により届出した場合、当該届書は受け付けられますか。

A　受け付けられます。
　戸籍の届出は、届出人（夫及び妻になる者）の所在地（住所地）の市区町村長にすることもできます（戸25条1項）。また、それを郵送等によって届出をすることもできます（戸47条）。

〔注〕婚姻の届出は、届出人（夫及び妻になる者）の所在地の市区町村長に届出をすることができます（戸25条）から、届出人が同居する前に届出をする場合は、夫になる者又は妻になる者の現在の所在地の市区町村長に届出をすることができます。なお、婚姻の届出地についてはQ50を参照願います。

〔**参考文献**〕「設題解説戸籍実務の処理Ⅱ」223頁以下・302頁以下、「改訂設題解説戸籍実務の処理Ⅴ(1)」56頁以下

Q33

郵送等による婚姻の届出の場合は，いつ届出がされたことになりますか。

A　婚姻の届書が，市区町村役場に到達したときに届出があったものとされます（大正9.11.10民事3663号回答，昭和39.2.13民事甲317号回答）。

　例えば，1月22日に郵送等により届書を送付する手続きをした場合，その届書が同月24日に市区町村役場に到達したときは，24日に届出がされたことになり，この日が受付の日になります。

　ただし，郵送等により送付した後，届書が市区町村役場に到達する前に届出人の一方が死亡した場合は，死亡した時に婚姻の届出があったものとみなされます（戸47条2項）。

〔注〕
1　郵送等による婚姻の届出が市区町村役場に到達し，受理されたが，当該届書が市区町村役場に到達する前日に届出人の一方が死亡したことが，その後に届出された死亡届により判明した場合は，その者の死亡した時に婚姻は成立し，同時にその婚姻は一方の死亡により解消することになります。
2　届出人が生存中に郵送等の手続きをした届書は，死亡後であっても受理されますが，その場合は届出人が死亡した時に届出があったものとみなされます（戸47条2項）。
　　このような事例としては，例えば，①　婚姻の届出を受理する当時には，すでに届出人の一方の死亡が明らかになっている場合（例えば，所在地から本籍地の市区町村長あてに婚姻届書を郵送等をしたのち本籍地に帰って死亡し，郵送等をした婚姻届書が本籍地の市区町村役場に到達する前にその者の死亡届が受理されている場合），②　婚姻の届出の受理後に届出人の死亡が明らかになった場合（例えば，所在地から本籍地の市区町村長あてに婚姻届書を郵送等をした届出人が，所在地で死亡し，郵送等による婚姻届出の戸籍記載後に死亡届書が所在地の市区町村長から送付された場合）があります。
　　このような場合については，市区町村長は管轄法務局の長の指示を得て戸籍の処理をすることとされています（昭和28.4.15民事甲597号通達）。

〔参考文献〕　「改訂戸籍届書の審査と受理」23頁以下，「設題解説戸籍実務の処理Ⅱ」302頁以下

Q34

婚姻の届出人が生存中に郵送等の手続きをした届書が，市区町村役場に到達する前に届出人の一方又は双方が死亡した場合，その届出が，届出人が死亡した時に届出されたとみなされるのは，どうしてですか。

A　婚姻の届書を郵送等の手続きをした後に，その届書が市区町村長に到達前に届出人の一方又は双方が死亡した場合に，その届出の効力を否定することは妥当を欠くので，民法第97条第2項が隔地者間の意思表示につき規定するのと同じ趣旨のもとに，その効力を認めることとしたものとされています（「全訂戸籍法」254頁以下）。

〔参考〕　民法第97条（隔地者に対する意思表示）隔地者に対する意思表示は，その通知が相手方に到達した時からその効力を生ずる。
　　②　隔地者に対する意思表示は，表意者が通知を発した後に死亡し，又は行為能力を喪失したときであっても，そのためにその効力を妨げられない。

〔注〕　郵送等による届出及び郵送等の途中の届出人の死亡の場合，その届書の受理については，戸籍法第47条に規定されています。この規定は，報告的届出にも創設的届出にも同じく適用されます（前掲「全訂戸籍法」254頁以下）。
　　　創設的届出の婚姻，離婚等の場合において，例えば，A男とB女が婚姻届書を1月22日に郵送等の手続きをしたが，翌日の23日にA男が死亡し，その翌日の24日に市区町村役場に婚姻届書が到達したときは，届書は1月24日に受理されます。この場合，A男とB女の婚姻はA男死亡の23日に成立し，同時にA男の死亡により婚姻は解消することになります。

〔参考文献〕「全訂戸籍法」254頁以下，「改訂戸籍届書の審査と受理」23頁以下，「設題解説戸籍実務の処理Ⅱ」302頁以下

Q35

前問において，届出人が死亡した時に届出がされたものとみなすという場合，それはどのような方法で確認することになりますか。

A　届書が封入されて配達された封筒に施された通信日付印（スタンプ）の年月日を手掛かりに判断することになります。

　また，死亡の日時は，死亡届の届書の記載によって判明するので，この日時と前記の通信日付印とを対比して届出時を確認することになります。

　なお，Q33〔注〕2を参照願います。

〔注〕　届書が郵送等の手続きでされた場合は，その手続きに使用された封筒に届出事件名，受付番号及び年月日を記載し，届書に添付することになっています（標準準則27条）。

　　　また，郵送等による届書を受理したときは，戸籍受付帳の当該届出事件の備考欄に「年月日郵送」と付記することになります（この年月日は封筒に施されている通信日付印中の年月日です。）。

〔**参考文献**〕　「設題解説戸籍実務の処理Ⅱ」302頁以下

Q36

郵送等の手続きによる婚姻の届出を受理し，戸籍の記載をした後に，婚姻届の届出人の一方の死亡の届出がされ，死亡の日が，婚姻届の郵送等の後で市区町村役場に到達する前日であることが判明した場合，先に受理した婚姻の届出及び婚姻の戸籍の記載事項はどのようになりますか。

A　本問のような事例としては，例えば，所在地から本籍地の市区町村長あてに婚姻届書を郵送等の手続きをした届出人の一方が，所在地で

死亡し，郵送等による婚姻の届出が受理され，戸籍の記載後に死亡の届書が所在地の市区町村長から送付された場合が考えられます。

このような場合は，本籍地の市区町村長は管轄法務局の長の指示を得た上で，戸籍の記載をすることになります（昭和28．4．15民事甲597号通達）。

事例の場合は，既に婚姻の戸籍の記載がされているので，市区町村長は職権訂正書を作成し，婚姻事項の後に「夫（又は妻）死亡後受理平成○年○月○日記載㊞」と追記することになります（前掲民事甲597号通達，昭和39．2．13民事甲317号回答）。

〔**参考文献**〕 「設題解説戸籍実務の処理Ⅱ」302頁以下

Q 37

郵送等の手続きによる婚姻の届出が到達する前に婚姻届の届出人の一方の死亡届がされ，その死亡の日が，婚姻届の郵送等の後で市区町村役場に到達する前日であることが判明した場合，この婚姻届及び戸籍の記載はどのようになりますか。

A 本問のような事例としては，例えば，所在地から本籍地の市区町村長あてに婚姻届書を郵送等の手続きをした後，届出人の一方が本籍地に帰って死亡し，郵送等をした婚姻の届書が，本籍地の市区町村役場に到達する前にその者の死亡届を本籍地の市区町村長が受理し，その後に婚姻の届書が到達した場合が考えられます。

このような場合は，本籍地の市区町村長は管轄法務局の長の指示を得た上で，戸籍の記載をすることになります（昭和28．4．15民事甲597号通達）。

事例の場合は，婚姻の届出は受理されますが，戸籍の記載がされる前であるから，婚姻事項中に括弧書きで（死亡後受理）又は（夫（又は

妻）死亡後受理）と記載します（昭和28.4.15民事甲597号通達，昭和39.2.13民事甲317号回答）。

〔参考文献〕「設題解説戸籍実務の処理Ⅱ」302頁以下

Q38

外国に在住する日本人の男女間の創設的婚姻届を，同男又は同女の本籍地の市区町村長に郵送等の手続きで届出することができますか。

A　できます。

　戸籍法は郵送等の手続きによる届出を認めていますから（戸47条），本籍地の市区町村長に郵送等で届出することができます。なお，外国に在住する日本人間の創設的婚姻届は，その国に駐在する日本の大使，公使又は領事（以下「在外公館の長」という。）に届出をすることもできます（戸40条）。

〔注〕　外国に在住する日本人からの郵送等による届出の場合は，Q35と同様に，郵送等に使用された封筒に届出事件名，受付番号及び年月日を記載し，届書に添付することになります（標準準則27条）。
　　　また，郵送等による届書を受理したときは，戸籍受付帳の当該届出事件の備考欄に「年月日郵送」と付記することになります（この年月日は封筒に施されている通信日付印中の年月日です。）。

〔参考文献〕「改訂設題解説渉外戸籍実務の処理Ⅰ」241頁以下，「はじめての渉外戸籍」64頁以下・70頁

Q 39

日本人の男女がその在住する国の方式で婚姻をした場合，同男又は同女の本籍地の市区町村長に郵送等の手続きで届出することができますか。

A 　原則として，その国の在外公館の長に，婚姻証書の謄本を提出することになります（戸41条1項）。その国に在外公館の長が駐在しない場合は，3か月以内に本籍地の市区町村長に婚姻証書の謄本を郵送等の手続きで発送しなければなりません（同条2項）。

　なお，在外公館の長が駐在している場合でも，本籍地の市区町村長に直接証書の謄本を郵送等ですることができます（昭和5.6.19民事280号回答）。

　なお，Q38を参照願います。

〔参考文献〕「改訂設題解説渉外戸籍実務の処理Ⅰ」241頁以下・243頁以下，「はじめての渉外戸籍」64頁以下・70頁

Q 40

日本人と外国人がその在住する外国において，その国の方式ではなく，婚姻の相手方である外国人の本国の方式で婚姻をした場合，婚姻証書の謄本を日本人の本籍地の市区町村長に郵送等の手続きで届出をすることができますか。

A 　当事者である日本人は，原則としてその国の在外公館の長に，婚姻証書の謄本を提出することになります（戸41条1項）。その国に在外公館の長が駐在しない場合は，3か月以内に本籍地の市区町村長に婚姻証書の謄本を郵送等の手続きにより発送しなければなりません（同条

2項)。

　なお，在外公館の長が駐在している場合でも，本籍地の市区町村長に直接証書の謄本を郵送等ですることもできます(昭和5．6．19民事280号回答)。

　なお，Q38を参照願います。

〔注〕
　1　わが国の国際私法である「法の適用に関する通則法」(平成18年法律78号―平成19年1月1日施行)は，従来の「法例」(明治31年法律10号)の法律名を「法の適用に関する通則法」に改め，第1条からすべての条文を改正し，片仮名を平仮名に変更する表記の現代語化をしています。この改正における実質的内容は主として財産法の分野であるとされています(「改訂設題解説渉外戸籍実務の処理Ⅰ」57頁参照)。

　　なお，従来の「法例」は，平成元年法律第27号により身分関係に関する規定を大幅に改正しています(平成2年1月1日施行)が，前記の通則法による改正においては，婚姻や親子関係に関する規定，本国法の決定等の補足に関する規定等は現代語化のみを行っています。したがって，平成元年の法例改正規定の内容は，通則法の条文においては実質的に維持されているとされています。

　2　婚姻の方式は，平成元年の改正前「法例」第13条は「婚姻挙行地の方式による」(絶対的な婚姻挙行地主義)とされていたところ，平成元年の改正により，同方式によるほかに当事者の一方の本国法による方式も有効とされました(改正法例13条2項，通則法24条)。ただし，日本において婚姻を挙行する場合において，当事者の一方が日本人の場合は，日本の方式によらなければならない(改正法例13条3項，通則法24条3項)とされました。

　　〔参考文献〕「改訂設題解説渉外戸籍実務の処理Ⅰ」241頁以下・243頁以下，「はじめての渉外戸籍」64頁以下・70頁，「戸籍」555号28頁以下

Q41

日本人同士又は日本人と外国人がその在住する外国において，その国の方式又は外国人の国の方式で婚姻をした場合，在外公館の長又は日本人の本籍地の市区町村長に郵送等の手続きで届出するときは，婚姻証書の謄本を提出するだけでよいですか。

A　婚姻証書の謄本のほかに，婚姻届書用紙に必要事項を記載して提出することになります。

　日本人同士の場合は，夫婦の称する氏（民750条），夫婦について新戸籍を編製すべきときにおける新本籍（戸16条・30条1項）などを，夫婦で協議した上で届出をする必要があるからです（昭和25.1.23民事甲145号回答(2)）。

　また，日本人と外国人の婚姻の場合においても，日本人が父母の戸籍に在籍している場合は，新戸籍を編製することになるので（戸16条3項），新本籍の場所を定める必要がありますから，婚姻届書用紙にそのことを記載して提出します（前掲民事甲145号回答(2)）。

〔注〕　戸籍法第41条の証書謄本の提出は，日本人同士の婚姻の場合，当事者の一方からすることもできますが（昭和28.4.8民事甲561号回答），夫婦の称する氏などについては，夫婦の協議によって定めることになります。したがって，婚姻証書謄本によってそれが明らかでないときは，夫婦共同で届け出なければならないことになります（前掲民事甲145号回答）。

〔参考文献〕「初任者のための渉外戸籍実務の手引き（新版2訂）」137頁以下，「改訂設題解説渉外戸籍実務の処理Ⅰ」241頁以下・243頁以下，「はじめての渉外戸籍」64頁以下・70頁，「戸籍」555号28頁以下

(4) その他の届出

Q42

日本人同士が日本にある教会で結婚式をあげ，その教会が発行した証明書を添付して，報告的婚姻届をすることができますか。

A　当該婚姻の届出は受理されません。

　日本において日本人同士（又は日本人と外国人）が婚姻する場合は，戸籍法の定めるところに従って婚姻の届出をし，それが市区町村長に受理されることによって成立します（民739条，通則法24条3項ただし書）。

　日本における婚姻の形式的成立要件は，前述のとおり市区町村長への届出とされていますから，この要件を満たさない限り，婚姻は成立しません。

　したがって，結婚式をあげただけでは，婚姻は成立せず，また結婚式場でもらう証明書は，その場で結婚式をあげたという事実上の証明に過ぎず，法律的な効力はありません。

〔注〕　わが国の婚姻の実質的成立要件は，婚姻をする当事者が，自由な意思により婚姻することに合意し（憲24条1項，民742条1号），婚姻年齢に達し（民731条），重婚にならず（民732条），再婚禁止期間を経過し（民733条），近親婚等ではなく（民734条・735条・736条），未成年者は父母の同意がある（民737条）場合です。これらの要件を満たした上で，婚姻の届出をし，市区町村長に受理されると，結婚式をしなくても法律上有効に婚姻は成立します。

〔参考文献〕　「改訂はじめての戸籍法」140頁以下

Q 43

日本人同士が外国にある教会で結婚式をあげ，その教会が発行した証明書を添付して，報告的婚姻届をすることができますか。

A　教会での結婚式が，その国の婚姻の方式であって，これにより婚姻が有効に成立している場合で，かつ，教会発行の証明書がその国の権限のある機関において作成され，発行されたものと認められる場合は，その証明書を添付してされた報告的届出は適法といえます（戸41条）。

わが国の国際私法である「法の適用に関する通則法」（平成18年法律78号）第24条第2項は，婚姻の方式は，婚姻挙行地の方式でした婚姻は有効としていますから，日本人同士が，挙行地の方式で婚姻し，婚姻証書が作成されているときは，その証書の謄本を3か月以内に在外公館の長に提出しなければなりません（戸41条1項）。また，その地に在外公館の長がいない場合は，本籍地の市区町村長に郵送等で発送しなければなりません（同条2項）。なお，在外公館がある場合であっても，直接郵送等で発送することは差し支えないとされています（戸47条1項，昭和5．6．19民事280号回答）。

それらの場合において，証書の謄本だけの提出では，夫婦の称する氏や新本籍と定める場所等がわからない（証書の謄本にそれらの事項が記載されていないことが考えられる。）ので，婚姻届書の用紙に必要事項を記載し，夫婦が署名押印して証書の謄本に添付することになります（昭和25．1．23民事甲145号回答(2)）。

なお，Q41を参照願います。

〔注〕　外国にある教会の結婚式が，単なる儀式だけでその国の方式として認められないものである場合（例えば，観光業者の主催するセレモニー的のものに過ぎない場合）は，通則法第24条第2項に規定する「婚姻の方式は，婚姻挙行地の法による。」に当たらないことも考えられます。その場合は，婚姻は有効に成立したことにはならないと考えられます。

〔**参考文献**〕「改訂設題解説渉外戸籍実務の処理Ⅰ」243頁以下

Q44

日本人と外国人が，日本にある外国人の国の教会で結婚式をあげ，その教会が発行した証明書を添付して，日本人が報告的婚姻届をすることができますか。

A　当該婚姻の届出は受理されません。

　渉外婚姻をする当事者が，日本で婚姻をする場合において，その当事者の一方が日本人であるときは，日本の方式によることとされています（通則法24条3項ただし書）。したがって，本問の場合は，戸籍法に定めるところに従って，市区町村長に創設的婚姻届をしなければ，婚姻は有効に成立しないので（民739条），教会が発行する証明書は，婚姻が成立したことの証明にはなりません。

　なお，創設的婚姻届をする場合は，本問の証明書を当該外国人の婚姻要件具備証明書とみなすことができるとされています（昭和40.12.20民事甲3474号回答，昭和42.12.22民事甲3695号回答）から，当該婚姻届に同証明書を添付することができます。

〔注〕本問のように，日本にある外国人の国の教会で婚姻式をあげ，その挙式が外国人の本国法による方式であるときは，通則法第24条第3項本文は「当事者の一方の本国法に適合する方式は，有効とする。」と規定していますので，当事者の双方が当該国の者又は当該国の者と他の外国人であれば，同項のただし書が適用されないから，有効になります。

〔参考文献〕「改訂設題解説渉外戸籍実務の処理Ⅱ」89頁以下，「はじめての渉外戸籍」91頁以下

Q 45

日本人と外国人が、外国においてその国の教会で結婚式をあげ、その教会が発行した証明書を添付して、報告的婚姻届をすることができますか。

A　できます。

　外国の教会での結婚式が、その挙行地の国の方式であるときは、通則法第24条第2項は「婚姻の方式は、婚姻挙行地の法による。」と規定していますので、有効とされます。したがって、婚姻証書の謄本を提出して報告的届出ができることになります。

　なお、証書の謄本を提出する場合については、Q41を参照願います。

〔参考文献〕「改訂設題解説渉外戸籍実務の処理Ⅱ」34頁以下,「はじめての渉外戸籍」90頁以下

Q 46

日本人同士が外国にある教会で結婚式をあげた後、帰国して市区町村長に創設的婚姻の届出をした場合、外国の教会であげた結婚式(婚姻)についての届出はしなくてもよいですか。

A　外国の教会でした結婚式が、その国の方式に基づく有効なもので、婚姻の証書が作成されている場合は、外国の方式で婚姻が成立していることになります。その後に市区町村長にした創設的婚姻届は、既に外国の方式による婚姻成立後の届出ですから無効となります。

　この場合は、創設的婚姻の届出に基づく戸籍の記載がされた後、外国方式によって既に婚姻が成立しているときは、創設的婚姻届による記載は家庭裁判所の許可審判を得て(戸114条)、戸籍訂正申請により

消除することになります。そして，その後に外国の方式で成立した婚姻の報告的届出をするため，証書の謄本を提出することになります（戸41条）。

〔注〕　外国にある教会での結婚式が，単なる儀式だけでその国の方式として認められないものである場合（例えば，観光業者の主催するセレモニー的のものに過ぎない場合）は，通則法第24条第2項に規定する「婚姻の方式は，婚姻挙行地の法による。」に当たらないことも考えられます。その場合は，婚姻は有効に成立していない場合もあるので確認が必要です。もし，その結婚式が，外国の方式による婚姻と認められないときは，届出をしても受理されないことになります。

〔参考文献〕　「改訂設題解説渉外戸籍実務の処理Ⅱ」34頁以下，「はじめての渉外戸籍」90頁以下，「改訂設題解説渉外戸籍実務の処理Ⅰ」243頁以下

4　届出人

Q47

婚姻当事者の代理人が，委任状を添付して，婚姻の届出を代理人名義で届出ができますか。

A　できません。

婚姻の届出は，重要な身分行為ですから，届出の際における届出人の意思が要件とされていますので，代理に親しまないものとされています。したがって，書面による届出はもちろん口頭による届出の場合も，代理人による届出は認められていません（戸37条3項ただし書，昭和11.6.30大審院判決・民集15巻1294頁）。

〔参考文献〕　「改訂設題解説戸籍実務の処理Ⅴ(1)」67頁以下，「初任者のための戸籍実務の手引き（改訂新版第六訂）」4頁以下

Q 48

婚姻当事者の一方が未成年者のため,その者の父母が代わって届出人として届出をすることができますか。

A できません。

婚姻は,当事者の婚姻意思の合致のもとに,その意思が届出の方式によって表示されることになります。したがって,届出は婚姻成立の要件と解されますから,婚姻当事者以外の者が,当事者に代わって届出をしても,当事者の意思がその届出に反映されていないし,また,当事者双方が届出をしていないので,当該届出は無効と解されます(民742条2号本文)。

〔参考文献〕「改訂設題解説戸籍実務の処理Ⅴ(1)」67頁以下

5 証 人

Q 49

婚姻の届出をする場合は,届書に成年の証人2人以上が署名することとされていますが,証人となる者は,何を証明するのですか。

A 婚姻をする当事者が,婚姻という身分行為を行うことについて,双方が自由な意思による合意のもとに婚姻をすることを,証人が第三者として,これを証明するものです。

具体的には,婚姻当事者が作成した婚姻届書の「証人」欄に,証人が住所,本籍,生年月日を記載し,署名押印することになります。

これによって,婚姻当事者の意思の真実性及び届出の正確性が担保

されることになります。これが証人制度です。

〔注〕 民法が婚姻，離婚等について成年の証人2人以上を要するとしていることについて，戸籍の先例は「婚姻，離婚等のごとく届出によって効力を生ずる重要な身分行為については，届出意思について信憑性を高める趣旨にほかならない。」としています（昭和39.5.27～28岡山県戸住協決議，昭和39.11.27民事二発426号民事局認可）。

〔**参考文献**〕「改訂戸籍届書の審査と受理」75頁以下・395頁以下，「設題解説戸籍実務の処理Ⅱ」265頁以下，「改訂設題解説戸籍実務の処理Ⅴ(1)」73頁以下

6　届出地

(1)　届出地の原則

Q 50

婚姻届は，どこの市区町村役場に届出をすることになりますか。

A　次に掲げるいずれの市区町村役場に届出をしてもよいことになります〔注1〕。

1　届出人（夫になる者及び妻になる者）のいずれかの本籍地の市区町村役場（戸25条1項）

2　届出人（夫になる者及び妻になる者）のいずれかの所在地の市区町村役場（同条1項）〔注2〕

3　外国人同士が日本において創設的婚姻の届出をする場合は，届出人（夫になる者及び妻になる者）のいずれかの所在地の市区町村役場（同条2項）

〔注1〕　例えば，A市に本籍を有する甲男と，B町に本籍を有する乙女が婚姻の届出をする場合は，A市又はB町に届出ができます。また，甲男の住所地がC市にあり，乙女の住所がD市にある場合には，C市又はD市でも届出

ができます。甲男と乙女が婚姻の届出前にE市に居住している場合は、E市にも届出ができます。
〔注2〕 届出人の所在地とは、一時的な滞在地を含むとされていますから、例えば、仕事のため又は旅行のため一時的に滞在する者等の居所をもって所在地とされています（明治32.11.15民刑1986号回答）。したがって、旅行地等の市区町村役場にも届出ができます。その場合は、一時的滞在地で届出をする旨を婚姻届書の「その他」欄に記載し、届出地に誤りがないことを明らかにします。なお、所在地には、住所地、居住地が含まれるのはいうまでもありません。

なお、届出人（夫となる者及び妻となる者）の新本籍地は、戸籍法第25条第1項に規定する本籍地に当たらないので、届出地になりませんが、それが当事者の所在地であれば届出をすることができます。
〔参考文献〕 「全訂戸籍法」203頁以下、「改訂戸籍届書の審査と受理」389頁以下、「設題解説戸籍実務の処理Ⅱ」223頁以下、「改訂設題解説戸籍実務の処理Ⅴ(1)」78頁以下、「初任者のための戸籍実務の手引き（改訂新版第六訂）」5頁

(2) **本籍地での届出**

Q51

夫になる者の本籍地がA市で、妻になる者の本籍地がB市であるが、婚姻の届出は夫の氏を称し、婚姻後の本籍をA市に定める場合は、A市長に届出をすることができますか。

A　A市長又はB市長のどちらに届出をしてもよいことになります。
　なお、届出地については、Q50を参照願います。

〔参考文献〕 「改訂設題解説戸籍実務の処理Ⅴ(1)」78頁以下、「設題解説戸籍実務の処理Ⅱ」223頁以下

(3) 住所地（所在地）での届出

Q52

夫になる者の住所がC市で、妻になる者の住所がD市であるが、婚姻届は夫の氏を称し、婚姻後の本籍をC市に定める場合は、C市長に届出をすることができますか。

A　C市長又はD市長のどちらに届出をしてもよいことになります。なお、届出地については、Q50を参照願います。

〔参考文献〕「改訂設題解説戸籍実務の処理Ⅴ(1)」78頁以下、「設題解説戸籍実務の処理Ⅱ」223頁以下

Q53

日本人の男女（又は日本人と外国人）が、日本国内の新婚旅行先の市区町村長に、婚姻の届出をすることができますか。

A　婚姻届は、婚姻当事者の本籍地又は所在地（一時的滞在地を含む）で届出をすることができますから、本問の場合は、新婚旅行先は一時的滞在地に該当するので、その地の市区町村長に届出をすることができます。なお、この場合は、一時的滞在地で届出をする旨を婚姻届書の「その他」欄に記載し、届出地に誤りがないことを明らかにします。

　また、渉外的婚姻の方式は、通則法第24条に定められていますが、当事者の一方が日本人で日本で婚姻する場合は、日本法によることになります。したがって、一時的滞在地の届出も認められることになります（同条3項ただし書）。

　なお、届出地については、Q50を参照願います。

〔注〕 戸籍の届出地の届出人の所在地とは，一時的な滞在地を含むものとされています。例えば，仕事のため又は旅行のため一時的に滞在する者等の居所をもって所在地とされています（明治32.11.15民刑1986号回答）。

〔参考文献〕 「全訂戸籍法」203頁以下，「改訂設題解説戸籍実務の処理Ⅴ(1)」78頁以下，「設題解説戸籍実務の処理Ⅱ」223頁以下

Q54

夫になる外国人の居住地がJ市，妻になる日本人の本籍地はK市で，住所地がL市である場合，2人の創設的婚姻届はどこの市区町村長にすればよいですか。

A　J市長，K市長又はL市長のいずれに届出をしてもよいことなります。

　J市は，夫になる外国人の所在地であり（戸25条2項），K市及びL市は，妻になる日本人女の本籍地又は住所地ですから（同条1項），いずれの市長にも届出ができます。

　なお，届出地については，Q50を参照願います。

〔参考文献〕 「改訂設題解説戸籍実務の処理Ⅴ(1)」78頁以下，「設題解説戸籍実務の処理Ⅱ」223頁以下

Q55

日本人の男女が，外国の新婚旅行先において，その国にある在外公館の長に，婚姻の届出をすることができますか。

A　外国において日本人間で婚姻をしようとするときは，在外公館の長に届出をすることができるとされています（民741条）。また，この場合の方法について，戸籍法は，同法の規定に従って在外公館の長に届

出ができるとしています（戸40条）。したがって、本問の場合は、在外公館の長に、婚姻の届出をすることができます。

〔注〕　戸籍法は、日本の領土（領海）の全部に適用される（属地的効力）ほか、日本人に適用されますから（属人的効力）、国外に在る日本人のすべてに適用されます。そのため在外公館の長は、外国に在る日本人の戸籍に関する一定の届出に限って、受理する権限が付与されています（民741条・801条、戸40条・41条）。したがって、在外公館の長は、戸籍の届出の受理について市区町村長と同一の権限を有することになります（「全訂戸籍法」239頁参照）。
　なお、戸籍の届出地の所在地（戸25条1項）とは、一時的な滞在地を含むものとされていますので、本問の場合はこれに該当することにもなります（明治32.11.15民刑1986号回答）。
〔参考文献〕　「改訂親族法逐条解説」70頁以下、「全訂戸籍法」204頁・239頁、「改訂設題解説戸籍実務の処理Ⅴ(1)」78頁以下、「設題解説戸籍実務の処理Ⅱ」223頁以下、「改訂設題解説渉外戸籍実務の処理Ⅰ」209頁以下

(4)　新本籍地での届出

Q56

夫になる者の本籍地はE市、住所地はF市で、妻になる者の本籍地はG市、住所地はH市であるところ、婚姻は夫の氏を称し、婚姻後の本籍をI市に定める届出をする場合、婚姻の届出をI市長にすることができますか。

A　本問の婚姻後の新本籍地は、戸籍法第25条に規定する「届出事件の本人の本籍地」に該当しないため、届出地に該当しません。I市は本問の婚姻届の新本籍地になりますので、同市に届出はできないことになります。ただし、同市が届出人の所在地（一時的滞在地）である場合は、届出をすることができます。
　したがって、婚姻の当事者がI市に出向いて届出をする場合は、そ

こが所在地（一時的滞在地）とされるので届出ができることになります。なお，届出地については，Q50を参照願います。

〔注〕　戸籍の届出地については，戸籍法第25条第1項の規定により「届出事件の本人の本籍地又は届出人の所在地でこれをしなければならない。」とされています。
　この場合の届出人の所在地とは，一時的な滞在地を含むもので，例えば，仕事のため又は旅行のため一時的に滞在する者等の居所をもって所在地とされています（明治32.11.15民刑1986号回答）。したがって，旅行地の市区町村長に届出ができます。その場合は，一時的滞在地で届出をする旨を婚姻届書の「その他」欄に記載し，届出地に誤りがないことを明らかにします。なお，所在地に住所地，居住地が含まれるのはいうまでもないことです。

〔参考文献〕「全訂戸籍法」203頁以下，「改訂設題解説戸籍実務の処理Ⅴ⑴」78頁以下，「設題解説戸籍実務の処理Ⅱ」223頁以下

(5)　在外公館への届出

Q57

日本人同士が，外国において創設的婚姻の届出をする場合，在外公館の長にすることができますか。

A　できます（戸40条）。
　なお，在外公館の長が受理した当該届出書類は，遅滞なく，外務大臣を経由して本人の本籍地の市区町村長に送付されます（戸42条）。
　また，当事者の本籍地の市区町村長に直接郵送等によって届出することもできます（戸47条）。

〔参考文献〕「設題解説戸籍実務の処理Ⅱ」407頁以下，「改訂設題解説渉外戸籍実務の処理Ⅱ」29頁以下

Q 58

日本人同士が，外国において外国の方式で婚姻を成立させた場合の届出は，在外公館の長にすることになりますか。

A　3か月以内に在外公館の長に，婚姻証書の謄本を提出することになります（戸41条1項）。

　なお，在外公館の長が受理した当該証書の謄本等の書類は，遅滞なく，外務大臣を経由して本人の本籍地の市区町村長に送付されます（戸42条）。

　また，在外公館の長がその国に駐在しないときは，3か月以内に本籍地の市区町村長に証書の謄本を発送することになります（戸41条2項）。

　〔注〕　在外公館がある場合でも，直接本籍地の市区町村長に郵送等で送付することができます（戸47条）。また，他人（第三者）を使者として届書を持参させて，市区町村長に届出をすることもできます（明治31.9.28民刑975号回答，大正5.11.6大審院判決）。

　〔参考文献〕「改訂設題解説渉外戸籍実務の処理Ⅰ」241頁以下・243頁以下

Q 59

日本人と外国人間の創設的婚姻届が，在外公館の長において受理され，日本人の本籍地の市区町村長に送付された場合，どのように処理をすることになりますか。

A　本問のような届出は，在外公館の長は受理することができないとされています。すなわち，本問のような事例は，民法第741条及び戸籍法第40条に該当しないとされています。

もし，在外公館の長が，この届出を誤って受理し，日本人の本籍地の市区町村長に送付したときは，当該婚姻届は，外国から郵送等の手続きによる届出とみて（戸47条），当該市区町村長がその届出を受理したときに届出の効力を生じるものとして取り扱うことになります（昭和11．2．3民事甲40号回答，昭和26．9．13民事甲1793号回答，昭和35．8．3民事甲2011号回答）。

〔注〕　在外公館の長は，在外日本人の戸籍に関する届出の受理権限が付与されていますが（民741条・801条，戸40条・41条），これは在外日本人の便宜と保護のために市区町村長が戸籍事務を管掌することの例外として認められたものとされています。伝統的には，外交婚，領事婚といわれており，在外公館がその国の人を保護し，また，在外公館内では国内法を実施し得ることから，このような取扱いがされています。わが国では，在外日本人間の婚姻等，日本人が届出行為をする場合に限り，在外公館の長に戸籍事務を管掌させることとしています。
　　本問のように在外日本人と外国人の婚姻等の創設的身分行為に関しては，民法第741条の規定は適用されないし，外国人が届出人となるため，在外公館の長はこの届出がされても受理することができないことになります。

〔参考文献〕「改訂設題解説戸籍実務の処理Ⅴ(1)」197頁以下，「改訂設題解説渉外戸籍実務の処理Ⅰ」214頁以下，「改訂設題解説渉外戸籍実務の処理Ⅱ」84頁以下

7 婚姻届書の提出通数

(1) 提出通数の原則と届書の一通化

Q60

婚姻の届出を，夫となる者の本籍地で，かつ，夫婦の新本籍地になる市区町村長にする場合，届書は，妻となる者の本籍地の市区町村長に送付する分を含めて2通の提出をすることになりますか。

A　原則としては，そのとおりです。

戸籍の届書を何通提出するかは，戸籍法第36条に規定されています。同条第1項の規定によれば，届書は，戸籍に記載すべき市区町村役場の数と同じ数を提出することとされています。

なお，本籍地以外の市区町村役場に届出をするときは，さらにもう1通の届書を提出する必要があります（同条2項）。

本問の場合は，婚姻の届出によって戸籍に記載すべき市区町村役場は，夫になる者の本籍地で，かつ，夫婦の新本籍地となる箇所と，この届出により婚姻前の戸籍から除かれる妻になる者の本籍地の2箇所になります。したがって，2通の届書を提出することになります。

以上が戸籍法第36条に規定されている戸籍届書の提出通数の原則です。

しかし，届書の通数をこの原則どおりに提出するときは，届出人が複数の届書を提出する必要があるため，負担が多くなります。また，市区町村役場においても複数の届書の記載内容について，その同一性の審査，確認等をすることになるので効率的ではありません。

そこで現在は，届出人の負担の解消及び市区町村役場における事務の効率化を図る観点から，届書を複数提出する必要がある場合でも，1通の提出で足りるとする届書の一通化が実施されています（平成3.12.27民二6210号通達）。

その場合必要となる届書（本問では妻になる者の婚姻による除籍の記載をする市区町村役場の分です。）については，受理した市区町村長が届書謄本を作成してこれに代えることになります（同条3項）。したがって，本問において仮に届書が1通より提出されなかったとすれば，妻になる者の本籍地に送付する他の1通は受理した市区町村長が届書謄本を作成することになります。

〔参考文献〕「設題解説戸籍実務の処理Ⅱ」286頁以下，「初任者のための戸籍実務の手引き（改訂新版第六訂）」9頁

Q61

婚姻の届出が，夫婦となる者の住所地（同一の住所地）のＡ市役所にされたが，届書は1通だけしか提出されません。この場合，夫になる者の本籍地のＢ市役所，妻になる者の本籍地のＣ町役場及び夫婦の新本籍地と定めたＤ村役場に送付する分の届書は提出しなくてもよいのですか。

A　婚姻の届出を受付したＡ市役所は非本籍地になりますが（戸籍の記載を要しない市区町村），戸籍の記載を要するＢ市役所，Ｃ町役場及びＤ村役場に届書を送付する必要があります（戸36条1項・2項，戸規25条から29条）。そのためＡ市役所では，届書謄本を作成して送付することになります（戸36条3項）。

この場合，届書の原本は夫婦の新本籍地となるＤ村長に，Ｂ市長及びＣ町長には届書謄本を送付します。また，Ａ市においては届書謄本を保管します（昭和52.4.6民二1672号通知二の2の㈠）。

なお，この届書の原本と届書謄本の送付関係については，Q64を参照願います。

〔注〕
 1 届書の一通化
　　戸籍は，届書に基づいて記載することになりますから，戸籍の記載をする市区町村役場の数だけ届書が必要になります（戸36条1項）。また，戸籍の記載を要しない市区町村長に届出する場合は，更にその市区町村分として，もう1通の届書が必要になります（同条2項）。
　　以上が届書を提出する場合の通数の原則です。この原則によると，届出人は複数の届書を提出する必要があるため負担が多くなります。また，市区町村役場においても複数の届書の記載内容についての同一性の審査，確認等をすることになるので効率的ではありません。
　　届書の一通化の実施は，前記のような届出人の負担の軽減及び市区町村役場の事務処理の効率化を図る観点から実施されているものです（平成3.12.27民二6210号通達）。しかし，届書の必要な数に変わりがありませんので，必要な分の届書類は，届出を受理した市区町村長が届書の謄本を作成することになります（同条3項）。
 2 届書の送付
　　届出によって他の市区町村長が戸籍の記載を要する場合は，届出を受理した市区町村長は，届書を送付しなければならないことになりますが（戸規25条から29条），その場合に届書の謄本を作成したときは，その謄本と届書の原本のいずれを送付するかが問題になります。このことについては，昭和52年4月6日民二第1672号通知に基づいて取扱うことになりますが，その詳細については，Q64を参照願います。
　〔参考文献〕「設題解説戸籍実務の処理Ⅱ」286頁以下・288頁以下・367頁以下

Q62

婚姻の届出を，夫になる者の本籍地で，かつ，夫婦の新本籍地になるＡ市長にすることにして，妻になる者の本籍地のＢ市長に送付する分を含めて，届書を２通提出しました。

届書を受付したＡ市役所は，届書の一通化を実施しているので，届書は１通で足りるとして，他の１通は返戻されましたが，これでよいのでしょうか。

A　本問は，届出人が規定どおり必要な通数の届書を提出した場合ですから（戸36条１項），返戻するまでもなく，そのまま受付して処理するのが適当と考えます。

届書の一通化の通達（平成３.12.27民二6210号通達）が発出されて以来，各市区町村役場においては積極的にその実施を図っていることから，一般的には，届書は１通だけ提出することで足ります。しかし，場合によっては，本問のように規定どおり（戸36条１項）必要な通数の届書が届出人から提出されることも考えられます。その場合は，届出人が必要な通数を規定どおり提出したことを考慮し，返戻せずにそのまま受付けして処理するのが適当と考えます。

〔注〕　婚姻届書の用紙の欄外の「記入の注意」には，「夫になる人または妻になる人の本籍地に出すときは２通，そのほかのところに出すときは３通出してください（役場が相当と認めたときは，１通で足りることもあります。）。」と印刷されています。これは，戸籍法第36条の規定による届書の通数を表示しているもの考えられます。

　　前掲の民二6210号通達による届書の一通化は，実施してから25年経過していますので，現在ではほとんどの市区町村役場で実施しているものと考えられます。また，市区町村役場の窓口では，届書用紙を求めに応じて交付するときは，届書は１通の提出で足りる旨の説明をしているものと考えられますので，本問のような事例は少ないものと考えられます。

(2) 届書謄本の作成方法

Q63 婚姻の届出を受理した市区町村長が、他の市区町村長に届書謄本を作成して送付する場合（戸36条3項）、届書謄本に添付する戸籍謄本又は外国の方式で成立した婚姻証書の謄本等は、届出人が提出することになりますか。

A 提出する必要はありません。
　市区町村長が届書謄本を作成するときは、添付されている戸籍の謄本又は婚姻証書の謄本等の添付書類についても市区町村長がその写しを作成し、届書に添付することになります（平成3.12.27民二6210号通達）。

〔注〕　届書の一通化の実施は（前掲民二6210号通達）、届出人の負担の軽減及び市区町村役場における事務処理の効率化を図る観点から実施されているものです。したがって、届書に添付する書類についても1通ということになります。その場合、市区町村長が届書の謄本を作成する場合は、添付書類についても、その写しを作成し届書謄本に添付することになります。

〔**参考文献**〕　「設題解説戸籍実務の処理Ⅱ」298頁以下

(3) 届書原本の保管市区町村

Q64

婚姻の届出を，夫になる者の住所地のA市役所に1通提出しましたが，この場合，夫になる者の本籍地のB村役場，妻になる者の本籍地のC町役場及び夫婦の新本籍地となるD市役所には届書はどのように送られるのですか。また，届書の原本は，どこの市区町村に保存されることになりますか。

A　本問の場合は，届書の原本はA市役所から夫婦の新本籍地のD市役所に送付され，同市役所で保存します〔注1〕。

　また，B村役場及びC町役場に対する届書の送付は，受理した住所地のA市役所において届書の謄本を作成した上，その謄本を送付し，A市役所は自庁分の届書謄本を作成して保存します。

　なお，届書の謄本を作成した場合（戸36条3項），届書の原本と届書の謄本をいずれの市区町村役場に送付するかについては，昭和52年4月6日民二第1672号通知によって取り扱うことになっています〔注2〕。

〔注1〕　市区町村長において戸籍の記載を完了した届書（届書謄本を含む），申請書その他の書類で本籍人に関するものは，1か月ごとに遅滞なく管轄法務局に送付することとされているので（戸規48条2項），そこで27年間保存することになります（戸規49条2項）。

〔注2〕
　1　届書謄本を作成した場合の届書原本の取扱い
　　届書の謄本を作成した場合，届書の原本をいずれの市区町村役場に送付するかについては，戸籍の記載を要する市区町村役場に送るのを原則としています（前掲民二1672号通知）。
　　この原則を定める前掲民二第1672号通知は，おおむね次の基準により取り扱うものとしています。
　(1)　本籍地の市区町村役場に届出がされた場合
　　　届出を受理した本籍地の市区町村役場に届書の原本をおき，他の市区町村役場へは届書の謄本を送る。
　(2)　非本籍地の市区町村役場に届出がされた場合
　　ア　戸籍の記載をする市区町村役場が1箇所の場合は，その市区町村役

場に届書の原本を送り，受理した市区町村役場では届書の謄本をおく。
イ　戸籍の記載をする市区町村役場が2箇所以上の場合
(ｱ)　事件本人につき新戸籍を編製する場合は，新戸籍を編製する市区町村役場に届書の原本を送る。それ以外の市区町村役場には届書の謄本を送る。受理した市区町村役場では届書の謄本をおく。
(ｲ)　事件本人が一つの戸籍から除かれて他の戸籍に入籍する届出の場合は，入籍すべき戸籍のある市区町村役場に届書の原本を送る。それ以外の市区町村役場には届書の謄本を送る。受理した市区町村役場では届書の謄本をおく。
(ｳ)　認知又は養子縁組の届出等の場合は，事件本人について戸籍の変動を生じない事例については，子（養子）の本籍地の市区町村役場に届書の原本を送る。それ以外の市区町村役場には届書の謄本を送る。受理した市区町村役場では届書の謄本をおく。

2　届書の保管

前記のように届書原本の取扱いの基準を定めている理由は，市区町村長が戸籍に記載した届書類（本籍人に関するもの）は，その受理した日（又は送付を受けた日）の翌月20日までに管轄法務局に送付し（戸規48条2項，標準準則36条2項），同局では，送付された年の翌年から起算して27年間保存します（戸規49条2項）。また，本籍地以外の市区町村役場で受理した届書類（非本籍人に関するもの）は，その市区町村役場で1年間保存します（戸規48条3項）。

そこで，本問のように届書の一通化を実施しているときは，届書の原本を戸籍の記載をする市区町村役場に送ることにより，結果として届書類の原本が長年保存されることになります（昭和52・4・6民二1671号通達，同日民二1672号通知）。

〔**参考文献**〕「設題解説戸籍実務の処理Ⅱ」288頁以下

8 添付書類

Q 65
婚姻の届出をする場合は，夫になる者及び妻になる者の戸籍謄抄本等を必ず届書に添付（提出）しなければなりませんか。

A 　夫になる者及び妻になる者の本籍地が同一の市区町村内にあり，その市区町村長に届出をする場合は，添付（提出）する必要はありません。

　それ以外の場合で，例えば，夫になる者の本籍地がA市で，妻になる者の本籍地がB市の場合において，婚姻届をA市長に届出するときは，妻になる者の戸籍謄抄本等を添付（提出）するだけでよいことになります。

　夫になる者については，届出地のA市に同人の戸籍の原本が保存されていますから，同人の身分関係は，その原本よって確認できます。したがって，戸籍謄抄本等の添付（提出）を求める必要はありません。

〔注〕　婚姻の届書に戸籍謄抄本等の添付（提出）を求める理由は，当該届出の受理に際し，当事者について婚姻の実質的成立要件（民731条〜738条）の審査をする必要があるほか，夫婦の戸籍を編製（戸籍の記載）する上で必要があるためです。

　　　夫婦について戸籍を編製する場合は（戸16条），婚姻前の戸籍から移記すべき事項があります（戸35条，戸規39条）。これらの事項は，届書に記載すべきものとされていますが（戸35条），これを記載することは非常に手数を要することから，実際には届書に記載することに代えて，戸籍謄抄本等を添付（提出）する取り扱いがされています（大正4．2．19民207号回答）。

〔参考文献〕　「改訂設題解説戸籍実務の処理Ⅴ(1)」81頁以下，317頁以下，「補訂第3版注解戸籍届書「その他」欄の記載」20頁以下

Q66

夫になる者の本籍地はC市，妻になる者の本籍地はD市である当事者の婚姻届を，住所地のE市に届出をする場合，届書に添付（提出）する戸籍謄抄本等はどのようになりますか。

A　夫になる者及び妻になる者双方の戸籍謄抄本等を添付（提出）することになります。

　なお，Q65を参照願います。

Q67

婚姻の届書に戸籍謄抄本等を添付（提出）すべき場合に，これを添付（提出）しないで届出がされたときは，どのようにしますか。

A　届出人に対し，添付（提出）をするように求めることになります（戸規63条）。しかし，それでも添付（提出）しない場合は，これを強いることはできませんので（昭和11.12.10民事甲1568号回答），この添付（提出）しないことをもって当該届出の受理を拒むことはできません。

　この場合は，市区町村長は必要に応じて，職権により関係市区町村長に届出人の身分事項を照会し（戸籍謄抄本等の交付を求める。），それを確認した上で処理をすることになります。

　なお，このことによって，戸籍の処理が戸籍謄抄本等が添付（提出）されている場合に比較して遅れることを，届出人にあらかじめ通知しておく必要があるものと考えます。

〔参考文献〕「改訂設題解説戸籍実務の処理Ⅴ(1)」81頁以下・317頁以下

Q 68

日本人と外国人の創設的婚姻の届出を市区町村長にする場合，届書に添付すべき書類はどのようなものですか。

A　日本人については，非本籍地の市区町村長に届出する場合は，戸籍謄抄本等を添付します（戸規63条）。また，同人が未成年者であるときは，親の同意書を添付します（民737条）。

外国人については，原則として，本国官憲の発行する婚姻要件具備証明書の添付が必要です。この証明書が添付できないときは，本国法（法文の写しとその訳文）及びその者の国籍・身分関係を証明する書類等の添付が必要になります。

なお，Q92を参照願います。

〔注〕　日本人の場合の親の同意書は，婚姻届書の「その他」欄に記載することでもよいとされています。

〔参考文献〕「改訂設題解説渉外戸籍実務の処理Ⅰ」254頁以下，「改訂設題解説渉外戸籍実務の処理Ⅱ」258頁以下，「初任者のための渉外戸籍実務の手引き（新版2訂）」137頁以下

第4 婚姻届出の受理又は不受理

1 届出の審査

(1) 届出事件の本人であることの確認

ア 届出が市区町村役場に出頭した者によってされた場合

Q 69

婚姻の届出が市区町村役場の窓口にされた場合，届出事件の本人であることの確認は，どのような理由でするのですか。

A 　当事者の知らない間に，当事者間の意思がない虚偽の婚姻の創設的届出，又は関係のない第三者との虚偽の婚姻の創設的届出がされ，戸籍に不実の記載がされることを未然に防止するために行うものです。

　この届出事件の本人であることの確認は，認知，養子縁組，養子離縁，婚姻又は離婚の届出の五つの主要な創設的届出について行うものとされています（戸27条の2第1項）が，この五つの届出以外の創設的届出についても，同様の取扱いをして差し支えないとされています（平成20.4.7民一1000号通達第5の5参照）。

　なお，届出事件の本人の確認ができない者があるときは，当該届出を受理した後遅滞なく，その者に対し当該届出を受理した旨の通知をすることになります（戸27条の2第2項，戸規53条の3）。この通知は，当該届出が虚偽の場合であるときは，戸籍に真実でない記載がされた届出事件の本人に対して，戸籍訂正等の手続きを速やかに行う端緒を与えるためのものであるとされています（前掲民一1000号通達別紙5，平成22.5.6民一1080号通達別紙5の1参照）。

　また，この戸籍訂正については，Q74を参照願います。

〔注〕
　1　虚偽の婚姻届出の発生

近年，当事者の知らない間に，関係のない第三者との虚偽の婚姻等の創設的届出がされ，戸籍に不実の記載がされる事件が発生・発覚していることから，このような届出の未然防止の方策として，平成15年3月18日民一第748号法務省民事局長通達及び同日付け民一第749号同局民事第一課長依命通知「戸籍の届出における本人確認等の取扱いについて」が発出されていました。

　しかし，その後も前記のような虚偽の届出事件が発生・発覚している一方で，この通達等による運用は，届書を持参した者が使者の場合や，届出人の一部のみについて本人確認ができる場合についての取扱いが，市区町村の実情により統一的でない等の問題があり，そのため，実務界から戸籍の記載の真実性を担保するための法的措置を講じるべきであるという指摘等がされていました（「戸籍」801号4頁参照）。

　そのような要望や指摘等を踏まえて，法制審議会（戸籍法部会）の答申を経て，「戸籍法の一部を改正する法律」（平成19年法律35号）が同年5月11日公布され，平成20年5月1日から施行されました。これにより同法に，戸籍の記載の真実性の担保を図るために第27条の2の規定が新設されました。同法の施行後は，届出事件の本人であることの確認は，同条の規定に基づき取り扱われることになりますが，同条の施行により，前記通達等は廃止されました（平成20. 4. 7民一1000号通達第5の5参照）。

2　虚偽の届出の背景

　虚偽の創設的届出は，婚姻届だけでなく養子縁組届，転籍届にも及んでいたとされています。このような届出の目的は，例えば，窃盗した自動車の登録名義変更・転売のために，虚偽の養子縁組届・婚姻届・転籍届をして，氏や本籍地を変えてこれを利用することであったり，また，不法滞在の外国人が在留資格取得のために日本人との虚偽の婚姻届・養子縁組届をしてこれを利用するというものであったりします。あるいは多重債務者が虚偽の婚姻届・養子縁組届により氏を変えて債務を逃れ，そして，また借金を重ねるための手段に利用するなどというところにあります。

　もとより虚偽の創設的届出は，戸籍に記載されたとしても無効であり効力は生じませんが，しかし，いったん戸籍に記載されたときは，これを消除するには家庭裁判所の判決又は戸籍訂正許可審判を得て訂正を要することになります。このことは，自己の知らない間に当該届出の当事者とされた者にとっては無用な手数を強いられることになり，また，戸籍が訂正されたとしても，その訂正の痕跡が残ることになるため，当事者の苦痛は多大なものがあると考えられます。

　そこで，戸籍に不実の記載がされ，それを訂正した場合において，その痕跡が残らないようにするための戸籍の再製措置として，平成14年法律第174号をもって「戸籍法の一部を改正する法律」の施行（平成14. 12. 18施行）により，同法に第11条の2の規定が新設され，その再製の途が講じられるところとなりました。

これに対し，虚偽の創設的届出については，これを未然に防止するための対策は，戸籍法の改正を視野に入れなければならず，また，届出人に対し新たな負担を求めることになるため，慎重な検討が必要とされていました。しかし，一方で，虚偽の創設的届出が各地で発生しているのも事実であり，その届出の未然防止を図る必要があるため，法改正によることなく，実務上，緊急かつ暫定的に行い得る取扱いとして，前記1の通達等が発出されていたものです（「戸籍」744号2頁以下参照）が，前述のとおり戸籍法の一部が改正され，平成20年5月1日から施行されることになりました。

〔参考文献〕　戸籍法の改正関係―「戸籍」798号，799号，801号
　　　　　　戸籍法施行規則の改正関係―「戸籍」814号
　　　　　　戸籍法及び戸籍法施行規則の一部改正に伴う戸籍事務の取扱いに関する通達（平成20．4．7民一1000号通達）の解説―「戸籍」815号，「初任者のための戸籍実務の手引き（改訂新版第六訂）」12頁以下

Q70

婚姻の届出が市区町村役場の窓口にされた場合，届出事件の本人であることの確認は，どのような方法でするのですか。

A　婚姻の届出が市区町村役場に出頭した者によってされた場合は，市区町村長は，出頭した者に対してその者を特定するために必要な事項である氏名及び住所又は氏名及び生年月日を，運転免許証その他の資料の提供又はこれらの事項の説明を求めることによって確認することになります（戸27条の2第1項，戸規53条・53条の2）。

〔注〕
1　届出事件の本人の確認
　　市区町村長は，創設的届出である認知，養子縁組，養子離縁，婚姻及び離婚の届出（以下「縁組等の届出」という。）が，市区町村役場の窓口に出頭した者によってされた場合には，出頭した者に対し，その者が届出事件の本人（認知にあっては認知する者，民法第797条第1項に規定する縁組にあっては養親となる者及び養子となる者の法定代理人，同法第811条第2項に規定する離縁にあっては養親及び養子の離縁後にその法定代理人となるべき

者）であるか否かを確認することとされています（戸27条の2第1項）。
　届出の際の確認及び通知の手続きは，次のとおりです（平成20.4.7民一1000号通達第5）。
(1) 確認の際に明らかにすべき事項（戸27条の2第1項，戸規53条・53条の2）
　氏名及び住所又は氏名及び生年月日
(2) 確認の際に明らかにする方法（戸27条の2第1項，戸規53条・53条の2，前掲民一1000号通達第5の1(1)・第1の5(1)ア）
　ア　運転免許証，個人番号カード（「写真付き住民基本台帳カード」を含む―戸規附則2条―「戸籍」921号82頁参照），国又は地方公共団体の機関が発行した資格証明書（規則別表第一に掲げられたもの）若しくは身分証明書で写真が貼付されたもの等（規則第11条の2第1号に掲げられた書類。以下「1号書類」という。）を1枚以上提示する方法
　イ　アの方法によることができないときは，国民健康保険の被保険者証等及び国又は地方公共団体を除く法人が発行した身分証明書等（規則第11条の2第2号に掲げられた書類。以下「2号書類」という。）を複数枚組み合わせて提示する方法
　ウ　ア及びイの方法によることができないときは，市区町村長の求めに応じて戸籍の記載事項を説明する方法その他の市区町村長が現に出頭した者を特定するために適当と認める方法
(3) 前記ア及びイの1号書類及び2号書類については，市区町村長が提示を受ける日において有効なものに限られます。
(4) 市区町村長は，窓口で提示された1号書類及び2号書類により，出頭している者につき，氏名及び住所又は氏名及び生年月日を確認し，届書の記載内容と同一であることを確認します。
　また，窓口で提示された1号書類及び2号書類に写真が貼付されている場合は，出頭した者が当該書類に貼付された写真の人物と同一人であることを確認することになります。
(5) (2)のウの「戸籍の記載事項を説明する方法」とは，例えば，届出の対象となっている戸籍の記載事項のうち，出頭した者が知っているべきと考えられる事項（続柄，父母その他の親族等の氏名等）の説明をいうとされています。
　(2)のウの「その他の市区町村長が出頭した者を特定するために適当と認める方法」とは，例えば，市区町村の職員と出頭した者との面識を利用する方法等をいうとされています。
2　当該届書が偽造された疑いのある場合
　前記1による確認をした結果，当該届書が偽造されたものである疑いがあると認められる場合には，その受理又は不受理につき管轄法務局の長に照会することになります（前掲民一1000号通達第5の1(2)）。

照会を受けた管轄法務局の長は，当該届出に係る関係者の事情聴取を行うなどして，当該届書が真正に作成されたものであるか否かについて十分調査を行った上，受理又は不受理の指示をすることになります（同通達第5の1(3)）。

管轄法務局の長の指示を受けた市区町村長は，その指示に従って処理することになりますが，不受理の指示を受けた場合においては，犯罪の嫌疑があると思料するときは，告発に努めるものとされています（同通達第5の1(4)）。

〔参考文献〕　戸籍法の改正関係―「戸籍」798号，799号，801号
戸籍法施行規則の改正関係―「戸籍」814号
戸籍法及び戸籍法施行規則の一部改正に伴う戸籍事務の取扱いに関する通達（平成20．4．7民一1000号通達）の解説―「戸籍」815号，「初任者のための戸籍実務の手引き（改訂新版第六訂）」12頁以下

イ　届出が市区町村役場に出頭した者によってされたが，届出事件の本人であることの確認ができない場合

Q71

婚姻の届出が市区町村役場の窓口にされた場合に，証明書等の資料が提出できないとき，あるいは使者によって窓口に提出されたときで，届出事件の本人であることの確認ができないときは，どのようになりますか。

A　本問の場合は，届出人が証明書等の資料を提出できないのが，届出事件の本人の双方である場合と，一方だけの場合があります。

また，使者による届出の場合は，使者については確認ができたが，届出事件の本人全員についての確認ができない場合があります。

いずれにしても，本問は，届出事件の本人であることの確認ができない者がある場合に当たります。このようなときは，当該届出を受理した後遅滞なく，確認ができなかった者に対し，当該届出が受理されたことを通知することになります（戸27条の2第2項，戸規53条の3）。

この通知の内容及び送付方法等については，平成20年4月7日民一第1000号通達第5の2において，通知の様式（「別紙5」）等を含めた定めがされています（なお，「別紙5」は，平成22年5月6日民一1080号通達第2の4(1)で「別紙5の1」に改められています。）。その詳細については，Q73を参照願います。

　なお，この通知の文書の末尾には，「このお知らせは，届出事件のご本人以外の方から届出があった場合や，ご本人が本人確認書類をお持ちでなかった場合に，虚偽の届出の早期発見のためご本人に通知するものです（戸籍法第27条の2第2項）。」と記載されています。これにより，この通知を受けた届出事件の本人が，当該届出をしていない場合は，当該届出により戸籍に真実でない記載がされたことを早急に知ることができますので，その者は戸籍訂正等の手続きを速やかに行う端緒が得られることになります。

　この戸籍訂正については，Q74を参照願います。

〔**参考文献**〕「初任者のための戸籍実務の手引き（改訂新版第六訂）」12頁以下

ウ　届出が市区町村役場に出頭せずにされたため，届出事件の本人であることの確認ができない場合

Q72

婚姻の届出が郵送等又はオンラインによる方法によってされた場合で，届出事件の本人であることの確認ができないときは，どのようになりますか。

A　本問の場合は，届出事件の本人の確認ができない場合に当たりますが，その確認ができないという理由のみで当該届出が不受理となるこ

とはありません。この場合は，当該届出の内容が民法及び戸籍法上の諸要件を備えていて，適正な届出であると認められる場合は受理されることになります。

受理した市区町村長は，届出事件の本人の確認ができない者全員に対して，当該届出を受理したことを通知することになります（戸27条の2第2項）。

なお，この通知についての詳細は，Q73を参照願います。

〔参考文献〕　戸籍法の改正関係―「戸籍」798号，799号，801号
戸籍法施行規則の改正関係―「戸籍」814号
戸籍法及び戸籍法施行規則の一部改正に伴う戸籍事務の取扱いに関する通達（平成20．4．7民一1000号通達）の解説―「戸籍」815号，戸籍法施行規則等の一部改正に伴う戸籍事務の取扱いに関する通達（平成22．5．6民一1080号通達）の解説―「戸籍」844号，「初任者のための戸籍実務の手引き（改訂新版第六訂）」12頁以下

エ　届出事件の本人であることの確認ができない場合の通知

Q73

婚姻の届出が，届出事件の本人であることの確認ができなかった場合において，当該届出を受理した旨の通知は，どのようにしますか。

A　届出事件の本人について確認ができなかった場合は，婚姻の届出を受理した後遅滞なく，確認ができなかった者に対し，当該届出が受理されたことを通知することになります（戸27条の2第2項，戸規53条の3）。

なお，通知の内容，送付方法等については，平成20年4月7日民一第1000号通達第5の2及び平成22年5月6日民一第1080号通達第2の4において，通知の様式等を含めた取扱方法が示されています〔注〕。

また，この通知の文書の末尾には，「このお知らせは，届出事件のご本人以外の方から届出があった場合や，ご本人が本人確認書類をお持ちでなかった場合に，虚偽の届出の早期発見のためご本人に通知するものです（戸籍法第27条の2第2項）。」と記載されています。これにより，この通知を受けた届出事件の本人が，当該届出をしていない場合は，当該届出により戸籍に真実でない記載がされたことを早急に知ることができますので，その者は戸籍訂正等の手続きを速やかに行う端緒が得られることになります。

　この戸籍訂正をする場合については，Q74を参照願います。

〔注〕
1　届出を受理した後の通知（戸27条の2第2項，平成20．4．7民一1000号通達第5の2，平成22．5．6民一1080号通達第2の4）

　　市区町村長は，婚姻の届出における届出事件の本人についての確認をすることができなかった場合は，当該届出を受理した後遅滞なく，確認できなかった者に対して，その者の戸籍の附票又は住民票上の現住所に，転送不要の郵便物又は信書便物を送付する方法により（戸規53条の3），当該届出が受理されたことを通知しなければならないこととされています。

　　この通知によって，戸籍に真実でない記載がされた届出事件の本人は，早急にその事実を知ることができます。これにより当該真実でない記載について家庭裁判所の訂正許可審判を得て，これに基づき戸籍訂正の申請をして（戸114条），真実でない戸籍の記載を，訂正，消除することができることになります。また，この訂正をした後，その痕跡を残さないための戸籍の再製の申出をすることができます（戸11条の2第1項）から，この通知は，前記の手続きを速やかに行う端緒を与えるものであるとされています（「戸籍」801号22頁参照）。また，一方において，この通知は，虚偽の届出を行おうとする者に対して，事件が早期に発覚されることになることの心理的抑止効果による未然防止が図られるものと考えられています。

　(1)　通知の対象者
　　　ア　届出が市区町村役場の窓口への出頭により行われた場合
　　　　(ｱ)　その出頭した者を特定するために必要な事項の確認をすることができなかったときは，届出事件の本人の全員
　　　　(ｲ)　その出頭した者を特定するために必要な事項の確認をすることができたが，出頭した者が届出事件の本人と異なる者（使者）であったときは，届出事件の本人の全員
　　　　(ｳ)　その出頭した者を特定するために必要な事項の確認をすることができたが，出頭した者が届出事件の本人のうちの一部の者にとどまると

きは，確認することができなかった届出事件の本人
　　イ　届出が郵送又はオンラインによる方法により行われた場合は，届出事件の本人の全員
　　ウ　市区町村長は，届出の受理又は不受理についての照会に対する管轄法務局の長からの指示より届出を受理した場合であっても，ア及びイに従い，通知を行うことになります。
　(2)　通知の内容等
　　ア　内容
　　　　届出（受理）年月日，事件名，届出人及び届出事件の本人の氏名並びに受理した旨等を通知します。その通知様式は，前掲の民一第1080号通達第2の4(1)の別紙5の1に準じた様式によるものとされています（別紙5の1は後掲のとおりです。）。
　　イ　あて先及びあて名
　　　(ア)　あて先は，届出人の戸籍の附票又は住民票上の現住所である（戸規53条の3）が，届出日以後に住所が変更されている場合には，変更前の住所をあて先とすることになります。
　　　(イ)　届出により氏が変更となる者についてのあて名は，変更前の氏とすることになります。
　　ウ　送付方法
　　　　転送不要の郵便物又は信書便物として送付する（戸規53条の3）が，その郵便物及び信書便物は，封書又は届出人以外の者が内容を読みとることのできないような処理をした葉書によることになります。
　　エ　返送された場合の処理
　　　　あて先不明等により返送された通知は，再送することなく，市区町村において保管することになります。保存期間は，当該年度の翌年から1年とされています。
2　確認及び通知についての届書への記録（前掲民一1000号通達第5の3，民一1080号通達第2の4(2)）
　(1)　市区町村役場の窓口において届出事件の本人の確認及び確認ができなかった者に対する通知をしたことを，届書に記録しておく取扱いをすることになります。その方法は，届書の欄外の適宜の箇所に，前掲民一1080号通達第2の4(2)において別紙5の2様式（後掲）が示されているので，これを参考にして受付の日時分，市区町村役場の窓口に出頭した者を特定するために必要な事項の確認及び通知の有無等を記録することになります。
　(2)　他の市区町村長に送付する届書の謄本についても，前記の(1)の内容を明らかにすることになります。
3　確認台帳（前掲民一1000号通達第5の4）
　(1)　市区町村長は，市区町村役場の窓口に出頭した者を特定するために必要な事項を確認したこと，及び通知した場合の経緯を明らかにするため，適

宜の様式による確認台帳を作成し，次の事項を記録することになります。
　　　ア　その届出のため出頭した者を特定するために必要な事項の確認
　　　イ　通知の有無
　　　ウ　その届出のため出頭した者が使者であるときは，提示された確認書類に記載された氏名及び住所又は氏名生年月日
　　　エ　その他適宜の事項
　(2)　確認台帳は，当該年度の翌年から１年間保存することになります。
４　届出事件の本人であることの確認ができない者が外国人であるときは，当該縁組等の届出を受理した後遅滞なく，その者に対して，当該縁組等の届出に係る届書上の住所あてに，転送不要の郵便物又は信書便物を送付する方法により，当該縁組等の届出が受理されたことを通知することになります（平成20．５．27民一1503号通達２）。

別紙5の1

平成　年　月　日

　　　　　　　様

　　　　　　　　　　　　　　市区町村長

　　　　　　　　お知らせ

　あなたからの戸籍届出については，下記のとおり受理されました。
　　　　　　　　　　　記

1　受理年月日

2　事件名

3　届出人の氏名

4　届出事件の本人の氏名

　このお知らせは，届出事件のご本人以外の方から届出があった場合や，ご本人が本人確認書類をお持ちでなかった場合に，虚偽の届出の早期発見のためご本人に通知するものです（戸籍法第27条の2第2項）。

別紙5の2

平成　年　月　日 午前・午後　時　分受領			
	□免　□旅　□住 □その他　□無 （　　　　　　）	不 受 理 □有　□無	
		通　　知 □要□不要	
	□免　□旅　□住 □その他　□無 （　　　　　　）	不 受 理 □有　□無	
		通　　知 □要□不要	
	□免　□旅　□住 □その他　□無 （　　　　　　）	不 受 理 □有　□無	
		通　　知 □要□不要	
使　者	□免　□旅　□住 □その他　□無 （　　　　　　）		
通　知	年　　月　　日		

確　認	通　知

〔**参考文献**〕戸籍法の改正関係―「戸籍」798号，799号，801号
　　　　　　戸籍法施行規則の改正関係―「戸籍」814号
　　　　　　戸籍法及び戸籍法施行規則の一部改正に伴う戸籍事務の取扱いに関する通達（平成20．4．7民一1000号通達）の解説―「戸籍」815号，戸籍法施行規則等の一部改正に伴う戸籍事務の取扱いに関する通達（平成22．5．6民一1080号通達）の解説―「戸籍」844号
　　　　　　外国人からの不受理の申出等の取扱いについての通達（平成20．5．27民一1503号通達）―「戸籍」816号，「初任者のための戸籍実務の手引き（改訂新版第六訂）」12頁以下

オ　届出事件の本人であることの確認ができない旨の通知により，戸籍に真実でない記載がされていることが判明し，戸籍訂正をする場合

Q74

婚姻の届出が，届出事件の本人であることの確認ができなかったため，当該届出を受理した旨の通知が市区町村長からされたが，当該届出に基づく戸籍の記載は虚偽の届出によるものであるときは，どのようにしますか。

A　届出事件の本人の双方又は一方が知らない間に届出がされた婚姻届は，届出人の意思を有しない虚偽の届出であるから無効です。したがって，その届出に基づき戸籍に真実でない記載がされている場合は，届出人又は届出事件の本人等は，婚姻無効の確定判決（審判）又は家庭裁判所の戸籍訂正許可の審判を得て，戸籍の訂正を申請し，その虚偽の届出による戸籍の記載を消除することになります（戸116条・114条）。

しかし，その消除された事項及び訂正事項は戸籍に残ります。そこで，その訂正された後に訂正事項の痕跡が残らないようにするためには，戸籍の再製の申出をする必要があります。この再製の申出によって，当該戸籍は，虚偽の届出に基づく真実でない記載がされる前の状態に再製されます（戸11条の2第1項）〔注〕。

戸籍法第27条の2第2項の通知は，このような手続きを速やかに行う端緒を与えるものであるとされています（「戸籍」801号22頁）。

なお，戸籍の再製については，Q69の〔注〕2を参照願います。

〔注〕　ただし，再製された戸籍の戸籍事項欄には，次のように再製事項が記載されます（参考記載例228）。
　　　（紙戸籍の場合）「平成弐拾参年拾月弐拾五日再製㊞」
　　　（コンピュータ戸籍の場合）　【再製日】平成２３年１０月２５日
　　　　　　　　　　　　　　　　　【再製事由】戸籍法第１１条の２第１項
　〔参考文献〕「設題解説戸籍実務の処理ⅩⅢ」281頁以下
　　　　　　　戸籍法の改正関係―「戸籍」798号，799号，801号

戸籍法施行規則の改正関係—「戸籍」814号
　　戸籍法及び戸籍法施行規則の一部改正に伴う戸籍事務の取扱に関する通達（平成20．4．7民一1000号通達）の解説—「戸籍」815号

(2)　届出の不受理申出とその有無
　ア　不受理申出の方法

Q 75

婚姻の届出についての**不受理申出**は，どのような理由でするのですか。

A　　婚姻の不受理申出は，当事者の知らない間に，他の者との婚姻の届出がされ，戸籍に不実の記載がされることを未然に防止するためにするものです。
　　その不受理申出は，自らを届出事件の本人とする婚姻の届出がされた場合であっても，自らが市区町村役場に出頭して届出したことが，市区町村長により確認することができないときは，当該届出を受理しないように市区町村長にあらかじめ申出をすることです（戸27条の2第3項・第4項）。
　　この申出は，当事者間において婚姻の届書に署名，押印したが，その届出をする前に届出の意思を翻した場合においては，当該届出がされる前に申出をする必要があります。また，相手方との婚姻の意思が定まらない間に，相手方が一方的に婚姻の届出をすることが予想される場合等おいては，前記の申出をあらかじめすることができます。あるいは，当事者双方が知らない間に届出されるおそれがある場合においても同様にあらかじめ申出をすることができます。
　　この不受理申出は，前述のとおり不受理申出をした者が，市区町村役場の窓口に出頭して届出をしたことが確認できないときは，その届

出を受理しないという強い効果を生じるものとしたことから，認知，養子縁組，養子離縁，婚姻又は離婚の届出以外の創設的届出については，不受理申出の取扱いはできないものとされています（「戸籍」815号68頁参照）。

〔注〕
 1 無効な届出と戸籍訂正
　　婚姻等の創設的身分行為が有効に成立するためには，それが当事者間の合意に基づいて，真正になされることが必要であり，もしその意思を欠くときは無効とされています。そして，その意思は，戸籍の届出によって表示されることになりますから，届出時点において現に存在することが必要です（民739条・764条・799条・812条）。
　　ところが，戸籍の届出の受理の際における市区町村長の審査は，いわゆる形式審査主義に基づいて行われますから，当事者の一方の意思を無視して他方から届出がされた場合，すなわち，他の一方の意思を欠く届出がされたとしても，市区町村長は届出人に直接その意思を確認する取扱いをすることにはなっていません。したがって，その届出が適式にされている場合は，当該届出は受理され，その届出に基づいて戸籍に記載されることが生じることも否定できません。
　　前述のような当事者の意思を欠く届出は，実体的に無効であります。しかし，いったん市区町村長においてこれが受理され，戸籍に記載された場合は，それを訂正又は消除するには，その記載を無効とする確定判決（審判）が必要になります。その結果，届出をする意思のない者は，当該身分行為の無効確認の裁判（審判）を得て戸籍訂正の申請をしなければならないことになり（戸116条），余分な手数を強いられることになります。
　　このような届出意思を欠く無効な身分行為を事前に防止するため，従来から戸籍先例上においていわゆる不受理申出制度が認められていました（後掲の3参照）。しかし，この不受理申出制度については，その後，「戸籍法の一部を改正する法律」（平成19年法律第35号—平成20.5.1施行）の施行により，同法に第27条の2が新設され，同条の第3項から第5項において不受理申出についての規定が設けられ，法制化されるに至りました。
 2 戸籍法の改正と不受理申出
　　戸籍先例上の不受理申出制度は，次の3で述べるとおりでしたが，前述の戸籍法の一部改正によって，従来の不受理申出制度を発展させた形で法制化されました。
　　従来の通達の下では協議離婚の届出については一律に実施するが，それ以外の届出については各市区町村長の判断に委ねられておりました。また，不受理申出の有効期間は6か月に制限されていましたが，改正法においては，その適用対象となる届出を他の主要な創設的届出に拡大し，認知，養子縁組，

養子離縁，婚姻及び離婚の届出（以下「縁組等の届出」という）を対象とすることになりました。また，申出の期間の制限を設けないものとされました（「戸籍」801号22頁以下参照）。

なお，改正法の下における不受理申出の対象は，前述のとおり縁組等の届出であることを明確にし，不受理申出をした者が市区町村役場の窓口に出頭して届出をしたことが確認できないときは，当該届出を受理することができないという強い効果を生じるものとしていることから，縁組等の届出以外の創設的届出については，不受理申出はできないものとされています（「戸籍」815号68頁参照）。

3 従前の戸籍先例における不受理申出制度の廃止

離婚届等の不受理申出の制度は，戸籍の先例によって認められていたものです。すなわち，昭和27年7月9日民事甲第1012号法務省民事局長回答は「協議離婚の届書に署名捺印した妻から「離婚の意思を翻したので届書の受理を拒否されたい」旨の申出書が提出され，その後に夫から離婚届書の提出があった場合は，受理しないのが相当である。」とされていました。

この先例により離婚届の不受理申出の取扱いが行われることになりましたが，この取扱いは，市区町村の事務担当者にとっては相当の負担となっていました。また，不受理申出は，本籍地，非本籍地を問わず提出できるものとされていたため，本籍地に不受理申出がされている離婚届が，非本籍地で受理された場合は，戸籍の記載をすべきものとされていました。そのため申出の実効を収め得ないなどいろいろ問題があったので，その後，それまでの関係先例を整理統一し，制度の実効性を高め，事務の円滑化と市区町村における事務負担を軽減する等の趣旨から，昭和51年1月23日民二第900号法務省民事局長通達及び同日民二第901号同局第二課長依命通知によって，従前の取扱いが変更され，以後これによって運用されていました。

しかし，前述の戸籍法の一部を改正する法律の施行により，同法第27条の2において，不受理申出についての規定が新設されたことにより，従前の戸籍先例上の不受理申出制度及び関連する先例は，廃止されました（平成20.4.7民一1000号通達第6の7参照。なお，同通達は，その後，平成22.5.6民一1080号通達によりその一部が改められました。同通達第2の5(2)以下参照）。

なお，戸籍実務における不受理申出の取扱いは，裁判例においても容認されています（昭和34.8.7最高裁判決，昭和39.7.14京都家裁審判，昭和49.4.16神戸家裁審判）。

〔参考文献〕 戸籍法の改正関係―「戸籍」798号，799号，801号

戸籍法施行規則の改正関係―「戸籍」814号

戸籍法及び戸籍法施行規則の一部改正に伴う戸籍事務の取扱いに関する通達（平成20.4.7民―1000号通達）の解説―「戸籍」815号，戸籍法施行規則等の一部改正に伴う戸籍事務の取

扱いに関する通達（平成22．5．6民一1080号通達の解説―「戸籍」844号，「初任者のための戸籍実務の手引き（改訂新版第六訂）」311頁以下

Q76

婚姻の届出についての不受理申出は，どのような方法でするのですか。

A 　自らを婚姻の届出事件の本人とする届出がされた場合，届出事件の本人とされている自らが，市区町村役場に出頭して届出したことが，市区町村長により確認されないときは，当該届出を受理しないように市区町村長にあらかじめ不受理申出書（申出書様式は後掲）を提出することになります（戸27条の2第3項）。

　この不受理申出書を提出するときは，申出人が市区町村役場に出頭し，自己を特定するために必要な事項である氏名及び住所又は氏名及び生年月日を運転免許証その他の資料を提供又はこれらの事項の説明を市区町村長にして申出をすることになります（戸規53条の4第1項・第3項，平成22．5．6民一1080号通達第2の5(2)以下参照）。

　なお，申出人が，疾病その他やむを得ない理由により，自ら市区町村役場の窓口に出頭できないときは，不受理申出をする旨の事項（戸規53条の4第2項）を記載した書面（前掲民一1080号通達により別紙6の2「婚姻届不受理申出」書が定められている。）を送付する方法又は使者を出頭させて提出する方法が認められます（同条第4項，前掲民一1080号通達第2の5(2)1(4)参照）。ただし，この場合は，不受理申出をする者が本人であることを明らかにするため，戸籍法施行規則第53条の4第2項に掲げる事項を記載した公正証書（代理人の嘱託により作成されたものを除く。）を提出する方法（同条第4項），又は不受理申出をする旨を記載した私署証書に公証人の認証を受けたもの（代理人の嘱託により作成された

ものを除く。）を市区町村長に提出する方法，あるいは不受理申出書に矯正施設の被収容者が申出人として署名指印し，刑事施設の長，少年院長又は少年鑑別所長が本人が署名指印したものであることを奥書証明したものを市区町村長に提出する方法（平成20．5．27民一1504号通達参照）その他これらに準じる方法であって確実に当該不受理申出をする者が本人であることを明らかにする方法とする（前掲民一1080号通達第2の5(2)1(4)参照）こととされています。

〔注〕
1 不受理申出書の提出
　　不受理の申出の対象となる届出は，届出によって効力の生じる認知，養子縁組，養子離縁，婚姻及び離婚の届出（以下「縁組等の届出」という。）のいわゆる創設的届出と呼ばれる主要な届出です。
　　縁組等の届出の不受理申出は，次の(1)又は(2)の方法によって行います。
(1) 市区町村役場に出頭して申出する場合
　　不受理申出は，申出人が自ら市区町村役場の窓口に出頭して，申出人を特定するために必要な事項を明らかにして（戸規53条の4第1項から第3項），市区町村長に対し申出書を提出することになります。
　　この申出書を市区町村長が受理するときは，申出人の提示する運転免許証等により同人を特定するために必要な事項を確認することになります。その場合，申出人は前述のとおり，自己を特定するために必要な事項を明らかにしなければなりません（戸規53条の4第3項，平成22．5．6民一1080号通達第2の5以下参照）。
(2) 市区町村役場に出頭できない場合の申出
　　申出人がやむを得ない理由により，自ら市区町村役場の窓口に出頭できない場合は，冒頭に述べたとおり不受理申出をする旨を記載した公正証書又はその旨を記載した私署証書に公証人の認証を受けたもの（いずれも代理嘱託によるものを除く。）を市区町村長に提出する方法によることができます。
2 不受理申出書の様式
　　不受理申出書の様式は，前掲民一第1080号通達により，別紙6の2の様式とされています。
　　なお，従来の通達（昭和51．1．23民二900号通達及び同日民二901号依命通知）の申出書の様式には，不受理処分をする届出事件の相手方の記載をすることになっていましたが，平成20年4月7日民一1000号通達別紙6（前掲民一1080号通達で「別紙6」は「別紙6の2」に改められています。）の申出書の様式では，申出人のみ記載することになり，相手方の記載をする欄が設けられていませんでした。これは，改正法施行後の不受理申出の内容が，自

らが市区町村役場の窓口に出頭して届け出たことが確認できなかったときは、届出を受理しないことになったことから、申出人のみを記載することで足りることになるためとされていました（「戸籍」815号61頁）。しかし、前掲民一1080号通達における別紙6の2の様式においては、相手方（夫又は妻になる人）の欄が設けられ、「特定されている場合」として括弧書が付されていますので、特定されている場合は相手方を表示することになるものと考えます。

3　不受理申出のあて先及び提出先

不受理申出のあて先は、その申出をしようとする者（申出人）の本籍地の市区町村長です（戸27条の2第3項）が、申出書の提出先は、本籍地の市区町村役場の窓口のほか、非本籍地の市区町村役場の窓口にすることもできます。この場合は非本籍地の市区町村長は、申出書を受理した後、遅滞なく本籍地の市区町村長に当該申出書を送付しなければならないとされています（前掲民一1080号通達第2の5(2)1(7)ウ）。なお、不受理申出書の原本又は謄本を他の市区町村長に送付するときは、到達確認の取扱い（平成7.12.26民二4491号通達）に努めるものとされています（前掲民一1080号通達第2の5の(2)1(10)）。

また、不受理申出書は、本籍地の市区町村長が保管するものとされています（前掲民一1080号通達第2の5(2)1(7)イ）。

4　不受理申出書に記載する受付日時等

不受理申出がされた場合（戸27条の2第3項）、この申出書を受理した市区町村長は、当該申出書の欄外の適宜の箇所に、受付の日時分及び市区町村役場の窓口に出頭した者を特定するために必要な事項の確認を記録するものとされています。これは、縁組等の届出と不受理申出の先後関係を判断する必要があるために記録するものとされています（前掲民一1080号通達第2の5(2)1(7)ア・「戸籍」815号62頁）。

なお、不受理申出は、申出する者が市区町村役場の窓口に出頭して、自己が申出をする本人であることを明らかにすることとされていますので（戸規53条の4第3項）、その特定した事項を申出書の所定の欄に記載することになります。

また、本籍地の市区町村長は、不受理申出されたことを的確に把握するため、紙戸籍の場合は、当該戸籍の直前に着色用紙をとじ込む等の方法を講ずることとしています。磁気ディスクをもって調製されている戸籍の場合は、当該戸籍のコンピュータの画面上に不受理申出がされていることが明らかとなる方法を講ずるものとされています（前掲民一1080号通達第2の5(2)1(8)ア）。これらの方法は、従来の戸籍先例上の取扱いと同様の取扱いをすることを、改正法施行後の通達においても明確にしたものとされています（「戸籍」815号62頁）。

5　不受理申出人が本籍を変更した場合

不受理申出をした者が，申出をした後に本籍を変更した場合には，変更前の市区町村長は，保管中の不受理申出書を変更後の本籍地の市区町村長に送付することになります。この場合は，申出書が送付先の市区町村長に到達したか否かの確認をする取扱いを実施するように努めることとされています（前掲民一1080号通達第2の5(2)1(10)）。

　　　また，この場合は，その不受理申出は，変更後の本籍地の市区町村長に対してされたものとして取り扱うことになります（前掲民一1080号通達第2の5(2)1(9)ア）。

　　　さらに，不受理申出をした者について氏名及び本籍の変更があった場合には，不受理申出書の原本を保存する市区町村長は，その原本に別紙7の3の様式（後掲）を参考にして，当該変更事項等を記載した書面を添付することとされています（前掲民一1080号通達第2の5(2)1(9)ウ）。

6　不受理申出についての照会

　　　不受理申出の受理又は不受理について疑義がある場合には，管轄法務局の長に照会するものとされています（前掲民一1080号通達第2の5(2)1(6)）。

申出書等の様式（平成22．5．6民一第1080号通達）

別紙6の2

婚 姻 届 不受理申出 平成　年　月　日申出 　　　　　　　　　長　殿	受付　平成　年　月　日 発収簿番号　第　　号 整理番号　　第　　号	発送　平成　年　月　日	
	送付　平成　年　月　日 発収簿番号　第　　号 整理番号　　第　　号	長　印	
	書類調査	戸籍調査	

不受理申出の対象 となる届出	婚姻の届出	
	過去にした婚姻の届出の不受理申出　□有　□無	

申出人の表示等		申出人	夫又は妻になる人 (特定されている場合)
	氏　　　　名		
	生　年　月　日	年　月　日	年　月　日
	住　　　所 ｛住民登録をして いるところ｝	番地 番　号	番地 番　号
	本　　　籍	番地 番 筆頭者の氏名	番地 番 筆頭者の氏名
その他			

　上記届出がされた場合であっても，わたしが市区町村役場に出頭して届け出たことを確認することができなかったときは，これを受理しないよう申出をします。

申　出　人 署　名　押　印	印

注意事項
1 あなた自身が届出の当事者でない届出についての不受理申出は,することができません。
2 この不受理申出書は,できるだけ本籍地の市区町村に提出してください。
3 原則として,申出人ご本人であることを確認することができる書類を提示する必要があります。
4 原則として,不受理申出は,郵送による方法は認められません。
5 あなたが不受理申出をした後に転籍等により本籍地を他の市区町村に変更した場合には,以後,この申出は新本籍地市区町村に対する申出となります。
6 不受理の取扱いをすることについて市区町村・法務局からお問合せをする場合がありますので,確実な連絡先を記載してください。
7 不受理申出の意思を改めた場合には,原則として,ご本人であることを確認することができる書類を提示の上,自分で署名押印した取下書を窓口に提出してください。
8 相手方を特定した不受理申出に係る届出が適法に受理された場合には,この申出は,効力を失います。

申　出　人　連　絡　先（連絡方法の希望）	希望	電話

市町村使用欄	項　目	処　理	処　理　内　容　等			
	受領日時分		平成　　　年　　　月　　　日　　　時　　　分			
	本人出頭		□あり　　□なし			
	本人確認方法		免・旅・住・その他（　　　　　　　　　　　　）			
	不受理申出人の本籍の変更等による送付		送付　　　年　　　月　　　日 発収簿番号　第　　　　　　号 新本籍地			
	取下げ(失効)となった日及び事由		年　　　月　　　日 取下・失効（失効事由　　　　　　　　）			

別紙7の3

不受理申出変更履歴

1

変更事項	
変更日等	原因発生日　平成　　年　　月　　日　事由（　　　　　　　） 申　出　日　平成　　年　　月　　日

変更内容	変更前	変更後

2

変更事項	
変更日等	原因発生日　平成　　年　　月　　日　事由（　　　　　　　） 申　出　日　平成　　年　　月　　日

変更内容	変更前	変更後

〔**参考文献**〕　戸籍法の改正関係―「戸籍」798号，799号，801号
　　　　　　　戸籍法施行規則の改正関係―「戸籍」814号
　　　　　　　戸籍法及び戸籍法施行規則の一部改正に伴う戸籍事務の取扱いに関する通達（平成20．4．7民一1000号通達）の解説―「戸籍」815号，戸籍法施行規則等の一部改正に伴う戸籍事務の取扱いに関する通達（平成22．5．6民一1080号通達）の解説―「戸籍」844号，「初任者のための戸籍実務の手引き（改訂新版第六訂）」311頁以下

Q77

不受理申出は，どこの市区町村長にすることになりますか。

A　戸籍法第27条の2第3項は，「何人も，その本籍地の市町村長に対し，(中略)当該縁組等の届出を受理しないよう申し出ることができる。」と規定していますから，原則として，申出をしようとする者(申出人)の本籍地の市区町村長と解されます〔注〕。

　しかし，平成22年5月6日民一第1080号通達の第2の5(2)1(1)において，「不受理申出は，当該不受理申出をする者が自らの本籍地又は非本籍地の市区町村の窓口に出頭してしなければならないこととされた(規則53条の4第1項)。」とし，「不受理申出の申出書の原本は，本籍地の市区町村長が保管する。」とされています(前掲民一1080号通達第2の5(2)1(7)イ)。

　また，「不受理申出をした者の非本籍地の市区町村長が当該不受理申出を受理したときは，遅滞なく，当該不受理申出書の謄本を作成した上，その原本を本籍地の市区町村長に送付し，その謄本を保存する。」とされています(前掲民一1080号通達第2の5(2)1(7)ウ)。

　したがって，不受理申出は，申出する者の本籍地又は非本籍地のいずれの市区町村長にも提出することができることになります。

〔注〕　不受理申出書(前掲民一1080号通達の別紙6の1・6の2・6の3・7の1・7の2)は，平成20年4月7日民一第1000号通達の別紙6・7の様式を民一1080号通達で改正したものです。しかし，改正前・後の様式の注意事項の2には「この不受理申出は，できるだけ本籍地の市区町村に提出してください。」と表示しています。

　〔参考文献〕「戸籍」843号10頁

Q78

不受理申出は，郵送等で申出をすることができますか。

A　不受理申出は，自ら市区町村役場の窓口に出頭して行うことになっていますので，原則的には郵送等による申出はできません（戸規53条の4第1項）。

ただし，疾病その他やむを得ない理由により自ら市区町村の窓口に出頭して行うことができないときは，不受理申出をする旨を記載した書面（同条第2項，平成22.5.6民一1080号通達により別紙6の2「婚姻届不受理申出」書が定められている。）を送付する方法その他これに準ずる方法によって提出することができることになります（同条第4項前段，前掲民一1080号通達第2の5(2)1(4)）。

ただし，その場合は，不受理申出をする事項を記載した公正証書（代理人の嘱託により作成されたものを除く。同項）又は私署証書に公証人の認証を受けたもの（代理人の嘱託により作成されたものを除く。）等を，市区町村長に提出する方法，その他の方法により当該不受理申出をする者が本人であることを明らかにする方法によるものとされています（同項後段，前掲民一1080号通達第2の5(2)1(4)）。

なお，Q76を参照願います。

〔参考文献〕　戸籍法の改正関係─「戸籍」798号，799号，801号
　　　　　　戸籍法施行規則の改正関係─「戸籍」814号，843号
　　　　　　戸籍法及び戸籍法施行規則の一部改正に伴う戸籍事務の取扱いに関する通達（平成20.4.7民一1000号通達）の解説─「戸籍」815号，戸籍法施行規則等の一部改正に伴う戸籍事務の取扱いに関する通達（平成22.5.6民一1080号通達）の解説─「戸籍」844号

Q 79

日本に居住する外国人から，婚姻の不受理申出をすることができますか。

A　外国人が，日本人を相手方とする婚姻の不受理申出は，日本人が不受理申出する場合と同様にできるとされています（平成20.5.27民一1503号通達）。

外国人が，届出によって効力の生じる認知，養子縁組，養子離縁，婚姻又は離婚であって日本人を相手方とする届出（以下「縁組等の届出」という。）について，あらかじめ市区町村役場の窓口に出頭して，自己を特定するために必要な事項を明らかにした上で，当該外国人が届け出たことを確認することができない限り，当該縁組等の届出を受理しないよう申し出ることができます（戸27条の2第3項）。

この不受理申出がされている場合に，当該申出にかかる縁組等の届出がされた場合は，当該申出人が出頭して届け出たことを確認することができないときは，当該縁組等の届出は受理されないことになります（同条第4項，前掲民一1503号通達1）。この場合は，当該届出を受け付けた市区町村長は，遅滞なく不受理申出人に対し，当該届出が不受理とされたことを通知することになります（戸規53条の5）。

なお，外国人の不受理申出については，平成20年4月7日民一第1000号通達及び平成22年5月6日民一第1080号通達に準じて行うものとされています。また，外国人については，本籍の表示に代えてその国籍を表示するなど前掲民一第1000号通達・同第1080号通達と異なる取扱いがされます〔注〕。

〔注〕
1　不受理申出書等は，前掲民一第1080号通達の様式（別紙6の1・6の2・6の3・7の1・7の2・9・10）に準じた様式によるものとされているが，申出書等には，申出人の本籍の表示に代えてその国籍を記載するほか，その他欄に，相手方（認知届については，被認知者）の本籍，筆頭者氏名及び氏

名を記載することになります。
　2　申出のあて先及び申出書の保管先は，当該申出の対象となる縁組等の届出の相手方（認知届については，被認知者）の本籍地の市区町村長であり，当該申出についての備忘的措置を講じる対象戸籍は，相手方（認知届については，被認知者）の戸籍になります。
　3　申出がされたことによって縁組等の届出を受理することができなかった場合における通知のあて先は，当該申出書に記載された申出人の住所になります（前掲民一1503号通達1(1)から(3)）。
　〔**参考文献**〕「戸籍」816号89頁以下，「初任者のための戸籍実務の手引き（改訂新版第六訂）」311頁以下

Q80

矯正施設に収容されている者から，婚姻の不受理申出をすることができますか。

A　できるとされています。

　不受理の申出は，申出人が自ら市区町村役場に出頭し，申出人を特定するために必要な事項を明らかにして，市区町村長に不受理申出書を提出することとされています（戸27条の2第3項，戸規53条の4第1項）。

　ところが，本問は，申出人が自ら市区町村役場に出頭することができない場合であるため，不受理申出ができるかどうかが問題になります。しかし，この場合については，平成20年5月27日民一第1504号通達により，次のとおり取り扱うこととされています。

　「矯正施設の被収容者から，当該被収容者が申出人として署名指印し，刑事施設の長，少年院長又は少年鑑別所長が本人が署名指印したものであることを奥書証明した不受理申出書又は不受理申出の取下書（以下「不受理申出書等」という。）が提出された場合には，市区町村長は，戸籍法（昭和22年法律第224号）第27条の2第3項に基づく不受理申出に係る不受理申出書等あるいは平成20年5月27日付け法務省民一第1503

号通達に基づく申出に係る不受理申出書等として受理して差し支えない。」とされています。

〔注〕　この場合における不受理申出をする者が本人であることを明らかにする方法としては，平成22年5月6日民一1080号通達第2の5(2)1(4)イにおいて，前掲民一1504号通達による方法その他これらに準じる方法とされています。
　　　　昭和20年5月27日付け法務省民一第1504号通達……「矯正施設の被収容者からの不受理申出の取扱いについて」
　　　　昭和20年5月27日付け法務省民一第1503号通達……「外国人からの不受理の申出等の取扱いについて」
〔**参考文献**〕「戸籍時報」633号34頁，「戸籍」816号89頁・90頁，「初任者のための戸籍実務の手引き（改訂新版第六訂）」311頁以下

Q81

当面，誰とも婚姻をする意思がないので，一方的に婚姻の届出がされることのないようにしておくには，どのようにすればよいですか。

A　　婚姻届の不受理申出を，あらかじめ，本籍地の市区町村長にしておきます（戸27条の2第3項，平成20. 4. 7民一1000号通達第6の1，平成22. 5. 6民一1080号通達第2）〔**注**〕。

　なお，不受理申出をする理由については，Q75を，また，不受理申出の方法については，Q76を参照願います。

〔注〕　不受理申出のあて先は，申出する者の本籍地の市区町村長ですが（戸27条の2第3項），非本籍地の市区町村役場の窓口に提出することもできます（前掲民一1080号達第2の5(2)1(7)ウ）。その場合は，当該申出を受理した非本籍地の市区町村長は，遅滞なく当該申出書の謄本を作成し，本籍地の市区町村長に申出書の原本を送付し，謄本を保存します。
　また，婚姻の届出が，非本籍地の市区町村長にされた場合は，当該届出事件の本人が市区町村役場に出頭して届け出たことが確認できなかったときは，届出を受け付けた後遅滞なく，本籍地の市区町村長に対して，当該届出につ

いて不受理申出がされているか否かを電話等の方法により確認することとされています（同通達第2の5(3)2(1)）。確認の結果，不受理申出がされている場合は，当該婚姻届は受理されないことになります（戸27条の2第4項）。

〔**参考文献**〕「戸籍」814号106頁以下，815号58頁以下，844号1頁以下

Q 82

交際中の相手が一方的に婚姻の届出をするおそれがある場合，それを防止するには，どのようにすればよいですか。

A 本籍地の市区町村長に対して，あらかじめ，婚姻届の不受理申出をしておきます（戸27条の2第3項，平成20.4.7民一1000号通達第6の1，平成22.5.6民一1080号通達第2の(2)以下）。

なお，非本籍地の市区町村長に不受理申出をした場合でも受理され，当該申出書は本籍地の市区町村長に遅滞なく送付されます（前掲民一1080号通達第2の5(2)1(7)ウ）。

不受理申出をする理由及び申出の方法については，Q75・Q76を参照願います。

〔**参考文献**〕「戸籍」814号106頁以下，815号58頁以下，844号1頁以下，「初任者のための戸籍実務の手引き（改訂新版第六訂）」311頁以下

Q83

婚姻の届書に署名・押印し，その届書を相手方が市区町村役場に提出をすることにして相手方に渡していますが，その届出前に当方が婚姻の意思を失くした場合，その届出を防止することができますか。

A　相手方が，婚姻届を提出する前に，不受理申出をすれば，当該届出は防止できます（戸27条の2第3項・第4項，戸規53条の4）。

　本問は，相手方と婚姻をする意思をもって，双方合意の上で婚姻の届書を成年2人以上の証人を立てて作成して自署・押印し，当該届書は相手方が市区町村長へ提出するために所持している状態であるところ，その婚姻届が市区町村長に提出される前に，当事者の一方が婚姻の意思を翻した場合です〔注〕。

　本問の場合の不受理申出は，婚姻の届書を所持している相手方が市区町村長に届出をする前に，他の一方当事者から，当該届出がされても受理しないように申し出ることですが，この申出ができる時期は，相手方が婚姻届を市区町村長に提出する前でなければなりません。

　なお，不受理申出をする方法については，Q76を参照願います。

〔注〕　婚姻の意思とは，夫婦として共同生活を成立させようとする意思であり，婚姻の届書を作成するときにその意思を有するだけでなく，その届書が市区町村長によって受理されるときにも，その意思が存続していることを要するとされています。なお，Q3ないしQ5を参照願います。

〔**参考文献**〕「改訂設題解説戸籍実務の処理Ⅴ(1)」7頁以下，「戸籍」814号106頁以下，815号58頁以下，「初任者のための戸籍実務の手引き（改訂新版第六訂）」311頁以下

イ　不受理申出の対象とされている婚姻届について，その届出がされた場合

Q84

婚姻届についての不受理申出がされている場合に，当該届出がされたときは，どのようになりますか。

A　婚姻届の不受理申出をしている者が，市区町村役場に出頭して届け出たことが市区町村長において確認ができなかったときは，当該届出は受理されないことになります（戸27条の2第4項）。

市区町村長が当該届出を受理することができなかった場合は，不受理申出をしている者に対し，不受理申出の対象となっている婚姻届について，その届出があったが不受理にした旨の通知をします（戸規53条の5）。

通知は，平成20年4月7日民一第1000号通達第6の3(1)において，別紙8に準じた様式によってすることとされています。別紙8は，後掲のとおりです。

〔注〕　なお，当該届出において事件本人が申出した本人であることが，市区町村長が確認できたときは，当該届出は受理されることになります。

別紙8

平成　年　月　日

　　　　　様

市区町村長

お知らせ

　あなたを届出人とする戸籍届出については，平成〇〇年〇〇月〇〇日付け不受理申出に基づき，下記のとおり不受理とされました。

記

1　届出年月日

2　事件名

3　届出人の氏名

4　届出事件の本人の氏名

〔注〕
　1　届出事件の本人が確認できなかった場合
　　　市区町村長は，届出によって効力の生じる創設的届出の認知，養子縁組，養子離縁，婚姻及び離婚の届出（以下「縁組等の届出」という。）が，市区町村役場に出頭した者によってされた場合は，当該出頭した者が届出事件の

本人であることを特定するために必要な事項である氏名及び住所又は氏名及び生年月日が，提示された運転免許証その他の資料の提供又はこれらの事項についての説明により確認することとされています（戸27条の2第1項）。

縁組等の届出の不受理申出は，自らを届出事件の本人とする縁組等の届出がされた場合であっても，自らが市区町村役場に出頭して届け出たことが，市区町村長において前述の方法によって届出事件の本人であることの確認ができないときは，当該届出を受理しないように，あらかじめ申し出るものです（同条3項）。

したがって，不受理申出がされている場合は，届出事件の本人であることの確認ができないときは，当該縁組等の届出は受理することができないことになります（同条4項）。

(1) 本籍地の市区町村長に対する不受理申出の有無の確認

縁組等の届出の届出地は，事件本人の本籍地又は届出人の所在地とされていますので（戸25条1項），非本籍地の市区町村長に縁組等の届出がされる場合もあります。

市区町村長は，縁組等の届出がされた場合には，市区町村役場の窓口に出頭した者が当該届出についての届出事件の本人の全員であることを確認することができた場合を除き，当該届出について不受理申出がされているか否かの確認を行うことになります。

この場合において，縁組等の届出が非本籍地の市区町村長にされた場合は，非本籍地の市区町村長は，当該届出を受け付けた後遅滞なく本籍地の市区町村長に対して，当該届出について不受理申出がされているか否かを電話等の方法によって確認することとされています（平成22．5．6民一1080号通達第2の5(3)2(1)）。

電話等の確認の結果，不受理申出がされていることが判明した場合には，当該届出は受理できないことになりますが，確実を期するために本籍地の市区町村長から不受理申出書の写しの送付を受けて不受理処分を行うことは差し支えないとされています（「戸籍」815号64頁参照）。また，不受理申出がされていない場合には，当該届出は受理することになりますが（届出事件の本人確認ができなかった者に対する通知は要する－戸27条の2第2項），電話等の確認の結果につき，当該届書の欄外の適宜の箇所に前掲民一1080号通達第2の5(3)2(3)により別紙5の2の様式を参考にして当該届出について不受理申出の有無を記録するとともに，前掲民一第1000号通達第5の4の確認台帳の(1)エのその他適宜事項として記録しておくのが望ましいとされています（「戸籍」815号64頁参照）。

(2) 不受理申出人に対する通知

不受理申出がされているため，縁組等の届出を受理することができなかった場合は，遅滞なく不受理の申出をした者に対し，当該届出があり，不受理にした旨の通知をすることになります（戸27条の2第5項）。その

通知の具体的な内容・方法等は，次のとおりです（前掲民一1000号通達第6の3・4）。
　ア　通知の内容
　　　届出年月日，事件名，届出人及び届出事件の本人の氏名並びに不受理申出に基づいて不受理とした旨を通知することになりますが，通知の様式は，前掲民一第1000号通達第6の3(1)において，別紙8に準じた様式によるとされています（その様式は，前掲の別紙8のとおりです。）。
　イ　あて先
　　　あて先は，不受理申出をした者の戸籍の附票又は住民票上の現住所です（規則53条の5による規則53条の3の準用）が，届出日以後に住所の変更がされている場合には，変更前の住所をあて先とすることとされています。
　ウ　送付の方法
　　　転送不要の郵便物又は信書便物として送付しますが，その郵便物及び信書便物は，封書又は届出人以外の者が内容を読みとることのできないような処理をした葉書によることになります（前掲民一1000号通達第6の3(3)）。
　エ　返送された場合の処理
　　　あて先不明等により返送された通知は，再送することなく，市区町村において保管することになります。保存期間は，当該年度の翌年から1年とされています（前掲民一1000号通達第6の3(4)）。
　オ　通知台帳
　　　市区町村長は，通知の経緯を明らかにするため，適宜の様式により通知台帳を作成し，通知の年月日等を記録することになります。通知台帳は，当該年度の翌年から1年間保存するものとされています（前掲民一1000号通達第6の4）。
2　届出事件の本人が確認できた場合
　縁組等の届出の不受理申出は，自らを届出事件の本人とする縁組等の届出がされた場合であっても，自らが市区町村役場に出頭して届け出たことが，市区町村長において確認ができないときは，当該届出を受理しないように，あらかじめ申し出るものです（同条3項）。
　したがって，右の申出をした者が，市区町村役場に出頭して当該届出をしたことが確認できる場合は，先に申出した不受理申出については事実上撤回し，当該届出をしたものと認められるので，当該届出は受理することができることになります。なお，この場合は，不受理申出した者については，届出事件の本人の確認ができたことになりますが，他の者についての確認ができない場合は，その確認できない者に対して，当該届出を受理した旨の通知をする必要があります（同条2項）。
　〔**参考文献**〕　戸籍法の改正関係—「戸籍」798号，799号，801号

戸籍法施行規則の改正関係―「戸籍」814号
戸籍法及び戸籍法施行規則の一部改正に伴う戸籍事務の取扱いに関する通達（平成20．4．7民一1000号通達）の解説―「戸籍」815号，戸籍法施行規則等の一部改正に伴う戸籍事務の取扱いに関する通達（平成22．5．6民一1080号通達）の解説―「戸籍」844号，「初任者のための戸籍実務の手引き（改訂新版第六訂）」311頁以下

Q85

婚姻届の不受理申出があらかじめされている場合において，申出人を当事者とする婚姻の届出がされ，市区町村役場の窓口に出頭した届出事件の本人全員について確認することができたときは，当該届出は受理することができますか。
その場合において，不受理申出書はどうなりますか。

A　当該婚姻の届出は，受理することができます。
　当該届出があった場合には，市区町村長は，市区町村役場の窓口に出頭した者が，当該届出における届出事件の本人の全員であることを確認することになります（戸27条の2第1項）。確認ができなかったときは，次に当該届出について不受理申出がされているか否かの確認を行うことになります。その確認の結果，不受理申出がされている場合で，その申出をしている者について本人確認ができないときは，当該届出は受理できないことになります（戸27条の2第4項）。
　本問は，届出事件の本人の全員であることが確認できた場合ですから，不受理申出をしている者も自ら市区町村役場に出頭して婚姻の届出をしたことになります。したがって，市区町村長は，当該届出を受理することができます。
　なお，不受理申出書が婚姻の相手方を特定した届出を対象とするものである場合には，当該申出に係る婚姻の届出が受理されたときは，

当該申出は受理された時に失効します（平成22．5．6民一1080号通達第2の5(4)5(1)）。

〔注〕 本問のような事例としては，不受理申出をしている者が，当該届出について不受理申出の意思をなくしている場合が考えられます。また，不受理申出をしていることを失念している場合も考えられます。

〔参考文献〕「戸籍」814号106頁以下，815号63頁以下，819号62頁以下，844号1頁以下，「初任者のための戸籍実務の手引き（改訂新版第六訂）」311頁以下

Q86

婚姻届の不受理申出をしている場合に，申出人を一方の当事者とする婚姻の届出がされ，市区町村役場の窓口で申出人である届出事件の本人であることの確認ができなかったときは，その届出はどのようになりますか。

A 当該届出は受理できません（戸27条の2第4項，平成22．5．6民一1080号通達第2の5(1)）。

婚姻の届出があった場合，市区町村長は，窓口に出頭した者が届出事件の本人全員であることが確認できたときを除き，当該届出について不受理申出がされているか否かの確認を行うことになります（前掲民一1080号通達第2の5(3)2(1)）。

この場合，婚姻の届出が非本籍地の市区町村長にされた場合は，受け付けた後遅滞なく本籍地の市区町村長に対して，当該届出について不受理申出がされているか否かを電話等の方法によって確認することとされています（前掲民一1080号通達第2の5(3)2(1)）。なお，確認したときは，前掲民一第1080号通達第2の5(3)2(3)により，別紙5の2の様式を参考にして，当該届出についての不受理申出の有無を記録することになります。

本問のように不受理申出がされている場合は，当該届出は受理できません。この場合，当該届出を受付した市区町村長は，不受理申出をしている者に対して，当該届出があったこと及びその届出を不受理申出に基づき不受理とした旨，そして，届出の内容である届出年月日，事件名，届出人及び届出事件の本人の氏名を通知することになります（戸27条の2第5項，前掲民一1000号通達第6の3(1)・別紙8様式）。

　なお，Q84を参照願います。

〔注〕
　1　本問の場合，不受理申出をしている者に対して通知をしたときは，通知台帳（適宜の様式により作成する）に，通知の経緯を明らかにするため，通知の年月日等を記録しておくことになります（前掲民一1000号通達第6の4）。
　　　具体的には，縁組等の届出に際し，市区町村役場の窓口に出頭した者を特定するために必要な事項の確認，及び通知の経緯を明らかにするための確認台帳（前掲民一1000号通達第5の4）と同様とされていますから，次の事項になります。
　　　①届出のため出頭した者を特定するために必要な事項の確認，②通知の有無，③届出のため出頭した者が使者であるときは，提示された確認書類に記載された氏名及び住所又は氏名及び生年月日，④その他適宜の事項
　2　不受理とした場合は，届書を提出した届出人に対し，届出事件の一方から不受理申出がされ，その申出人について，窓口において届出事件の本人であることの確認ができないので，受理しない旨を説明し，当該届書を届出人に返戻することになります。届出を不受理とする場合は，当該届書類を事実上届出人に返戻する取り扱いをするだけで，届出を却下決定するというような積極的な行政処分をすることにはなっていません（大正4.8.2民1237号回答）。

　〔**参考文献**〕「戸籍」814号106頁以下，815号58頁・65頁以下，844号1頁以下，「初任者のための戸籍実務の手引（改訂新版第六訂）」12頁以下・311頁以下

Q87

婚姻届の不受理申出があらかじめされている場合において，申出人を一方の当事者とする婚姻の届出がされ，市区町村役場の窓口で本人確認ができなかったため，その届出は不受理にすべきところ，これを受理して戸籍の記載をした後，不受理申出がされていることが判明した場合は，どのようになりますか。

A　　本籍地の市区町村長は，管轄法務局の長の許可を得て戸籍訂正により，婚姻の届出に基づく戸籍の記載を消除することになります（戸24条2項，平成22.5.6民一1080号通達第2の5(4)5(3)）。

　婚姻届の不受理申出がされている場合に，婚姻の届出があった場合には，市区町村長は，市区町村役場の窓口に出頭した者が当該届出についての届出事件の本人の全員であることを確認することができたときを除き，当該届出について不受理申出がされているか否かの確認を行うことになります（前掲民一1080号通達第2の5(3)2(1)）。

　この場合，婚姻の届出が非本籍地の市区町村長にされた場合は，受け付けた後遅滞なく本籍地の市区町村長に対して，当該届出について不受理申出がされているか否かを電話等の方法によって確認することとされています（前掲民一1080号通達第2の5(3)2(1)）。したがって，通常は不受理申出がされている場合は，当該婚姻の届出は受理できないことになります。

　〔注〕　不受理申出がされている場合は，前述のようにして確認を行うので，本問のように届出が受理され，戸籍の記載がされた後に不受理申出が，届出に先んじてされていることが判明する事例は多くはないと考えられます。ただ本問のような事例が生じるとすれば，それは，不受理申出が非本籍地の市区町村長にされ，本籍地の市区町村長に申出書が送付される前に，婚姻の届出が本籍地又は他の非本籍地の市区町村長にされたような場合等に限られるように考えられます。その場合は，不受理申出書が本籍地の市区町村長に送付されていないので，不受理申出の有無が，確認できないため，当該届出は受理されることになります。

〔参考文献〕「戸籍」814号108頁以下，815号67頁以下，844号1頁以下，「初任者のための戸籍実務の手引き（改訂新版第六訂）」311頁以下

ウ　不受理申出の取下げ

Q88

婚姻の不受理申出を取り下げる場合は，どのようにしますか。

A　不受理申出をしている者は，その申出を取り下げることができます。取り下げをする場合は，市区町村役場に出頭して，市区町村長に対し，不受理申出の取下書を提出することになります（戸規53条の4第5項）。不受理申出の取下書の様式は，後掲様式（別紙9）のとおり定められています（平成22.5.6民一1080号通達第2の5(5)6(2)）。この取下げに出頭した者は，その者を特定するために必要な事項である氏名及び住所又は氏名及び生年月日を運転免許証その他の資料の提供等をすることによって明らかにします（戸規53条の4第6項，前掲民一1080号通達第2の5(5)6(1)から(9)）。

　その者が疾病その他やむを得ない事由により自ら市区町村役場に出頭して不受理申出の取下げをすることができないときは，不受理申出を取り下げる旨を記載した書面（不受理申出の取下書）を送付する方法又は使者を出頭させて提出する方法が認められます（戸規53条の4第4項，前掲民一1080号通達第2の5(5)6(4)参照）。ただし，この場合は，不受理申出を取下げする者が本人であることを明らかにするため，不受理申出の取下げをする旨の事項を記載した公正証書（代理人の嘱託により作成されたものを除く。同条第6項・第4項）又は不受理申出の取下げをする旨を記載した私署証書に公証人の認証を受けたもの（代理人の嘱託により作成されたものを除く。）を市区町村長に提出する方法，あるいは不

受理申出の取下書に矯正施設の被収容者が申出人として署名指印し，刑事施設の長，少年院長又は少年鑑別所長が，本人が指印したものであることを奥書証明したものを市区町村長に提出する方法（平成20.5.27民一1504号通達参照），その他これらに準じる方法であって確実に当該不受理申出の取下げをする者が本人であることを明らかにする方法とされています（同条第6項，前掲民一1080号通達第2の5(5)6(4)参照）。

〔注〕
1　不受理申出の取下げをする場合の取下げ書の様式
　　不受理申出の取下げは，書面を提出する方法によって行うこととされています。取下書の様式は，前掲民一第1080号通達第2の5(5)6(2)エにおいて，別紙9又は10に準じた様式とされています。なお，別紙10の様式は，養子縁組届又は養子離縁届の不受理申出を，申出人又は申出人の法定代理人が取下げをする場合であるため，別途の様式になっています。
2　取下げの処理
(1)　不受理申出の取下げの受理又は不受理について疑義がある場合には，管轄法務局の長に照会するものとされています（前掲民一1080号通達第2の5(5)6(5)）。
(2)　不受理申出の取下げのあて先は，申出をしている本籍地の市区町村長ですが，取下書は本籍地の市区町村役場の窓口のほか，非本籍地の市区町村役場の窓口にも提出できることとされています（前掲民一1080号通達第2の5(5)6(1)）。
(3)　不受理申出の取下書は，本籍地の市区町村長が保管することになります。取下書が非本籍地の市区町村役場に提出され，これを受理したときは，非本籍地の市区町村長は，遅滞なく，これを本籍地の市区町村長に送付することになります（前掲民一1080号通達第2の5(5)6(6)イ，ウ）。なお，不受理申出の取下書の原本又は謄本を他の市区町村長に送付するときは，到達確認の取扱い（平成7.12.26民二4491号通達）に努めるものとされています（前掲民一1080号通達第2の5(5)6(8)）。
(4)　不受理申出の取下げがされた場合には，これを受理した市区町村長は，取下書の欄外の適宜の箇所に，受付の日時分及び市区町村の窓口に出頭した者を特定するために必要な事項の確認を記録することになります（前掲民一1080号通達第2の5(5)6(6)ア）。
　　また，本籍地の市区町村長は，不受理申出の対象とされている戸籍の直前にとじ込まれた着色用紙等を取り外すことになります（紙戸籍の場合）。当該戸籍が磁気ディスクをもって調製されているときは，その戸籍のコンピュータの画面上に不受理申出がされていることを明らかにしている事項を消除することになります（前掲民一1080号通達第2の5(5)6(7)）。

(5) 不受理申出の取下書は，本籍地の市区町村長は，その取下げされた年度から3年間これを保存するものとされていますが，不受理申出取下書の謄本を保存する市区町村長においては，1年間保存するとされています（前掲民一1080号通達第2の5(5)6(9)）。

〔**参考文献**〕「戸籍」814号108頁，815号67頁，843号1頁以下，844号1頁以下

別紙9

不受理申出の取下げ

平成　年　月　日取下げ

受付	平成　年　月　日	発送	平成　年　月　日
発収簿番号	第　　　　号		
整理番号	第　　　　号		
送付	平成　年　月　日		
発収簿番号	第　　　　号		
整理番号	第　　　　号		長　印

　　　　　　長　殿　　書類調査　戸籍調査

取下げをする申出	対象となる届出	□認知の届出　□婚姻の届出　□離婚の届出	
	申出人氏名	取下げ時	不受理申出時（※）
	生年月日	年　月　日	年　月　日
	住所（住民登録をしているところ）	番地／番号	番地／番号
	本籍	番地／番　筆頭者の氏名	番地／番　筆頭者の氏名
その他			

※取下げ時と異なるときだけ記載してください。

上記届出がされた場合であっても，わたしが市区町村役場に出頭して届け出たことを確認することができなかったときは，これを受理しないよう申出をしていましたが，当該申出について取下げをします。

| 取下げをする者の署名押印 | 　　　　　　　　　　　　　　　印 |
| 連絡先（連絡方法の希望） | 電話（希望　　　　　　　　） |

注意事項

1 この不受理申出の取下げは、できるだけ本籍地の市区町村に提出してください。

2 原則として、この不受理申出の取下げは、郵送による方法は認められません。

3 原則として、取下げを行う方ご本人であることを確認することができる書類を提示する必要があります。

4 不受理の取下げの取扱いをすることについて市区町村・法務局からお問合せをする場合がありますので、確実な連絡先を記載してください。

5 取下げをする方の氏名等が不受理申出をされた後に変更されている場合には、変更を証する書面の提出を求めることがあります。

市町村使用欄	項　目	処理	処　理　内　容　等
	受領日時分		平成　　年　　月　　日　　時　　分
	本人出頭		□あり　　□なし
	本人確認方法		免・旅・住・その他（　　　　　　）

〔参考文献〕「戸籍」814号108頁以下、815号67頁以下、844号1頁以下、「初任者のための戸籍実務の手引き（改訂新版第六訂）」311頁以下

2 届出の受理

Q89
婚姻の届書を窓口に提出した後は,どのように処理されるのですか。

A　婚姻の届出が市区町村役場の窓口に提出されたときは,まず受付をし(届書を受領すること),同時に窓口に出頭した者が,届出事件の本人であるかどうかについて確認をします(戸27条の2第1項)〔注1〕。

この届出事件の本人であることの確認において,本人が窓口に出頭しないため(出頭したが運転免許証等の本人確認のための資料が提出できない場合を含む),本人確認をすることができない者があるときであっても,当該届出が民法及び戸籍法上の諸要件を備えていて,適正な場合は,当該届出について不受理申出がされていない限り受理されます。その場合は,本人確認ができなかった者に対し,届出を受理したことを通知しますが,この通知は,届出を受理した後遅滞なく行われます(戸27条の2第2項)〔注2〕。

ただし,前述のとおり婚姻の届出の事件本人の一方から当該届出について,不受理申出がされていて,その者が市区町村役場の窓口で本人確認ができない場合は当該届出は受理されないことになります(同条4項)。

なお,非本籍地の市区町村長に婚姻の届出がされ,届出事件の本人であることの確認ができないときは,当該届出を受理する前に,本籍地の市区町村長に対し,婚姻届の不受理の申出がされているか否かについて確認し(平成22.5.6民一1080号通達第2の5(3)2(1)),その不受理申出がされているときは,同様に当該届出は受理されないことになります(同条第4項)〔注3〕。

届書を受付(受領)し,本人確認の手続きをし,かつ,当該届出の不受理申出がされていないときは,届書の記載内容及び添付書類につ

いて，その内容等が適正であるかを書類上で調査します。これを一般的に届書の審査と呼びます。

届書の審査は，第10の「婚姻届書の記載方法」（Q148頁以下）において述べているように，届書の各欄が適正に記載されているときは，その届出は受理されることになります（民739条・740条，戸74条，戸規56条）。

市区町村長が届書の審査をしたときに，書類上の不備があるときは，まず届出人においてその不備を補正することになります。その補正がされたときは，その届出は受理されることになります。

受理された届出は，戸籍受附帳に記載されます（戸規20条1項・21条）。その後，その届出書類に基づいて，遅滞なく戸籍に記載されます（戸規24条）が，非本籍地の市区町村長に届出された届書は，本籍地の市区町村長に送付され，本籍地の市区町村長において戸籍の記載がされます（戸規26条）。

その場合の届書の送付については，Q136からQ140を参照願います。

〔注1〕 窓口に出頭した届出事件の本人であることの確認は，出頭した者を特定するために必要な事項を示す運転免許証その他の資料の提供又はその事項についての説明を求めることとされています（戸27条の2第1項，戸規53条・53条の2，平成20.4.7民一1000号通達第5の1(1)）。

すなわち，特定に必要な事項で明らかにすべき事項は「氏名及び住所又は氏名及び生年月日」であり，それを明らかにする方法は，①「運転免許証，個人番号カード（「写真付き住民基本台帳カード」を含む―戸規附則2条―「戸籍」921号82頁参照），国又は地方公共団体の機関が発行した資格証明書（規則別表第一に掲げられたもの）若しくは身分証明書で写真が貼付されたもの等（規則第11条の2第1号に掲げられた書類。以下「1号書類」という。）を1枚以上提示する方法」，②「①の方法によることができないときは，国民健康保険の被保険者証等及び国又は地方公共団体を除く法人のが発行した身分証明書等（規則第11条の2第2号に掲げられた書類。以下「2号書類」という。）を複数枚組み合わせて提示する方法」，③「①及び②の方法によることができないときは，市区町村長の求めに応じて戸籍の記載事項を説明する方法その他の市区町村長が現に請求の任に当たっている者を特定するために適当と認める方法」とされています（前掲民一1000号通達第5の1(1)参照）。

〔注2〕 通知の方法等については，前掲民一1000号通達第5の2において，詳細に定められています。

〔注3〕 自らが婚姻届の当事者本人とする届出がされた場合であっても，市区町村役場の窓口に自らが出頭して届出をしたことが確認できない場合は，当該届出を受理しないように申出ができます（戸27条の2第3項）。従前は，この不受理申出が通達に基づき取り扱われていましたが（昭和51．1．23民二900号通達・同日民二901号依命通知），戸籍法の一部を改正する法律（平成19年法律第35号，平成20．5．1施行）の施行により，同法に第27条の2が新設され，同条の第3項から第5項が不受理申出の規定になっています。

〔参考文献〕 「戸籍」814号90頁以下，815号1頁以下，「改訂戸籍届書の審査と受理」365頁以下，「改訂設題解説戸籍実務の処理V(1)」319頁以下，「改訂設題解説渉外戸籍実務の処理Ⅱ」258頁以下，「初任者のための戸籍実務の手引き（改訂新版第六訂）」117頁以下，「初任者のための渉外戸籍実務の手引き（新版2訂）」137頁以下

Q90

婚姻の届出の受付と受理は，違うのですか。

A　受付は，届出人から提出された届出書類を受領することをいいます。これに対し，受理は，受付をした届出書類の内容を審査し，その届出を適法と認めることをいいます。したがって，受理とは，受付を認容する行政処分といわれています。

　前述のとおり創設的婚姻の届出は，市区町村長が当該届出を受付し，その受付した届出書類を審査しこれを認容することによって受理となります。この受理によって当該婚姻は成立することになります（民739条・740条，戸74条，戸規56条）。

〔参考文献〕 「改訂戸籍届書の審査と受理」21頁以下・365頁以下，「設題解説戸籍実務の処理Ⅱ」160頁以下，「初任者のための戸籍実務の手引き（改訂新版第六訂）」11頁以下・117頁以下

Q91

婚姻の届出が受理されるのは，どのような場合ですか。

A　創設的婚姻の届出は，本書の第10の「婚姻届書の記載方法」（Q148以下）において述べているように，届書の各欄が適法に記載されているとき，すなわち，婚姻の当事者について婚姻の実質的成立要件を満たしていることが，各欄の記載及び添付書類等から判断される場合です。

そして，形式的成立要件である届出が適正にされているときには，その届出は受理されることになります（民739条・740条，戸74条，戸規56条）。

なお，婚姻届について，あらかじめ不受理申出がされている場合は，受理されないことになります（戸27条の2第3項・第4項）。

その詳細は，Q75からQ87を参照願います。

〔注〕　なお，例外的に，市区町村長が，管轄法務局の長の指示を得た上で，受理するか否かを決定する婚姻の届出もあるので，その点については，Q104を参照願います。

〔参考文献〕「改訂戸籍届書の審査と受理」21頁以下・365頁以下，「設題解説戸籍実務の処理Ⅱ」160頁以下，「改訂設題解説渉外戸籍実務の処理Ⅰ」216頁以下，「改訂設題解説渉外戸籍実務の処理Ⅱ」258頁以下，「初任者のための戸籍実務の手引き（改訂新版第六訂）」11頁以下・117頁以下

Q92

日本人と外国人の創設的婚姻の届出が市区町村長にされた場合，届書の審査はどのような点に留意する必要がありますか。

A　渉外的婚姻における実質的成立要件は，各当事者の本国法によるとされています（通則法24条1項）。したがって，本問の場合は，日本人については日本の法律を，外国人についてはその者の本国法が適用されます。

　日本人については，日本の民法を適用されますので，同法に定める要件（民731条から737条まで）が備わっているか否かを同法及び同人の戸籍謄本等によって，届書の審査をします。一方，外国人については，同人の本国法及び同人の国籍並びに身分関係を証明する書類によって，審査をすることになります。

　この審査は，日本人については，日本の法律及び身分関係は市区町村長において把握できますので容易ですが，外国人については，当該国の法律を市区町村長がすべて把握しているわけではないので容易ではありません。そこで，外国人については，本国法上の婚姻要件が備わっていることを証明する本国官憲発行の「婚姻要件具備証明書」の添付を求めて（戸規63条），審査をすることになります。これが一般的な取扱いです。

　しかし，すべての国がこの証明書を発行するとは限りませんし，また，その証明書を発行する場合であっても，その国の者がすべてその証明書の交付を受けられるとは限りません。例えば，その者がその国の国民であることの把握がされていない場合もあり，その場合は証明書が発行されないことも考えられます。この証明書が得られないときは，原則に戻って，本国法（法文の写し及び訳文）及び国籍並びに身分関係の証明書等の提出を求めて，婚姻の実質的成立要件が備わっているか否かについて審査することになります。

　形式的成立要件（方式）については，日本人が日本において外国人

と婚姻する場合は日本の方式によるとされています（通則法24条3項ただし書）から，婚姻の届書が市区町村長に提出されることになります（民739条・740条）。この場合は，婚姻の届書に所定の事項が記載され（戸29条），成年の証人2人以上と当事者の署名・押印がされているか否か（民739条2項，戸33条），また，父母の同意が必要な場合にその同意がされているか等（戸38条）について審査することになります。

〔参考文献〕「改訂設題解説渉外戸籍実務の処理Ⅰ」254頁以下，「設題解説渉外戸籍実務の処理Ⅱ」258頁以下，「初任者のための渉外戸籍実務の手引き（新版2訂）」137頁以下

Q93

婚姻の届出が受理されたときは，当事者に受理した旨の通知がされますか。

A　婚姻届を市区町村役場に出頭して届出をし，届出事件の本人全員であることの確認がされ，かつ，不受理申出がされていない場合は，届書の記載が適正であれば当該届出は受理されます。しかし，受理した旨の通知は特にされません。

　ただ，届出事件の本人全員であることの確認ができないときでも，当該届出について不受理申出がされていない場合は受理されます。その場合は，本人であることの確認できない者に対しては，当該婚姻の届出を受理した旨の通知がされます（戸27条の2第2項）。

〔注〕
1　届出事件の本人であることの確認ができない場合としては，例えば，婚姻届を市区町村役場に出頭して届出をしたが，本人確認のための証明書等を提示できなかった場合，又は郵送又はオンラインによる届出あるいは使者による届出がされた場合です（平成20．4．7民一1000号通達第5の2）。
2　戸籍の届書が市区町村役場の窓口に提出されたときは，これを受付した後，

その届出書類を審査し，適法なものと判断したときは，当該届出は受理されます。ただし，届出によって効力の生ずる認知，縁組，離縁，婚姻又は離婚の届出が，市区町村役場に出頭した者によってされた場合は，出頭した者が届出事件の本人であるかどうかの確認の手続きがされます（戸27条の2第1項）が，この確認ができない場合でも，当該届出についての不受理申出がされていないときは，届出が適正であれば受理されます。なお，この本人確認ができない場合は，受理した後遅滞なく，確認できなかった者に対し，当該婚姻の届出を受理したことの通知がされます（同条第2項）。

　この受理は，受付を認容する行政処分とされていますが，受理と決定したときに市区町村長は，前記の戸籍法第27条の2第2項の場合を除いて，届出人に対し口頭又は文書で受理した旨の通知をする取扱いをすることにはなっていません。

　婚姻の届出が，市区町村役場の執務時間外にされた場合を除き，通常は即日に届出書類について審査がされ，届書等の不備がある場合は，届出人がその不備について補正を求められます。また，不備が補正できない場合は，その届出は不受理となる場合があります。不受理の場合は，その届書が届出人に事実上返戻されることになりますが，この返戻することが，不受理となったことを表しています。

　したがって，この返戻がされないときは，当該届出は受理されたことになります。

〔参考文献〕「戸籍」815号53頁以下，「改訂戸籍届書の審査と受理」21頁以下・372頁以下，「設題解説戸籍実務の処理Ⅱ」160頁以下，「初任者のための戸籍実務の手引き（改訂新版第六訂）」11頁以下，「初任者のための渉外戸籍実務の手引き（新版2訂）」9頁・137頁以下

3　届出の不受理

Q94

婚姻の届出が不受理とされるのは，どのような場合ですか。

A　創設的婚姻の届出が，届書の記載の誤り，あるいは添付書類の不備などがあるため，届出人において届書の補正をしたが，なお不備があ

り補正ができない場合は，市区町村長は，その届出を受理することができないので，不受理とするほかありません。

　婚姻の届出が市区町村役場の窓口に提出されたときは，まず受付（届書を受領すること）をし，引き続いて届出事件の本人であることの確認をすることになります。その確認ができない場合は，次に当該届出について不受理申出の有無を調査します。不受理申出がされていないときは，引き続いてその届書の記載内容及び添付書類等の内容を書類上で調査します。これを一般的に届書の審査と呼びます。

　なお，届書の審査は，届書の各欄に記載されている内容及び添付書類によって，婚姻の実質的成立要件を備えており適正であると認められるときは，その届出は受理されることになります。

　ただし，不受理申出がされているときは，受理されないことになります（戸27条の2第4項）。

　市区町村長が届書の審査をしたときに，もし書類上の不備があるときは，まず届出人において補正する機会があるので，いきなり不受理になることはありません。不受理となる場合は，冒頭に述べたような場合です。

　不受理となる前に，届出人が届出を取下げをする場合については，Q99を参照願います。

〔注〕　婚姻の届出書類に不備がある場合は，受理前であればそれらの届書類を補正し，受理後であれば追完届によって不備を補うことになります（戸44条・45条）。また，報告的届出については，当該届出を届書として受理できないときは，市区町村長はその届出書類を資料として，管轄法務局の長の許可を得て職権で戸籍の記載ができる場合もあります。したがって，事案にもよりますが，不受理となるときでも，市区町村長は事前に管轄法務局の長の指示を求めた上で，受理するか否かを決定する場合があります（標準準則22条・23条）。

　　〔参考文献〕　「改訂戸籍届書の審査と受理」21頁以下，「設題解説戸籍実務の処理Ⅱ」160頁以下，「初任者のための戸籍実務の手引き（改訂新版第六訂）」11頁以下

Q95

婚姻の届出が不受理とされたときは，届出人に不受理にした旨の通知がされますか。

A　不受理の通知はしない取扱いですが，不受理の場合は，その届書を届出人に事実上返戻することになりますから，そのことが不受理の旨を表しています。

　なお，不受理申出がされている届出について，当該届出がされた場合，申出人について当該届出の届出事件本人であることの確認ができないときは，不受理とされます（戸27条の2第4項）。その場合は，申出人に対し，当該届出があったが受理しなかった旨の通知をすることになっています（同条第5項）。当該通知については，Q84を参照願います。

　〔注〕　不受理とは，届出を不適当なものと判断して，受付を拒否する行政処分とされています。届出を不受理とした場合は，当該届書類を事実上届出人に返戻する取扱いをするだけで，届出を却下決定するというような積極的な行政処分をすることにはなっていません（大正4．8．2民1237号回答）。

　　不受理処分をした届出については，不受理処分整理簿に不受理処分の年月日，届書の返戻年月日，事件の内容，不受理の理由を記載することになっています（標準準則31条）。これは当該届出の不受理処分の経緯を明確に記録し，後日，不受理証明書の請求に備えておくためです。

　〔参考文献〕「改訂戸籍届書の審査と受理」24頁以下，「設題解説戸籍実務の処理Ⅱ」190頁以下，「初任者のための戸籍実務の手引き（改訂新版第六訂）」11頁以下・311頁以下，戸籍法の改正関係―「戸籍」798号，799号，801号

　　戸籍法施行規則の改正関係―「戸籍」814号，843号

　　戸籍法及び戸籍法施行規則の一部改正に伴う戸籍事務の取扱いに関する通達（平成20．4．7民一1000号通達）の解説―「戸籍」815号，戸籍法施行規則等の一部改正に伴う戸籍事務の取扱いに関する通達（平成22．5．6民一1080号通達）の解説―「戸籍」844号

4　受理又は不受理の証明書

Q 96

婚姻の届出を証明する必要があるため，受理証明書の交付を請求したいが，どのようにすればよいですか。

A　受理証明書は，届出人からの請求により交付されます（戸48条1項）。

請求する場合は，届出が受理されたことを確認してから，届出をした市区町村役場の窓口で受理証明書の交付請求書を提出します。

なお，証明書の交付請求をする場合は，請求者は運転免許証等を提示する方法により，その者を特定する事項を明らかにしなければなりません（〔注〕2参照）。

また，証明書の発行方法等は，戸籍法施行規則第66条に規定されており，書式は，同規則附録第20号又は第21号書式により作成されます。

〔注〕
1　婚姻届が住所地（所在地）の市区町村役場に届出された場合，戸籍の記載は，届書が夫婦の新本籍地及び従前の本籍地の市区町村役場に送付（戸規26条）されてからになるので，婚姻の届出をしたことを戸籍謄本抄本・戸籍の全部事項証明書等によって証明するには，若干の日時を要することになります。そこで，届出が受理されたことを直ちに証明する必要があるときは，受理証明書によってすることになる場合があるので，その請求がされることがあります。
2　また，外国人同士の婚姻届の場合は，戸籍に記載されることはないので，婚姻の届出がされたことを証明するために，受理証明書の請求がされる場合，又は婚姻届の記載事項証明書（いわゆる婚姻届書の写し）の請求がされる場合があります。
3　届出人が届出の受理又は不受理の証明を請求する場合は，戸籍法第48条第3項の規定により，同法第10条第3項及び第10条の3の規定が準用されるので，現に請求の任に当たっている者を特定する方法等及び権限確認は，平成20年4月7日民一第1000号通達第1の5(1)ア，第1の5(2)ア(ｱ)並びに第1の6(1)ア(ｱ)，(ｲ)及び第1の6(2)と同様の取扱いをすることとされています（同通達第3参照）。

〔**参考文献**〕「設題解説戸籍実務の処理Ⅰ」303頁以下，「新版Q&A戸籍公

開の実務」188頁以下,「初任者のための戸籍実務の手引き(改訂新版第六訂)」11頁以下

Q 97

婚姻の届出が,届書の記載の誤り又は添付書類等の不備などにより,届出人においてその補正をすべきところ,それができなかったため不受理になりました。
その届出が不受理になったことを証明するため,その証明書が必要になりましたが,どのようにすればよいですか。

A　不受理証明書は,届出人からの請求によって交付されます(戸48条1項)。

　請求する場合は,届出が不受理とされた場合は,婚姻の届書が返戻されるので,それを確認してから,届出をした市区町村役場の窓口で不受理証明書の交付請求書を提出します。

　なお,証明書の交付請求をする場合は,請求者は運転免許証等を提示する方法等により,その者を特定する事項を明らかにしなければなりません(〔注〕2参照)。

　証明書の発行方法等は,戸籍法施行規則第66条に規定されており,書式は,同規則附録第20号書式により作成されます。

〔注〕
1　届出人は,届出が不受理とされた場合は,不受理処分を不当として家庭裁判所に不服申立てをすることができます(戸121条)ので,その不服申立書に添付するため,不受理証明書の請求がされる場合があります。
　なお,不受理証明書は,不受理処分整理簿(標準準則31条・55条)に基づいて発行することになります。
2　届出人が届出の受理又は不受理の証明を請求する場合は,戸籍法第48条第3項の規定により,同法第10条第3項及び第10条の3の規定が準用されるので,現に請求の任に当たっている者を特定する方法等及び権限確認は,平成

20年4月7日民一第1000号通達第1の5(1)ア，第1の5(2)ア(ア)並びに第1の6(1)ア(ア)，(イ)及び第1の6(2)と同様の取扱いをすることとされています（同通達第3参照）。

〔**参考文献**〕「設題解説戸籍実務の処理Ⅰ」303頁以下，「設題解説戸籍実務の処理Ⅱ」190頁以下，「初任者のための戸籍実務の手引き（改訂新版第六訂）」11頁以下

Q 98

住所地の市区町村長に届出をした婚姻の届出書類が，本籍地の市区町村長に送付されたが，まだ戸籍の記載がされていなかったので，戸籍謄抄本等の代わりに，婚姻届の受理証明書の交付を請求しました。この証明書の交付は受けられますか。

A　この場合，本籍地の市区町村長は届書を受理した市区町村長ではないため，受理証明書の交付は受けられません。

受理証明書は，届出を受理した市区町村長が，届出人のからの請求に応じて発行するものです（戸48条1項）。したがって，届書の送付を受けた市区町村長は，届書の送付を受けただけで受理はしていませんので，受理証明書の発行はできないことになります（昭和34.7.10鳥取県戸籍事務協議会総会決議三）。

この場合，受理証明書が必要なときは，婚姻の届出をした市区町村長に請求することになります。

〔注〕 届書を受理し，又は送付を受けたときは，届書に受附番号及び年月日を記載し（戸規20条1項），戸籍受附帳に記載したのち（戸規21条1項），遅滞なく戸籍の記載をしなければならない（戸規24条）とされています。本問の場合，本籍地の市区町村長は遅滞なく戸籍の記載をし，戸籍謄抄本によって対応すべきものと考えます。

〔**参考文献**〕「設題解説戸籍実務の処理Ⅱ」194頁以下，「新版Q＆A戸籍公開の実務」188頁以下

5　届出の取下げ

Q99

婚姻の届出が不受理となる前に，届出人が届出を取り下げることはできますか。

A　届書の記載又は添付書類に不備があり，届出人において補正ができないときは，不受理になりますが，その不受理の処分がされる前に，届出人において届書類を整えて再度提出するため，取り下げることができます。

〔注〕　届出人の申出によって，取下げをすることができるのは，原則として届出が受理又は不受理の処分をする前に限られるとされています（昭和23．12．1民事甲1998号回答，昭和52．4．4民二1861号回答）。

　なお，創設的婚姻の届出には届出期間の定めはありませんが，届出を取り下げて再提出する場合の受付日は，再提出の日であり，取下げ前の提出した日にさかのぼることはないので，留意が必要です。

　また，市区町村役場においては，取下げの場合も不受理処分の場合に準じて，届出の経緯を明確におくため戸籍発収簿に記載しておく必要があるものと考えます（標準準則28条・30条・31条）し，さらに取下げの意思を明確にさせる趣旨で届出人からの取下書の提出を求めることになるものと考えます（取下書には届出人が署名し，届書に押印したものと同じ印鑑の押印を求めます。）。

〔**参考文献**〕「改訂戸籍届書の審査と受理」27頁，「設題解説戸籍実務の処理Ⅱ」197頁，「初任者のための戸籍実務の手引き（改訂新版第六訂）」14頁

6　婚姻届が即日に受理決定ができない場合

(1)　届書の補正又は追完

Q100

婚姻の届出を市区町村役場の執務時間の終わる直前にしたが，その日に受理されますか。

A　　特に問題がなければその日に受理されることになると考えます。

しかし，執務時間内に処理できないことも考えられますので，その場合は，届出された日を婚姻届書の欄外余白に，標準準則付録第22号ひな形の印判を押して，受領の年月日及び収受番号（戸籍発収簿の進行番号）を記載して，戸籍発収簿に婚姻届の内容を記載します（標準準則30条1項）。

本問の場合，届書の審査が翌日以降になるときは，受理の決定も翌日以降になりますが，その場合の日付は，受理決定の日ではなく，届書を受領した日になります。ただし，受理番号は受理の決定をし，戸籍受附帳に記載するときの番号になります（戸規20条1項）。

なお，本問の場合において，届出を受理したときは，先に婚姻届の内容を記載した戸籍発収簿の該当箇所の「備考」欄に，その届出を受理した旨を記載します（標準準則30条2項）。

〔注〕　届書を受領したとき，実務上は，届書の「受理年月日」欄に受領した年月日を記載します（一般には年月日のゴム印を押す）。即日に受理決定となったときは，戸籍受附帳の番号を届書の「受理年月日」欄の番号の箇所に記載します。その後，届出の内容を戸籍受附帳に記載し，事務処理工程に沿って処理を進めることになります。なお，受理決定前において，本人確認及び不受理申出の有無の確認を要するのはいうまでもありませんが，そのことについては，Q69からQ87を参照願います。

これに対し，即日に処理ができない場合は，届出の受領の経緯を明確にしておく必要から，戸籍発収簿の記載など，前記のとおりの手続をします。

なお，婚姻の届出が市区町村役場に出頭した者によってされた場合には，出頭した者が届出事件の本人であることの確認をする必要がありますが，即

日に受理決定ができないときは，この本人確認ができない場合が生じることも考えられるので，そのときは，本人確認ができないものとして処理することになります。その場合でも，翌日以降の審査において，当該届出についての不受理申出がされているか否かの確認は要します（戸27条の2第4項，平成22．5．6民一1080号通達第2の5(3)2(1)）。

〔参考文献〕「設題解説戸籍実務の処理Ⅱ」164頁以下，「改訂戸籍届書の審査と受理」21頁以下，「初任者のための戸籍実務の手引き（改訂新版第六訂）」12頁以下，「戸籍」815号63頁以下

Q 101

婚姻の届出を市区町村役場の執務時間の終わる直前にしたが，その日に受理できないので，届書の審査は翌日になるといわれました。届書の記載の誤りによる書類の補正等ついては，届出人に連絡がされますか。

A　審査の結果，適正な届出であればそのまま受理されますが，受理した旨の通知は特にされません。もし，審査の結果，書類に不備があり，書類の補正を要するときは，届出人にその旨の通知がされますので，市区町村の役場の窓口で届出書類の補正をすることになります。

　この通知があったときに，届出人が書類の不備を補正しないときは，届出が受理できないこともありますので，その場合は，届出人において届出の取下げをするか，取下げしないときは，不受理処分になります（取下げについては，Q99を参照願います。）。

　なお，届出の審査が翌日になる場合にあっては，届出人の本人確認や確認できない者がある場合の通知（戸27条の2第1項・第2項），及び不受理申出の有無の確認が未了になります。それらについては，Q100の〔注〕を参照願います。

〔注〕　補正しても受理できない場合又は届出人が補正に応じない場合は，市区町村長は，当該届出を受理できないことになります。したがって，届出の取下

げ又は不受理処分にするほかありませんが，事案によっては，市区町村長は，事前に管轄法務局の長に指示を求めた上で，受否を決定する場合も生じるでしょう（標準準則23条1項）。

なお，届出の取下げ又は不受理処分にした場合でも，報告的婚姻の届出には届出期間の定めがあることを届出人に周知する必要があります（戸41条）。

〔**参考文献**〕「設題解説戸籍実務の処理Ⅱ」160頁以下・197頁以下・311頁以下，「初任者のための戸籍実務の手引き（改訂新版第六訂）」11頁以下・13頁

Q102

婚姻の届出が受理されたが，その後に，戸籍に記載できない書類上の不備があるので，追完の届出をするようにと市区町村役場から通知がありました。どのようにしたらよいですか。

A　市区町村役場では，婚姻の届出を受理し（民739条・740条），戸籍受附帳に記載した後（戸規21条），戸籍に記載することになります（戸規24条）が，その際に届書の記載に誤りがあって，戸籍に記載できないことを発見する場合がまれにあります。その場合は，婚姻の届書の記載の不備を補う追完届の提出を，届出人に求めることになります（戸45条）。

どのような追完届をするかは届書の不備の内容によりますので，市区町村役場の窓口で知らせてくれます。追完届が提出されたときは，その届と基本の婚姻届によって戸籍の記載がされることになります。

〔注〕　婚姻の届出を受理した後において，届書の記載に不備があり戸籍の記載ができない場合が生じるときとは，そもそも当該届出はその不備の箇所を審査中に発見し，これを補正させた上で受理すべきであったことになります。しかし，その不備を見過ごしてこれを誤って受理した場合は，届出による戸籍の記載ができないことになります。その場合は，戸籍の記載ができるように届書の不備を届出人において補う必要があります。これが追完届です。

追完届は，原則として戸籍の記載前にすることになります。戸籍の記載後

は，戸籍訂正によるのが原則ですが，事案によっては戸籍の記載後に追完届が認められることがあります。その詳細は，下記の参考文献を参照願います。

〔**参考文献**〕「設題解説戸籍実務の処理Ⅱ」325頁以下，「設題解説戸籍実務の処理XVII」244頁以下，「全訂戸籍訂正・追完の手引き」331頁以下・366頁以下

Q 103

婚姻の届出を受理し，戸籍受附帳に記載した後，戸籍に記載する際に届書の記載に誤りがあることを発見したが，その誤りが戸籍の記載に差し支えない場合は，届出人に補正を求めるまでもなく，市区町村役場において処理するとされているようですが，具体的にはどのような手続きをするのですか。

A　届出を受理した後，届書に軽微な不備を発見した場合において，その不備が戸籍の記載をするについて影響がない場合は，届出人に追完届の提出（戸45条）を求めるまでもなく，市区町村長において，便宜，不備の箇所を補正した上で処理することが認められています（標準準則33条）。

　この場合は，標準準則付録第24号書式のひな形の符せんを届書に貼付し，その符せんに必要事項を記載します。また，その符せんを貼付する代わりに同書式のひな形の印判を届書の余白に押して，その印判の箇所に必要事項を記載する方法でもよいとされています（標準準則33条）。

〔**参考文献**〕「改訂戸籍届書の審査と受理」133頁以下，「設題解説戸籍実務の処理XVII」5頁以下，「設題解説戸籍実務の処理Ⅱ」312頁以下，「初任者のための戸籍実務の手引き（改訂新版第六訂）」13頁以下

(2) 受理照会を要する届出

Q 104

婚姻の届出がされたときに、市区町村長が、管轄法務局の長に指示を求めるのは、どのような場合ですか。

A 次のような場合ですが、これに限られるものではありませんから、届出の受理又は不受理について疑義が生じたときは、照会することになります（標準準則23条）。

1 婚姻届が市区町村の窓口に出頭した者によってされた場合において、出頭者の確認の結果、当該届書が偽造されたものである疑いがあると認められる場合（平成20.4.7民一1000号通達第5の1(2)）

2 婚姻届の不受理申出の受理又は不受理について疑義がある場合（平成22.5.6民一1080号通達第2の5(2)1(6)）

3 婚姻届の不受理申出の取下げの受理又は不受理について疑義がある場合（前掲民一1080号通達第2の5(5)6(5)）

4 外国人を当事者とする創設的婚姻届において、婚姻要件具備証明書の添付がされず、当該外国人当事者の本国法の規定内容が判明しない場合

5 その他受理について疑義がある婚姻の届出の場合（戸規82条）

〔参考文献〕「設題解説戸籍実務の処理Ⅱ」177頁以下、「初任者のための戸籍実務の手引き（改訂新版第六訂）」15頁以下

(3) 執務時間外の届出

Q 105

婚姻の届出が執務時間後に庁舎管理室，守衛室又は宿直室に提出された場合は，どのように取り扱いますか。

A 休日又は執務時間外に戸籍の届出並びに不受理申出及び取下げがあったときは，受領しなければならないとされています（標準準則24条1項）。

1 休日又は執務時間外において，職員が対応する場合，又は市区町村長が嘱託職員等として任命し，地方公務員と同等の職責を課した者が対応する場合においては，執務時間内と同様の取扱いを行うことができます。したがって，その場合は次のように取り扱うものとされます。

(1) 届出によって効力を生ずべき認知，縁組，離縁，婚姻又は離婚の届出については，届書の欄外余白に，受付の日時分，市区町村の窓口に出頭した者を特定するために必要な事項の確認及び通知の有無を記載します（標準準則24条2項1号）。

(2) (1)以外の届書については，受領の日時を記載します（同条2項2号）。

(3) 不受理申出及びその取下げがあったときは，受付の日時分及び市区町村の窓口に出頭した者を特定するために必要な事項の確認をし，その事項を記載します（同条2項3号）。

2 しかし，市区町村長から任命行為を受けていない警備員等のみが対応する場合は，前記1の取扱いができないので，次のように取り扱うものとされます。

(1) 届出によって効力を生ずべき前掲の届出等については，本人確認を行わせることができないと解されることから，届書については，本人確認ができていない届書として受領し，本人確認通知を行うものとされています（「戸籍」818号74頁）。

(2) 不受理申出及びその取下げがあったときには，(1)と同様に申出等をしようとする者を特定するために必要な事項の確認を行うことができないことから，不受理申出又はその取下げの書類は受領できないことになると考えられています（「戸籍」815号79頁）。

〔注〕 休日又は執務時間外における不受理申出又はその取下げについては，その申出人であることの確認を前記の警備員に行わせることができないため，当該申出書を受領することができない場合は，改めて通常の窓口業務の時間中に行うことになるものと考えられています（「戸籍」815号79頁）。
　〔**参考文献**〕「戸籍」815号78頁以下，818号74頁

第5 婚姻の効果

1 婚姻による夫婦同氏の原則

Q106

婚姻の届出をする場合，必ず夫になる者又は妻になる者の氏のいずれかを選択しなければなりませんか。

A 夫婦は，婚姻の際の協議によって，夫になる者又は妻になる者のいずれかの氏を称することになります（民750条）。夫婦の協議で定めた氏は，婚姻の届書に記載して届出することになります（戸74条1号）が，夫婦は，婚姻中は必ず同一の氏を称しなければなりません（夫婦同氏の原則）。当然のことですが，夫婦は夫又は妻以外の第三の氏を選択することはできません。

なお，Q182を参照願います。

〔注〕 いわゆる「選択的夫婦別氏制度」については，Q183を参照願います。また，日本人が外国人と婚姻した場合の氏については，Q184を参照願います

〔参考文献〕 「改訂設題解説戸籍実務の処理Ⅴ(1)」89頁以下

Q107

日本人が外国人と婚姻の届出をする場合，夫になる者又は妻になる者の氏（姓）のいずれかを選択しなければなりませんか。

A 婚姻の際に，夫になる者又は妻になる者のいずれかの氏を定めなければならないとする民法第750条の規定は，日本人と外国人の婚姻の

場合には適用がないと解されています(昭和26．4．30民事甲899号回答，昭和26．12．28民事甲2424号回答，昭和40．4．12民事甲838号回答，昭和42．3．27民事甲365号回答)。したがって，日本人の氏に変更はありません。

なお，Q184を参照願います。

〔**参考文献**〕「改訂設題解説戸籍実務の処理Ⅴ(1)」287頁以下,「改訂設題解説渉外戸籍実務の処理Ⅱ」113頁以下

2　婚姻による成年擬制

Q108

未成年者が婚姻をすると，成年に達したものとみなされるのはどうしてですか。それは20歳になったことになるのですか。

A　民法は，「未成年者が婚姻をしたときは，これによって成年に達したものとみなす。」(民753条)としています。これは，未成年者は，親の同意を得て婚姻したことによって，成年者と同一の能力を与え得るほどに成熟したことが保障された趣旨とされています。つまり，この規定は，精神能力が成熟したことを前提に，夫婦共同生活の独立性を尊重しようとする趣旨と解されています(我妻「親族法」93頁)。

未成年者が成年擬制されたことによって，婚姻によって私法上のすべての関係において成年者と同じ取扱いを受け，親権者又は未成年後見人の同意を得ることなく，単独で有効に法律行為をすることができることになります。これは権利を得るとともに義務を負うことを意味します。

なお，成年擬制は，成人年齢の20歳を擬制するものではありませんから，未成年者飲酒禁止法，未成年者喫煙禁止法に規定する「満20年以上の者」，「満20年ニ至ラサル者」には該当しないので，これらの法

令の適用においては未成年者とされます。

〔参考文献〕「改訂親族法逐条解説」101頁以下,「改訂設題解説戸籍実務の処理Ⅴ(1)」105頁以下

Q 109

婚姻によって成年に達したとみなされた者が，20歳になる前に離婚したときは，また未成年者に戻ることになりますか。

A　戸籍の実務上は，原則として成年擬制の効果は存続するとしています。しかし，婚姻適齢（民731条）に達しない間に婚姻の届出がされ，それが誤って受理されている場合は，取り消されるまでは有効とされています（民748条）が，その婚姻が，婚姻適齢に達しない間に解消又は取り消された場合にのみ未成年者に戻るとされています（昭和30.5.28民事二発201号回答）。

　なお，婚姻適齢に達しない間に婚姻をし，それを理由とする婚姻取消しの裁判が確定した場合において，裁判確定のときに婚姻適齢に達している場合は，成年擬制の効果は存続するものとされています（昭和31.2.18民事二発60号回答）。

〔注〕　本問については，未成年者に戻るという見解と，成年擬制の効果が存続するという見解とがあります。婚姻解消の場合には，①未成年者に戻るという見解は，成年擬制が婚姻関係の尊重と夫婦の協力による相互の能力補充に着眼した制度であるから，婚姻の解消とともに能力を失うものとすべきであるとするものです（谷口「親族法」70頁，末川「新版民法（下の1）」83頁）。②これに対し，成年擬制の効果が存続するという見解は，婚姻の体験の重視，取引の安全，未成年者に戻すことによる法律関係の複雑化を理由とするものです（我妻「親族法」94頁，青山「家族法論」92頁，我妻・立石「親族法・相続法」101頁）。

　婚姻取消しの場合においても，①婚姻解消の場合と異ならないとするもの，②婚姻取消しの裁判確定によって未成年に戻るとするもの（島津「註解親族

法」86頁），③不適齢婚による婚姻取消しの場合にのみ未成年に戻るとするもの（於保「註解親族法（上）」184頁）などがあります。
〔参考文献〕「改訂親族法逐条解説」101頁以下，「改訂設題解説戸籍実務の処理Ⅴ(1)」12頁以下・111頁以下

3　父母の婚姻による子の準正（婚姻準正）

Q 110

母の戸籍に在籍する子が，父に認知された後，父母が夫の氏を称する婚姻をした場合，子の身分上に変更がありますか。また，戸籍はどのようになりますか。

A　父に認知された子は，父母の婚姻により嫡出子の身分を取得します（民789条1項）。本問の子が，父の認知のみだけであれば，法律上の親子関係が生じるだけで，嫡出でない子であることに変わりがありません。しかし，その後に父母が婚姻したときは，前述のとおり嫡出子の身分を取得することになります。

このように嫡出でない子が嫡出の身分になることを準正といい，嫡出子の身分を取得した子を準正嫡出子又は準正子といいます。

しかし，準正嫡出子は，当然に父母の氏を称し，父母の戸籍に入籍することにはなりません。父母の氏を称し，父母の戸籍に入籍するには，入籍の届出を要します（民791条2項，戸98条）。

〔注〕　本問の子は，父に認知され，母の戸籍に在籍しているところ，その後，母が父と婚姻し，夫婦が夫の氏で新戸籍を編製し（戸16条1項），母がその戸籍に入籍したため，子と母が氏を異にすることになった事案です。この場合，子が父母の戸籍に入籍するには，父母が婚姻中であれば家庭裁判所の許可を得ないで，入籍届により父母の戸籍に入籍することができます（民791条2項，戸98条，昭和62.10.1民二5000号通達第5の1(1)）。

〔参考文献〕「改訂設題解説戸籍実務の処理Ⅴ(1)」113頁以下・116頁以下

婚姻の無効・取消し

Q 111

婚姻が無効になるのは，どのような場合ですか。その場合，戸籍はどのようになりますか。

A　婚姻が人違いその他の事由によって，当事者間に婚姻をする意思がないときは無効とされます（民742条1号）。

1　婚姻無効について，判例及び先例における事例としては，次のようなものがあります。

(1)　当事者の一方が勝手に婚姻の届出をし，他方に婚姻の意思がない場合（大正9.9.18大審院判決・民録26輯1375頁）

(2)　婚姻の届出を受理した後，当事者の一方が婚姻の届出前に死亡していることが判明した場合（昭和16.5.20大審院判決・民集20巻629頁，昭和24.11.14民事甲2651号回答）

(3)　当事者間に婚姻の意思も夫婦共同生活関係の事実もなく，他の目的のための方便として婚姻届がされた場合（昭和29.8.24東京地裁判決・判例時報34号19頁，昭和29.11.30新潟地裁判決・下民集5巻11号1968頁）

(4)　当事者双方が有効に婚姻届書を作成し，一方が届出をすることとした後，他方がその届出前に相手方に婚姻意思の撤回を表示したが，その後に相手方によって届出がされた場合（昭和29.10.5大阪地裁判決・下民集5巻10号1675頁）

(5)　妻の氏を称する婚姻をした夫婦が，夫の氏の婚姻に変更するための便法として，協議離婚と婚姻の届出を同時にした場合（昭和36.11.16第13回大分県連戸住協決議・昭和37.4.28民事二発157号変更指示，昭和39.10.1新潟県戸住協決議）

(6) 婚外子に嫡出子としての身分を取得させるための婚姻届において，届出自体に男女間に意思の合致があっても，真に社会生活上夫婦と認められることを欲する効果意思がない場合（昭和44.10.31最高裁判決・民集23巻10号1894頁）

2 婚姻無効の場合の戸籍の訂正

婚姻が無効であるときは，戸籍訂正手続により当該戸籍を婚姻がなかった状態に訂正することになります。

婚姻の無効については，通常は，戸籍の記載からは判断できないので，婚姻無効確認の確定判決（審判）を得て，戸籍訂正申請によって訂正することになります（戸116条）。

なお，婚姻が無効であることが戸籍面上から明らかな場合（例えば，上記1の(2)）は，戸籍法第114条の規定により，家庭裁判所の許可審判を得て戸籍訂正申請により訂正することになります。また，事案によっては（例えば，上記1の(4)），同法第24条第2項の規定により，管轄法務局の長の許可を得て訂正できる場合もあります（平成22.5.6民一1080号通達第2の5(4)5(3)）。

〔**参考文献**〕「改訂設題解説戸籍実務の処理Ⅴ(1)」119頁以下・122頁以下・124頁以下

Q 112

婚姻が取り消されるのは，どのような場合ですか。その場合，戸籍はどのようになりますか。

A　1　取消しの対象となるのは，婚姻の実質的成立要件を欠く次のような婚姻です。

(1) 婚姻適齢に達していない場合（民731条）

(2) 重婚（民732条）

(3) 再婚禁止期間中の婚姻（民733条）

(4) 近親婚（民734条から736条）

(5) 詐欺，強迫による婚姻（民747条）

2 婚姻の取消しは，各当事者，その親族又は検察官から，家庭裁判所に請求することになりますが，検察官は，当事者の一方が死亡した後は請求できないとされています（民744条1項）。また，重婚の取消し請求及び再婚禁止期間の婚姻の取消し請求は，当事者の配偶者又は前配偶者も請求ができるとされています（同条2項）。

なお，次の場合は，婚姻の取消し請求はできません。①婚姻適齢に達しない者の婚姻は，その者が適齢に達したとき（民745条1項），又は適齢に達した後に追認したとき（同条2項），②再婚禁止期間内にした婚姻は，前婚の解消若しくは取消しの日から起算して100日を経過し，又は女が再婚後に出産したとき（民746条），③詐欺又は強迫によって婚姻した者は，その当事者が詐欺を発見し，若しくは強迫を免れた後3か月を経過し，又は追認をしたとき（民747条2項）。

前記の1の(1)から(4)までの場合は，反社会性のある場合として，公益的な理由による取消しとされ，1の(5)は，当事者の自由な意思決定を阻害するものとして，私益的理由による取消しとされています（中川「改訂親族法逐条解説」77頁以下）。

3 取消しの裁判が確定したときは，いったん有効に成立した婚姻は，将来に向かって消滅し，取消しの効果は遡及しません。

訴えを提起した者（調停の申立人）は，裁判確定の日から10日以内に裁判の謄本及び確定証明書を添付して，婚姻取消届を市区町村長に届出をすることになります（戸75条1項・63条1項）。また，訴えを提起した者（調停の申立人）が，法定期間内に届出をしないときは，相手方からも届出をすることができます（戸75条1項・63条2項）。

4 婚姻が取り消された場合，その効果は，前述のとおり遡及しないので，当該戸籍は，婚姻取消届により離婚の場合に準じて処理されることになります。したがって，婚姻により氏を改めた者は，婚姻の取消しによって婚姻前の氏に復することになり（民749条・767条），

未成年の子があるときは、親権者の指定をする必要があります（民749条・819条2項・3項・5項・6項）。

〔注〕 婚姻の取消し請求は、人事訴訟法による訴えを提起（同法2条1号）する前に、まず、家庭裁判所に調停の申立をすることになります（調停前置主義・家事法257条）。

〔**参考文献**〕 「改訂設題解説戸籍実務の処理Ⅴ⑴」130頁以下・132頁以下，「届書式対照戸籍記載の実務（上）」334頁以下

第7 婚姻による戸籍の変動

1 婚姻による夫婦の戸籍

Q113

婚姻によって夫になる者又は妻になる者の戸籍は，どのようになりますか。

A 「夫婦は，婚姻の際に定めるところに従い，夫又は妻の氏を称する。」（民750条）とされています。したがって，婚姻届書には「夫婦が称する氏」を記載することになります（戸74条1号）。

1 この場合の戸籍の編製は，夫になる者及び妻になる者がともに，婚姻前の戸籍において，戸籍の筆頭者でない場合は，夫婦について新戸籍が編製され，夫の氏を称するときは，夫を筆頭者とする戸籍を編製します。また，妻の氏を称するときは，妻を筆頭者とする戸籍を編製します（戸16条1項本文）。

2 夫になる者又は妻になる者が婚姻前の戸籍において，戸籍の筆頭者である場合は，夫の氏を称する婚姻のときは，夫が既に戸籍の筆頭者ですから，夫婦について新戸籍を編製せず，妻が夫の戸籍に入籍します。反対に，妻の氏を称する婚姻の場合に，妻が既に戸籍の筆頭者である場合は，夫婦について新戸籍を編製せず，夫は妻の戸籍に入籍します（戸16条1項ただし書・2項）。

3 夫になる者が戸籍の筆頭者ではなく，妻になる者が戸籍の筆頭者であるときに，夫の氏を称する婚姻の場合は，夫を筆頭者とする夫婦の新戸籍が編製され，妻がその戸籍に入籍します。反対に，妻の氏を称する婚姻の場合は，妻の戸籍に夫が入籍することになりますので，夫婦について新戸籍は編製しません。

なお，Q134・Q135及び事例1以下を参照願います。

〔参考文献〕「改訂設題解説戸籍実務の処理Ⅴ(1)」283頁以下

Q 114

外国人と婚姻をした日本人の戸籍は，どのようになりますか。

A 　日本人と外国人の婚姻においては，夫婦の氏を規定する民法第750条の規定は，戸籍の実務上は適用されないと解されています（昭和26.4.30民事甲899号回答，昭和26.12.28民事甲2424号回答，昭和40.4.12民事甲838号回答，昭和42.3.27民事甲365号回答）。

　1　外国人と婚姻をした日本人が，戸籍の筆頭者でない場合は，その者について現在の氏で新戸籍を編製し，「配偶者」欄を記載し，「身分事項」欄に外国人との婚姻事項を記載します（戸16条3項本文，法定記載例73・74・75，昭和59.11.1民二5500号通達第2の1・2）。

　2　外国人と婚姻をした日本人が，戸籍の筆頭者である場合は，その戸籍に「配偶者」欄を記載し，「身分事項」欄に外国人との婚姻事項を記載します（戸16条3項ただし書，法定記載例76）。

　なお，Q184を参照願います。

〔注〕　上記1については，事例10から事例13を，2については，事例14・事例15を参照願います。
　　〔参考文献〕「改訂設題解説戸籍実務の処理Ⅴ(1)」287頁以下

2　外国人と婚姻をした者の氏の変更

Q 115

外国人と婚姻をした日本人が，外国人が称している氏に変更する場合は，どのようにしたらよいですか。

A　外国人と婚姻をした日から6か月以内に限り，家庭裁判所の許可を得ないで，戸籍の届出によって，外国人の称している氏に変更ができます（戸107条2項）。この期間を経過してから変更をする場合は，家庭裁判所の許可を得なければなりません（同条1項）。

　この氏変更は，民法上の氏の変更ではなく，戸籍法上の呼称の変更とされていますが，変更することについて家庭裁判所の許可を要しないことから，戸籍法第107条第1項の特則とされています。

　なお，変更できる氏は，婚姻した外国人の氏ですが，その氏は，日本人の戸籍の身分事項欄の婚姻事項中に記載されているので，その氏に限られます。したがって，その氏と異なる氏に変更する届出は認められないことになります。

　もっとも，外国人の称している氏と異なる氏への変更について，戸籍法第107条第2項によらずに，別途，同条第1項の規定により家庭裁判所の許可を得ている場合は，当然認められることになります。

〔注〕　婚姻の日から6か月の計算は，婚姻成立の日を初日に算入することになります（戸43条）。外国の方式で婚姻が成立した場合は，その日から期間が計算されますので，婚姻の証書謄本等が提出された日を基準にすることはできないので留意が必要です。

〔参考文献〕　「改訂設題解説戸籍実務の処理Ⅴ(1)」287頁以下，「改訂設題解説渉外戸籍実務の処理Ⅱ」117頁以下

第8 渉外婚姻の報告的届出

1 届出期間

Q 116

日本人同士が，外国においてその国の方式で婚姻をした場合は，いつまでに届出をしなければならないのですか。

A 3か月以内に在外公館の長に，婚姻証書の謄本を提出しなければなりません（戸41条1項）。その国に在外公館の長が駐在しない場合は，3か月以内に本籍地の市区町村長に，証書の謄本を発送しなければなりません（同条2項）。

なお，在外公館が置かれている場合でも，本籍地の市区町村長に対し郵送等又は第三者を使者として提出することができますし，当事者本人が証書の謄本を持ち帰って直接本籍地の市区町村長に提出することもできます（昭和5.6.19民事280号回答）。

〔注〕 戸籍の届出期間の末日が，届出地の市区町村役場の休日に当たるときは，その休日の翌日が当該届出等の期間の末日になります（昭和63.12.20民二7332号通達）。

〔参考文献〕 「改訂設題解説渉外戸籍実務の処理Ⅰ」243頁以下，「はじめての渉外戸籍」96頁，「設題解説戸籍実務の処理Ⅱ」407頁以下

Q 117

日本人と外国人が，外国においてその国の方式で婚姻をした場合は，いつまでに届出をしなければならないのですか。

A　婚姻の当事者である日本人は，3か月以内に在外公館の長に，婚姻証書の謄本を提出しなければなりません（戸41条1項）。その国に在外公館の長が駐在しない場合は，3か月以内に本籍地の市区町村長に，証書の謄本を発送しなければなりません（同条2項）。

　なお，在外公館が置かれている場合でも，本籍地の市区町村長に対し郵送等又は第三者を使者として提出することができますし，当事者本人が証書の謄本を持ち帰って直接本籍地の市区町村長に提出することもできます（昭和5．6．19民事280号回答）。

〔注〕　戸籍の届出期間の末日が，届出地の市区町村役場の休日に当たるときは，その休日の翌日が当該届出等の期間の末日になります（昭和63.12.20民二7332号通達）。

〔参考文献〕「改訂設題解説渉外戸籍実務の処理Ⅰ」243頁以下，「はじめての渉外戸籍」96頁，「設題解説戸籍実務の処理Ⅱ」407頁以下

Q 118

日本人と外国人が，在住する外国においてその国の方式ではなく，相手方である外国人の国の方式で婚姻をした場合は，いつまでに届出をしなければならないのですか。

A　婚姻の方式は，婚姻挙行地の法によることもできますが（通則法24条2項），当事者の一方の本国法に適合する方式も有効とされています（同条3項本文）。

本問は，この当事者の一方の本国法による方式によるものですから有効とされますので，婚姻の当事者である日本人は，3か月以内に在外公館の長に，婚姻証書の謄本を提出しなければなりません（戸41条1項）。

その国に在外公館の長が駐在しない場合は，3か月以内に本籍地の市区町村長に，証書の謄本を発送しなければなりません（同条2項）。

なお，在外公館が置かれている場合でも，本籍地の市区町村長に対し郵送等又は第三者を使者として提出することができますし，当事者本人が証書の謄本を持ち帰って直接本籍地の市区町村長に提出することもできます（昭和5.6.19民事280号回答）。

〔注〕 戸籍の届出期間の末日が，届出地の市区町村役場の休日に当たるときは，その休日の翌日が当該届出等の期間の末日になります（昭和63.12.20民二7332号通達）。

〔参考文献〕「改訂設題解説渉外戸籍実務の処理Ⅰ」243頁以下，「はじめての渉外戸籍」96頁，「設題解説戸籍実務の処理Ⅱ」407頁以下

Q119

外国の方式で成立した婚姻の報告的届出をする場合に，その届出期間の満了となる日が，日曜日その他の休日に当たり，市区町村役場の窓口が開いていないので，休日受付又は夜間受付の場所で届出をしたが，これでよかったですか。

A　届出期間の満了の日が，届出地の市区町村役場の休日に当たるときは，その翌日が期間満了の日になりますので，その翌日に届出してもよいことになります（昭和63.12.20民二7332号通達）。

本問は，翌日に届出してもよいところ，その前日の日曜日その他の休日に，休日受付又は夜間受付の場所で届出をしたというものですが，その届出は当然に受け付けられます。届出の日は，いうまでもなく受付された日になります。

〔注〕　市区町村長は日曜日，祝日又は平日の執務時間外でも戸籍の届出を受け付けることとされています（大正4．1．11民1800号回答，昭和31．12．25民事甲2878号回答）。

　　　また，戸籍の届出期間の末日が，届出地の市区町村役場の休日に当たるときは，その休日の翌日が当該届出等の期間の末日になります（前掲民二7332号通達）。なお，届出を怠った者に対する過料を規定する戸籍法第135条は，同法第41条の証書謄本の「届出又は発送」についてはこれに当たらないので同法施行規則第65条の失期通知は要しないとされています（平成10．7．24民二1374号通知）。

〔参考文献〕　「設題解説戸籍実務の処理Ⅱ」354頁以下

Q120

外国の方式で成立した婚姻の報告的届出をする場合に，その届出期間が満了となる日が，日曜日その他の休日に当たり，市区町村役場の窓口が開いていないので，窓口が開いているその翌日に届書を提出したが，届出期間が過ぎた届出になるのですか。

A　期間内の届出になります。

〔注〕　従来，届出期間の定めのある戸籍の届出については，日曜日，祝日又は平日の執務時間外でも戸籍の届出を受け付けることとされていましたから（大正4．1．11民1800号回答，昭和31．12．25民事甲2878号回答），期間の満了日が休日のときは，その日をもって満了するとされていました（昭和51．5．31民二3233号通達）。

　　　その後，行政機関の休日に関する法律の制定（昭和63年法律第91号），地方自治法の一部改正（昭和63年法律第94号）により，地方公共団体の休日が法定されるとともに，国の行政機関及び市区町村役場への届出等の期間の末日が休日に当たるときの期限の特例の規定が設けられました（行政機関の休日に関する法律2条，地方自治法4条の2第4項）。これに伴い戸籍事務においても，届出期間の末日が届出地の市区町村役場の休日に当たるときは，その休日の翌日が当該届出等の期間の末日とされました（昭和63．12．20民二7332号通達）。例えば，休日となる土曜日が期間の末日の場合は，翌週の月曜日が期間の満了日になります。

〔参考文献〕　「設題解説戸籍実務の処理Ⅱ」354頁以下

2　届出期間経過後の届出

Q 121

外国の方式で成立した報告的婚姻届（証書謄本の提出）が，届出期間が過ぎたときは，もう届出はできないのですか。

A　届出ができます。

　戸籍法第46条は，届出期間が経過した後の届出であっても，市区町村長はこれを受理しなければならないとしていますので，届出されたときは受理されます。

〔**参考文献**〕「設題解説戸籍実務の処理Ⅱ」357頁，「改訂設題解説戸籍実務の処理Ⅴ⑴」313頁以下

Q 122

外国の方式で成立した婚姻の報告的届出（証書謄本の提出）が，届出期間を過ぎているときは，届出が遅れた理由を市区町村役場の窓口で説明することになりますか。又は遅れたことについて理由書を提出することになりますか。

A　届出の遅れた理由の説明又は理由書の提出を要しないことになります。

　戸籍法第41条に規定する証書謄本の「提出又は発送」は，届出を怠った者に対する過料を規定する同法第135条の「届出又は申請」に当たらないとされています（平成10. 7. 24民二1374号通知）。したがって，前記の証書謄本の提出又は発送が，届出期間経過後にされた場合であっても，市区町村長は管轄簡易裁判所への失期通知（戸規65条）は

要しないとされています（前掲民二1374号通知）。

　前記の届出の遅れた理由の説明又は理由書の提出は，管轄簡易裁判所への失期通知の際に必要とされるものですが，本問は，その失期通知を要しない場合ですから，理由書等の提出は要しないことになります。

〔注〕「外国に在る日本人が，その国の方式に従って，届出事件に関する証書を作らせたときは，3箇月以内にその国に駐在する日本の大使，公使又は領事にその証書の謄本を提出しなければならない。」（戸41条1項）とされています。
　届出期間を経過した場合，一般的には戸籍法施行規則第65条の規定により市区町村長は，届出義務者の住所地を管轄する簡易裁判所に通知することになっています。この通知書には，届出義務者の届出が遅れた理由を記載することとされていますが，通知書の様式は，標準準則第41条の規定で「戸籍届出期間経過通知書」（付録第33号様式）とされています。同様式には「届出期間を経過した理由」欄と，その理由を申述する「届出義務者」の署名押印欄がありますので，届出人は，その箇所に理由を記載し署名をすることになります。しかし，戸籍法第41条に規定する証書謄本の提出は，上記のとおり同法第135条の「届出又は申請」に当たらないので，届出期間を経過した場合でも，前記の通知を要しないことになります。

〔参考文献〕「戸籍」678号73頁

3　届出の催告

Q 123

外国の方式で成立した婚姻の報告的届出（証書謄本の提出）が，届出期間を過ぎているときは，どのようになりますか。

A　市区町村長等は，在外の日本人について外国の方式により婚姻が成立している事実を知り得ないのが通常であり，したがって，届出期間を経過していることの把握ができないので，届出等の催告はできないことなります（戸44条3項・24条3項）。本問の場合は，届出人からの届出（証書謄本の提出）を待って処理することになります。

〔注〕 戸籍法は，すべての日本人について適用されます（属人的適用）。すなわち，日本人である場合は，日本国内に居住する場合はもちろん，国外にある場合でも戸籍法が適用されます。

これは，日本人である限り戸籍が編製されており，戸籍は，日本人の身分関係を登録し，これを公証するものであるから，出生，死亡はじめ婚姻，養子縁組等の身分変動を登録する必要があります。そのため，戸籍の届出がされないときは戸籍制度の目的を果たせないことになります。

ところで，日本国内で裁判離婚・離縁等が確定した場合は，裁判所から市区町村長に通知がされることから（例えば，家事規130条2項），戸籍の届出をすべき事項が市区町村長において判明するので，届出期間内に届出がされないときは，届出の催告ができます（戸44条）。しかし，本問のように外国において外国の方式で成立した届出事項については，市区町村長等はこれを把握し得ないため，催告ができないことになります。

〔**参考文献**〕「改訂設題解説渉外戸籍実務の処理Ⅰ」5頁以下，「改訂戸籍届書の審査と受理」58頁以下，「設題解説戸籍実務の処理Ⅱ」360頁以下，「初任者のための戸籍実務の手引き（改訂新版第六訂）」6頁

Q 124

日本人と外国人夫婦の離婚が，外国の裁判所で成立し，その離婚の届出が日本人当事者からされましたが，同人の戸籍には外国人との婚姻事項が記載されていません。この場合，どのようになりますか。

A　本問の場合，婚姻は外国の方式で成立しているものと考えられますが，日本人の当事者の戸籍に婚姻の記載がされないと離婚の記載ができないので，その者に婚姻証書の謄本の提出（婚姻届書に所要事項を記載したものを添付する。）を求めることになります（戸41条）。

この場合，日本人の当事者が婚姻証書の謄本の提出をしない場合は，市区町村長からその者に対し届出（証書の謄本の提出）の催告をします。それでも届出をしないときは，再度，催告をすることになります（戸44条1項・2項）。

前記の催告によっても届出がされない場合は，市区町村長は離婚届書類によって婚姻の記載ができるときは，管轄法務局の長の許可を得た上で職権で婚姻の記載をすることになります（戸44条3項・24条2項）。

〔注〕 届出期間経過後の証書の謄本提出に対する簡易裁判所への失期通知については，Q119・Q122を参照願います。

〔**参考文献**〕「改訂戸籍届書の審査と受理」58頁以下，「設題解説戸籍実務の処理Ⅱ」360頁以下，「初任者のための戸籍実務の手引き（改訂新版第六訂）」6頁

4　届出義務者

Q 125

日本人同士が，外国において外国の方式で婚姻をした場合，届出をするのはだれですか。

A　外国の方式で婚姻をし，その婚姻に関する証書が作成されている場合は，その証書の謄本の提出は，婚姻の報告的届出ということになりますので，当事者の一方からすることができます（昭和28．4．8民事甲561号回答）。

しかし，本問の場合は，夫婦の称する氏（民750条），夫婦の新本籍地の定め（戸30条）等について，夫婦が協議で定める必要がありますが，これらの事項は，証書の謄本に記載されていないものと考えられるため，それらの事項は婚姻届書を利用して，届書の該当欄に記載し，当事者双方が署名押印する必要があります。この書面は婚姻に伴う申出事項ということになりますが，夫婦の協議で決める事項ですから，双方が署名押印する必要があります。その意味では双方が届出人（申出人）ということもできます（昭和25．1．23民事甲145号回答）。

それらの事項を記載した婚姻届書は，証書の謄本の添付書類という

ことになりますが，実務上は，婚姻届書の「その他」欄に「平成○年○月○日○○○国の方式により婚姻。婚姻証書の謄本提出」と記載する取扱いがされています。

〔注〕　日本人同士が，外国で外国の方式で婚姻をした場合は，婚姻証書の謄本を3か月以内に在外公館の長に提出することになります（戸41条1項）。また，在外公館の長が駐在していない場合は，日本人の本籍地の市区町村長に証書の謄本を発送してもよいとされています（同条2項）。さらに，在外公館の長が駐在している場合でも，本籍地の市区町村長に郵送等をしてもよく，あるいは，自ら持ち帰って本籍地の市区町村長に直接提出してもよいとされています（昭和5．6．19民事280号回答）。

〔参考文献〕　「改訂設題解説渉外戸籍実務の処理Ⅱ」311頁以下，「はじめての渉外戸籍」96頁以下，「初任者のための渉外戸籍実務の手引き（新版2訂）」5頁以下・137頁以下

Q 126

日本人と外国人が，外国において外国の方式で婚姻をした場合，届出はだれがするのですか。

A　　日本人の当事者が，婚姻証書の謄本を3か月以内に在外公館の長に提出します（戸41条1項）。この場合，在外公館の長は，受理した当該証書の謄本等の書類を，遅滞なく，外務大臣を経由して本人の本籍地の市区町村長へ送付することとなります（戸42条）。

　なお，在住する国に在外公館の長が駐在していない場合は，日本人の本籍地の市区町村長に証書の謄本を発送してもよいとされています（同条2項）。また，在外公館の長が駐在している場合でも，本籍地の市区町村長に郵送等をしてもよく，あるいは，自ら持ち帰って本籍地の市区町村長に直接提出してもよいとされています（昭和5．6．19民事280号回答）。

　当該証書の謄本等の書類の送付（提出）を受けた市区町村長におい

ては日本人については新戸籍を編製する必要がある場合もありますので（戸16条3項），その新本籍の場所の申出が必要になります。しかし，証書の謄本にはそのことは記載されていないものと考えられるため，この申出は婚姻届書を利用して，届書の該当欄に記載し，日本人の当事者が署名押印し，証書の謄本に添付して申出することになります。この申出は，日本人同士の婚姻の場合と異なり，一方が外国人であり申出事項に直接関係がないため，日本人だけが申出すればよいことになります。

なお，Q117を参照願います。

〔参考文献〕「改訂設題解説渉外戸籍実務の処理Ⅱ」311頁以下，「はじめての渉外戸籍」90頁以下・96頁以下，「初任者のための渉外戸籍実務の手引き（新版2訂）」5頁以下・137頁以下

Q 127

日本に居住する外国人と日本人が，日本において外国人の本国法の方式で婚姻をした後，その報告的婚姻届を所在地の市区町村長に届出をすることができますか。

A　本問のような婚姻は，日本においては有効な婚姻とは認められていません（通則法24条3項ただし書）。したがって，その婚姻の届出をしたとしても，市区町村長は，その届出を受理しないことになります（平成元.10.2民二3900号通達第1の2(3)）。

　日本における日本人を当事者とする渉外的婚姻の方式は，戸籍法に定めるところに従い，市区町村長に婚姻の届出をすることによって成立します（通則法24条3項ただし書，民739条，戸74条）。

　本問の場合，外国人の本国法による方式で婚姻をしたことの証明書は，当該外国人の婚姻要件具備証明書として取り扱うことができます

ので(昭和40.12.20民事甲3474号回答)、その証明書を添付して、創設的婚姻届を市区町村長に届出することによって婚姻を成立させることができます。

〔参考文献〕「改訂設題解説渉外戸籍実務の処理Ⅱ」89頁以下、「改訂設題解説戸籍実務の処理Ⅴ(1)」191頁以下

5　婚姻証書の謄本等の添付書類

Q 128

日本人同士が外国において、外国の方式で婚姻を成立させ、当該国の官憲から婚姻証書の交付を受けた場合、その証書に基づく婚姻の届出はどのようにしますか。

A　婚姻証書の謄本を、当該国にある在外公館の長に、3か月以内に提出することになります(戸41条1項)。なお、当該国に在外公館の長が駐在しないときは、3か月以内に本籍地の市区町村長に証書の謄本を発送しなければなりません(同条2項)。

また、在外公館の長が駐在している場合でも、本籍地の市区町村長に直接郵送等の手続きで発送してもよく、あるいは、帰国後に直接提出することもできます(大正3.12.28民893号回答12、昭和5.6.19民事280号回答3、昭和26.7.19民事甲1542号回答)。

〔注〕　本問の場合、証書の謄本の提出だけでは、夫婦の称する氏及び夫婦につき新戸籍を編製するときにおける新本籍が不明ですので、それらの事項を届出する必要があります(昭和25.1.23民事甲145号回答)。そのため、それらの事項を婚姻届書用紙に記載し、夫婦が署名押印して証書謄本に添付することになります。なお、Q41を参照願います。

〔参考文献〕「改訂設題解説戸籍実務の処理Ⅴ(1)」234頁以下、「改訂設題解説渉外戸籍実務の処理Ⅰ」243頁以下、「改訂設題解説渉外戸籍実務の処理Ⅱ」317頁以下

Q 129

日本人と外国人が外国において，その国の方式で婚姻を成立させ，婚姻証書の交付を受けた場合，その証書に基づく婚姻の届出はどのようにしますか。

A 　日本人は，婚姻証書の謄本をその国にある在外公館の長に，3か月以内に提出することになります（戸41条1項）。なお，当該国に在外公館の長が駐在しないときは，3か月以内に本籍地の市区町村長に証書の謄本を発送しなければなりません（同条2項）。

　また，在外公館の長が駐在している場合でも，本籍地の市区町村長に直接郵送等の手続きで発送してもよく，あるいは，帰国後に直接提出することもできます（昭和26.7.19民事甲1542号回答）。

　〔注〕　本問の場合，証書の謄本の提出だけでは，日本人の戸籍の表示やその者について新戸籍を編製するときの新本籍と定める場所が明確でない場合があるので，それらの事項を届出する必要があります（昭和25.1.23民事甲145号回答）。そのため，それらの事項を婚姻届書用紙に記載し，日本人が署名押印して証書謄本に添付することになります。なお，Q41を参照願います。
　〔**参考文献**〕「改訂設題解説戸籍実務の処理Ⅴ(1)」234頁以下，「改訂設題解説渉外戸籍実務の処理Ⅰ」243頁以下

Q 130

日本人がＡ国人とＢ国において，Ａ国の方式で婚姻を成立させ，婚姻証書の交付を受けた場合，その証書に基づく婚姻の届出はどのようにしますか。

A 　日本人が，Ａ国人とＢ国においてＡ国の方式で婚姻を成立させた場合，そのＡ国人の本国法に適合する方式は有効とされています（通則

法24条3項本文)。

　本問の場合，一般的にはB国の方式すなわち婚姻挙行地の法によることになると考えられます(通則法24条2項)が，前述のとおりA国の方式による婚姻も有効に成立します。

　この場合，日本人は，婚姻証書の謄本をその国にある在外公館の長に，3か月以内に提出することになります(戸41条1項)。なお，当該国に在外公館の長が駐在していないときは，3か月以内に本籍地の市区町村長に証書の謄本を発送しなければなりません(同条2項)。

　また，在外公館の長が駐在している場合でも，本籍地の市区町村長に直接郵送等の手続きで発送してもよく，あるいは，帰国後に直接提出することもできます(昭和26.7.19民事甲1542号回答)。

〔注〕　本問の場合，証書の謄本の提出だけでは，日本人の戸籍の表示やその者について新戸籍を編製するときの新本籍と定める場所が明確でない場合があるので，それらの事項を届出する必要があります(昭和25.1.23民事甲145号回答)。そのため，それらの事項を婚姻届書用紙に記載し，日本人が署名押印して証書謄本に添付することになります。なお，Q41を参照願います。

　〔参考文献〕「全訂Q&A渉外戸籍と国際私法」143頁以下，「改訂設題解説戸籍実務の処理Ⅴ(1)」234頁以下・237頁以下，「改訂設題解説渉外戸籍実務の処理Ⅰ」243頁以下，「改訂設題解説渉外戸籍実務の処理Ⅱ」324頁以下

第9 戸籍の処理

1 婚姻届による戸籍受附帳の記載

(1) 本籍人に関する届出

Q 131

婚姻の届出がされた場合は,まず,戸籍受附帳に記載し,それから届書類の審査をすることになりますか。

A 戸籍受附帳に記載するのは,婚姻の届書類を審査し,その届出を適正と認めて,受理と決定したときにします(戸規20条)。したがって,届書類を審査する前に戸籍受附帳に記載することはしません。

〔**参考文献**〕「改訂戸籍届書の審査と受理」21頁以下,「設題解説戸籍実務の処理Ⅱ」158頁以下,「初任者のための戸籍実務の手引き(改訂新版第六訂)」11頁以下

Q 132

婚姻の届書類を受領し,戸籍受附帳に記載するまでの間は,届書を審査する時間を要することになりますが,その届出がされたことを他の帳簿に書きとめておくことになりますか。

A 婚姻の届出がされた日に受理決定したときは,直ちに戸籍受附帳に記載することになるので(戸規20条1項・21条),本問の趣旨で他の帳簿に書きとめておく取扱いはしません。ただし,届出事件の本人である

ことの確認（戸27条の2第1項）の関係で，確認台帳に記載する場合があります（平成20．4．7民一1000号通達第5の4参照）。

しかし，届出された日に受理決定ができない場合は，当該届書の受領（受付）年月日を明確にしておく必要があるため，戸籍発収簿に記載します（標準準則30条）〔注1〕。

なお，婚姻の届出が市区町村役場の出頭した者によってされた場合は，出頭した者が届出事件の本人であるかどうかの確認をすることになりますが（戸27条の2第1項），この場合は届書の欄外の適宜の箇所に，受付の日時分，窓口に出頭した者を特定するために必要な事項の確認及び通知の有無等を記録することとされています（平成22．5．6民一1080号通達第2の4(2)で，別紙5の2の様式が示されています。）〔注2〕。

また，上記の確認及び通知の経緯を明らかにするため，冒頭で述べたように適宜の様式による確認台帳を備えて，①出頭した者を特定するために必要な事項の確認，②通知の有無，③出頭した者が使者であるときは，提示された確認書類に記載された氏名及び住所又は氏名及び生年月日，④その他適宜の事項を記録することとされています（前掲民一1000号通達第5の4(1)）。

なお，届出事件の本人であることの確認等については，Q69・Q70を参照願います。

〔注1〕 届書を受領したときは，実務上は，届書の受理年月日欄に受領した年月日を記載しています（一般には年月日のゴム印を押す）。これは届書の受領日後に受理決定した場合でも，受理年月日は受理決定の日ではなく，届書を受領した日になるため，受領した年月日を受理年月日欄に記載しておいても問題がないからです。

〔注2〕 婚姻の不受理申出と婚姻届出の先後関係を判断する必要があるため，別紙5の2の様式には婚姻の届出の受領の日時分等を記録するものとされています（「戸籍」815号57頁，844号15頁）。

〔参考文献〕 「設題解説戸籍実務の処理Ⅱ」158頁以下，「初任者のための戸籍実務の手引き（改訂新版第六訂）」11頁以下，「戸籍」815号56頁以下，844号15頁以下

(2) 非本籍人に関する届出

Q133

届出人の所在地の市区町村長に婚姻の届出がされたが、本籍地の市区町村長に送付するまでの間は、戸籍発収簿に記載することになりますか。

A　非本籍人に関する届出書類も、本籍人に関する届書と同様に審査し、受理と決定したときは、届書の該当箇所に受附番号及び年月日を記載し（戸規20条）、戸籍受附帳に記載します（戸規21条）。その後、届書を本籍地の市区町村役場に送付する手続きをします（戸規26条）。この場合は、戸籍受附帳の「備考」欄に届書の発送月日を記載し、その送付関係を明確にすることにしています。さらに、届書の到達確認の方法も実施されています〔注〕。

非本籍地の市区町村長にされた届出は、前述のとおり取り扱われていますので、即日に受理・不受理の処分ができない場合（標準準則30条）を除いて、特に戸籍発収簿に記載する方法は採っていないものと考えられます。ただし、戸籍の届書類は重要な書類ですから、保管及び管理には特に留意する必要があることはいうまでもありません。

なお、非本籍地の市区町村長に婚姻の届出がされた場合でも、Q69と同様に届出が市区町村役場に出頭した者によってされた場合は、出頭した者が届出事件の本人であるかどうかの確認をすることになりますが（戸27条の2第1項）、この場合は届書の欄外の適宜の箇所に、受付の日時分、窓口に出頭した者を特定するために必要な事項の確認及び通知の有無等を記録することとされ（平成22.5.6民一1080号通達第2の4(2)）、これは他の市区町村長に送付する届書の謄本についても、同様にすることとしています（平成20.4.7民一1000号通達第5の3(2)）。

また、上記の確認及び通知の経緯を明らかにするため、適宜の様式による確認台帳を備えて、①出頭した者を特定するために必要な事項の確認、②通知の有無、③出頭した者が使者であるときは、提示された確認書類に記載された氏名及び住所又は氏名及び生年月日、④その他

適宜の事項を記録することとされています（前掲民一1000号通達第5の4(1)）。

届出事件の本人であることの確認等については，Q69・Q70を参照願います。

〔注〕 届書を受理した市区町村長が，他の市区町村長に届書等を送付すべき場合（戸規26条）に，届書等の未着事故の発生を早期に把握し，速やかに事後の措置を講ずることができるようにするため，届書等が送付先の市区町村役場に到達したかどうかを確認する取扱い「到達確認」が実施されています（平成7.12.26民二4491号通達）。具体的には，届書を発送するときに，所要事項が印刷された「到達確認書」（ハガキ）を同封し，到着したときに，そのハガキを返送してもらう方法をとっています（「戸籍」645号1頁以下参照）。

〔参考文献〕 「設題解説戸籍実務の処理Ⅱ」158頁以下・367頁以下，「初任者のための戸籍実務の手引き（改訂新版第六訂）」11頁以下，「戸籍」645号1頁以下，815号56頁以下

2　婚姻届による戸籍の記載

(1)　戸籍の記載

Q134

婚姻の届出に基づく戸籍の記載は，どのようになりますか。

A　婚姻事項は，婚姻した当事者の婚姻後及び婚姻前の戸籍の身分事項欄に記載されます（戸13条，戸規30条・33条・35条）。ただし，既に戸籍の筆頭者となっている者の氏を称する婚姻の場合は，その筆頭者については，婚姻前の戸籍に婚姻事項を記載する必要はないので，現在の戸籍に婚姻事項を記載するだけです（戸16条1項ただし書）。

戸籍の記載については，紙戸籍の場合は，戸籍法施行規則附録第6号戸籍記載のひな形に定める相当欄に記載します。なお，「身分事項」欄に記載する場合は，法定記載例（同規則附録第7号記載例）及び参考記載例（平成2.3.1民二600号通達）に基づいて記載します。

また，コンピュータシステムによる記録事項証明書の場合は，戸籍法施行規則付録第24号ひな形に定める相当欄に記載します。なお，「身分事項」欄に記載する場合は，同規則付録第25号記載例（法定記載

例）及び参考記載例（平成6.11.16民二7000号通達）に基づいて記載します。

〔**参考文献**〕「改訂第2版注解コンピュータ記載例対照戸籍記載例集」，「全訂注解・戸籍記載例集」

(2) 記載の具体例

Q 135

婚姻の届出に基づく戸籍の記載は，具体的にはどのようになりますか。

A　婚姻した当事者がそれぞれ婚姻前の戸籍において筆頭者でない場合は，その婚姻前の戸籍から除籍され（戸23条），夫婦につき編製される新戸籍に婚姻事項が記載されます（戸16条1項，戸規35条4号）。

　夫婦の称する氏は，婚姻当事者の協議で決めることになりますが（民750条），その決めた氏の夫（又は妻）が，既に戸籍の筆頭者である場合は，その戸籍に氏を改めた者が入籍することになりますから，夫婦につき新戸籍は編製されません（戸16条1項ただし書）。

　婚姻事項の記載は，届出された婚姻届書に基づいて戸籍法施行規則に規定されている記載例（法定記載例）及び法務省民事局長通達による記載例（参考記載例）によって記載されます。

　その具体的な記載の仕方については，婚姻の届出の内容に合わせて記載例が示されていますから，その記載例をみれば，婚姻の届出の内容によって戸籍にどのように記載するかが分かります。

　なお，次頁以下に一つの例を掲げましたので，参照願います。

　また，「事例」編には，各事例における届書と戸籍の記載について掲げましたので，参照願います。

〔注〕「戸籍実務六法」に掲載されている戸籍記載例では，婚姻の届出の内容，届出人，届出地に合わせて，記載する戸籍，記載する欄，そして記載例が示されています。

〔**参考文献**〕「改訂第2版注解コンピュータ記載例対照戸籍記載例集」，「全訂注解・戸籍記載例集」

例1　夫婦につき夫の氏で新戸籍を編製する場合
① 夫婦の新戸籍
【コンピュータシステムによる記録事項証明書の場合】

（1の1）	全 部 事 項 証 明

本　　籍	東京都千代田区平河町一丁目１０番地
氏　　名	甲野　義太郎
戸籍事項 　戸籍編製	【編製日】平成３０年６月１日
戸籍に記録されている者	【名】義太郎 【生年月日】平成３年９月２３日　【配偶者区分】夫 【父】甲野幸雄 【母】甲野松子 【続柄】長男
身分事項 　出　　生 　婚　　姻	省略 【婚姻日】平成３０年６月１日 【配偶者氏名】乙野梅子 【従前戸籍】東京都千代田区平河町一丁目４番地　甲野幸雄
戸籍に記録されている者	【名】梅 子 【生年月日】平成４年１０月１５日　【配偶者区分】妻 【父】乙野忠吉 【母】乙野竹子 【続柄】二女
身分事項 　出　　生 　婚　　姻	省略 【婚姻日】平成３０年６月１日 【配偶者氏名】甲野義太郎 【従前戸籍】京都市北区小山初音町１８番地　乙野忠吉
	以下余白

発行番号

② 夫の婚姻前の戸籍

	（2の2）　　全部事項証明
本　　籍	東京都千代田区平河町一丁目4番地
氏　　名	甲野　幸雄
戸籍事項 　戸籍編製	（編製事項省略）

戸籍に記録されている者 除　籍	【名】義太郎 【生年月日】平成3年9月23日 【父】甲野幸雄 【母】甲野松子 【続柄】長男
身分事項 　出　　生 　婚　　姻	省略 【婚姻日】平成30年6月1日 【配偶者氏名】乙野梅子 【新本籍】東京都千代田区平河町一丁目10番地 【称する氏】夫の氏

以下余白

発行番号

③　妻の婚姻前の戸籍

	（2の2）	全 部 事 項 証 明

本　　　籍	京都市北区小山初音町１８番地
氏　　　名	乙野　忠吉
戸籍事項 　戸籍編製	（編製事項省略）
戸籍に記録されている者 　　除　　籍	【名】梅子 【生年月日】平成４年１０月１５日 【父】乙野忠吉 【母】乙野竹子 【続柄】二女
身分事項 　出　　生 　婚　　姻	省略 【婚姻日】平成３０年６月１日 【配偶者氏名】甲野義太郎 【送付を受けた日】平成３０年６月３日 【受理者】東京都千代田区長 【新本籍】東京都千代田区平河町一丁目１０番地 【称する氏】夫の氏

以下余白

発行番号

例2　夫が戸籍の筆頭者で，その戸籍に妻が入籍する場合

① 筆頭者の戸籍

【コンピュータシステムによる記録事項証明書の場合】

(1の1)　　全部事項証明

本　　　籍	東京都千代田区平河町一丁目10番地
氏　　　名	甲野　義太郎
戸籍事項 　戸籍編製	【編製日】平成28年9月5日
戸籍に記録されている者	【名】義太郎 【生年月日】平成3年9月23日　【配偶者区分】夫 【父】甲野幸雄 【母】甲野松子 【続柄】長男
身分事項 　出　　生 　分　　籍 　婚　　姻	省略 【分籍日】平成28年9月5日 【従前戸籍】東京都千代田区平河町一丁目4番地　甲野幸雄 【婚姻日】平成30年6月1日 【配偶者氏名】乙野梅子
戸籍に記録されている者	【名】梅子 【生年月日】平成4年10月15日　【配偶者区分】妻 【父】乙野忠吉 【母】乙野竹子 【続柄】二女
身分事項 　出　　生 　婚　　姻	省略 【婚姻日】平成30年6月1日 【配偶者氏名】甲野義太郎 【従前戸籍】京都市北区小山初音町18番地　乙野忠吉
	以下余白

発行番号

② 戸籍の筆頭者である夫の戸籍に入籍する者の婚姻前の戸籍

	（2の2）	全部事項証明

本　　　籍	京都市北区小山初音町１８番地
氏　　　名	乙野　忠吉
戸籍事項 　戸籍編製	（編製事項省略）

戸籍に記録されている者 除　　籍	【名】梅子 【生年月日】平成４年１０月１５日 【父】乙野忠吉 【母】乙野竹子 【続柄】二女
身分事項 　出　　生 　婚　　姻	省略 【婚姻日】平成３０年６月１日 【配偶者氏名】甲野義太郎 【送付を受けた日】平成３０年６月３日 【受理者】東京都千代田区長 【入籍戸籍】東京都千代田区平河町一丁目１０番地　甲野義太郎
	以下余白

発行番号

例3　夫婦につき夫の氏で新戸籍を編製する場合

① 夫婦の新戸籍

【紙戸籍の場合】

					八番地乙野忠吉戸籍から入籍㊞	平成参拾年六月壱日甲野義太郎と婚姻届出京都市北区小山初音町十	出生事項（省略）
出生		父母	出生 平成四年拾月拾五日	妻 梅子			父 乙野忠吉 母 竹子 二女

本　籍	東京都千代田区平河町一丁目十番地
氏　名	甲野　義太郎

平成参拾年六月壱日編製㊞

出生事項（省略）

平成参拾年六月壱日乙野梅子と婚姻届出東京都千代田区平河町一丁目四番地甲野幸雄戸籍から入籍㊞

父	甲野幸雄
母	松子
	長男

夫	義太郎
出生	平成参年九月弐拾参日

② 夫の婚姻前の戸籍

本　籍	東京都千代田区平河町一丁目四番地
氏　名	甲野幸雄

編製事項（省略）

出生事項（省略）

平成参拾年六月壱日乙野梅子と婚姻届出東京都千代田区平河町一丁目十番地に夫の氏の新戸籍編製につき除籍㊞

父	甲野幸雄
母	松子
	長男

義太郎

出生 平成参年九月弐拾参日

③　妻の婚姻前の戸籍

本　籍	京都市北区小山初音町十八番地
編製事項（省略）	
氏　名	乙野忠吉

出生事項（省略）

平成参拾年六月壱日甲野義太郎と婚姻届出同月参日東京都千代田区長から送付同区平河町一丁目十番地に夫の氏の新戸籍編製につき除籍㊞

父	乙野忠吉
母	竹子
	二女

出生　平成四年拾月拾五日

✕梅子✕

例4　夫が戸籍の筆頭者で，その戸籍に妻が入籍する場合

① 夫が筆頭者の戸籍

【紙戸籍の場合】

							八番地乙野忠吉戸籍から入籍㊞	平成参拾年六月壱日甲野義太郎と婚姻届出京都市北区小山初音町十	出生事項（省略）
出生				父母	出生　平成四年拾月拾五日	妻　梅　子	母　竹子　二女	父　乙野忠吉	

本籍	東京都千代田区平河町一丁目十番地
氏名	甲野 義太郎

平成弐拾八年九月五日編製㊞

出生事項（省略）

平成弐拾八年九月五日分籍届出東京都千代田区平河町一丁目四番地

甲野幸雄戸籍から入籍㊞

平成参拾年六月壱日乙野梅子と婚姻届出㊞

父	甲野 幸雄	長男
母	松子	
夫	義太郎	
出生	平成参年九月弐拾参日	

② 夫が戸籍の筆頭者である戸籍に入籍する妻の婚姻前の戸籍

本　籍	京都市北区小山初音町十八番地
編製事項	（省略）
氏　名	乙野忠吉

出生事項（省略）

平成参拾年六月壱日甲野義太郎と婚姻届出同月参日東京都千代田区長から送付同区平河町一丁目十番地甲野義太郎戸籍に入籍につき除籍㊞

父	乙野忠吉
母	竹子
	二女

出生 平成四年拾月拾五日

梅子（×印）

3 婚姻届書の他市区町村役場への送付

Q 136

夫になる者の氏を称する婚姻届が，夫婦の新本籍地となる夫の本籍地の市区町村長に届出された場合，妻になる者の本籍地の市区町村長には，その届出書類はどのようにして送られるのですか。

A 　届出された婚姻の届書類は，郵便等によって婚姻当事者の本籍地の市区町村長に送付されます（戸規26条）。

　婚姻によって氏を改めた者は，氏を改めない者を戸籍の筆頭者とする新戸籍が編製され，その新戸籍に入籍するので（戸16条1項本文），婚姻前の戸籍から除籍されます（戸23条）。そのため，除籍される者の戸籍がある市区町村長へ婚姻届書の謄本（戸36条3項）が送付され，婚姻による除籍の記載がされます。

　届書謄本の作成方法及び届書原本の保管市区町村については，Q63・Q64を参照願います。

　　〔注〕　届書類を他の市区町村長に送付する場合（戸規26条）は，届書等の未着事故の発生を防ぐ方策として，届書類が送付先の市区町村役場に到達したかどうかを確認する取扱い「到達確認」が実施されています（平成7.12.26民二4491号通達）。詳しくはQ133の〔注〕を参照願います。

Q137

夫になる者の氏を称する婚姻届が，夫になる者の所在地の市区町村長に届出され，夫婦の新本籍地は夫になる者の本籍地の市区町村である場合，その本籍地の市区町村長には，届出書類はどのようにして送られるのですか。

A 　　届出された婚姻の届書類は，郵便等によって婚姻当事者の本籍地の市区町村長に送付されるのは，Q136と同様です。

　本問の場合は，婚姻の届書類のうち届書原本は，夫婦の新本籍地となる夫の本籍地の市区町村長に送付します（昭和52.4.6民二1671号通達，同日付け民二1672号通知）。

　また，婚姻の届出を受理した所在地の市区町村長は，届書謄本を作成して妻となる者の本籍地の市区町村長に送付するとともに，自庁分として同様に，届書謄本を作成して保存します（戸36条3項，戸規26条）。

　届書（又は届書謄本）の送付を受けた夫及び妻の本籍地の市区町村長は，婚姻前の戸籍に婚姻による除籍の記載をします（戸23条）。また，夫の本籍地の市区町村長は，夫婦の新戸籍を編製することになります（戸16条）。

〔**参考文献**〕「設題解説戸籍実務の処理Ⅱ」367頁以下

Q 138

夫になる者の氏を称する婚姻届が，夫婦の新本籍地と定める所在地の市区町村長に届出された場合，夫又は妻になる者の本籍地の市区町村長には，その届出書類はどのようにして送られるのですか。

A　届出された婚姻の届書類は，郵便等によって婚姻当事者の本籍地の市区町村長に送付されるのは，Q136・Q137と同様です。

　本問の場合は，婚姻の届書類のうち届書原本は，夫婦の所在地で新本籍地となる届出を受理した市区町村長が保存し（昭和52.4.6民二1671号通達，同日付け民二1672号通知），その届書に基づいて夫婦の新戸籍を編製します（戸16条）。

　夫になる者及び妻になる者の婚姻前の本籍地の市区町村長には，婚姻の届出を受理した所在地（新本籍地）の市区町村長が，届書謄本を作成し送付します（戸36条，戸規26条）。

　届書の送付を受けた夫及び妻の本籍地の市区町村長は，婚姻前の戸籍に婚姻による除籍の記載をします（戸23条）。

〔注〕　婚姻の届出によって編製される新戸籍の本籍地は，戸籍法第25条に規定する本籍地に該当しないため，届出地にはなりません。しかし，その新本籍が，夫になる者又は妻になる者の所在地であれば届出地になります（同条1項）。

〔参考文献〕「設題解説戸籍実務の処理Ⅱ」223頁以下・367頁以下，「改訂設題解説戸籍実務の処理Ⅴ(1)」78頁以下

Q139

妻になる者の氏を称し，妻になる者の本籍地を新本籍地とする婚姻届が，妻になる者の本籍地の市区町村長に届出された場合，夫になる者の本籍地の市区町村長には，その届出書類はどのようにして送られるのですか。

A　届出された婚姻の届書類は，郵便等によって婚姻当事者の本籍地の市区町村長に送付されるのは，Q136・Q137と同様です。

　本問の場合は，妻の本籍地と同じ市区町村に夫婦の新戸籍が編製されることになりますから，婚姻の届書類のうち届書原本は，夫婦の新本籍地となる届出を受理した市区町村長が保存し（昭和52.4.6民二1671号通達，同日付け民二1672号通知），その届書に基づいて夫婦の新戸籍を編製します（戸16条）。

　夫になる者の婚姻前の本籍地の市区町村長には，婚姻の届出を受理した妻の本籍地の市区町村長が，届書謄本を作成して送付します（戸36条，戸規26条）。

　届書謄本の送付を受けた夫の本籍地の市区町村長は，婚姻前の戸籍に婚姻による除籍の記載をします（戸23条）。

〔参考文献〕「設題解説戸籍実務の処理Ⅱ」367頁以下

Q 140

妻になる者の氏を称し，妻又は夫になる者の本籍地以外の場所を新本籍地とする婚姻届が，夫及び妻になる者の所在地の市区町村長に届出された場合，本籍地の市区町村長には，届出書類はどのようにして送られるのですか。

A　　届出された婚姻の届書類は，郵便等によって婚姻当事者の本籍地の市区町村長に送付されるのは，Q136・Q137と同様です。

　本問の場合は，夫又は妻になる者の本籍地及び所在地とは異なる市区町村に夫婦の新本籍を定める婚姻届が，夫婦となる者の所在地に届出されたものです。この場合は，婚姻の届書類のうち届書原本は，夫婦の新本籍地となる市区町村長に送付し，そこの市区町村長が保存し（昭和52．4．6民二1671号通達，同日付け民二1672号通知），その届書に基づいて夫婦の新戸籍を編製します（戸16条）。

　夫及び妻になる者の婚姻前の本籍地の市区町村長には，婚姻の届出を受理した所在地の市区町村長が，届書謄本を作成して送付し（戸36条，戸規26条），自庁分についても届書謄本を作成して保存します。

〔**参考文献**〕「設題解説戸籍実務の処理Ⅱ」367頁以下

4　婚姻届書の整理

(1)　市区町村役場での保管

Q141

市区町村長に届出された婚姻の届書類は，どのように整理し保存されるのですか。

A　婚姻の届出を受理した（又は送付を受けた）市区町村長が，その届出に基づき戸籍の記載をしたときは，その届書類を，本籍人に関する届書類として区分します。

　また，受理した市区町村役場では戸籍の記載はしないが，他の市区町村長が戸籍の記載をする届書類は，その市区町村長に送付し，自庁では届書の謄本を作成し（戸36条3項）保存します。この届出書類は，非本籍人に関する届書類として区分します。

　本籍人に関する届書類と非本籍人に関する届書類は，前記のように区分し，更に届出の種類（出生，婚姻，死亡等）ごとに区分した上，受付の順序につづって目録をつけて整理します（戸規48条1項）。なお，届出の種類別に区分せず，受付の順序につづることも認められていますが（同項ただし書），この場合の目録は，戸籍受付帳の写しでよいとされています（標準準則36条1項ただし書）。

　以上のように区分した届書類は，本籍人に関する届書類は，当月に受付したものを翌月20日までに，その市区町村役場を管轄する法務局に送付し，そこで当該年度の翌年から起算して27年間保存されます（戸規48条2項・49条2項，標準準則36条2項）。

　また，非本籍人に関する届書類（届書類の原本は，本籍地の市区町村役場に送付するため，受理地の市区町村役場には届書の謄本が残る。）は〔**注**〕，受理した市区町村役場において，届出の翌年から起算して1年間保存されます（戸規48条3項）。

〔注〕　婚姻届書の原本は，夫婦の新戸籍が編製される市区町村役場で保存し，婚姻により従前戸籍から除籍される者の本籍地の市区町村長は，届書謄本を保存するが，それぞれ本籍人に関する届書類になります。この届書類の原本又は届書類の謄本の送付・保存については，Q64を参照願います。
〔参考文献〕「設題解説戸籍実務の処理Ⅱ」371頁・374頁・378頁

Q142

外国人同士が所在地の市区町村長に届出した婚姻の届書類は，どのように整理し保存されるのですか。

A　年ごとに分け，目録をつけて，届出を受理した市区町村長が保存します（戸規50条1項）。婚姻の届出書類は創設的届出ですから，届出の翌年から起算して50年間保存します（同条2項）。

外国人に関する婚姻の届出は，戸籍の記載を要しないので，他の市区町村長に届書を送付することはありません。したがって，受理した市区町村長が保存することになります。

受理した届書類は，

「戸籍の記載を要しない事項　｝に関する届書報告書
　日本の国籍を有しない者　　｝その他の書類つづり
　　　　　創設的届出に関するもの
　　　　　（報告的届出に関するもの）　　　　　」

につづり，目録をつけて保存します（標準準則37条1項・付録第28号様式）。

この書類綴りが，外国人にとってはわが国における戸籍簿に相当するものともいえます。

〔注〕　平和条約発効（昭和27年4月28日）前に受理した朝鮮及び台湾に属する者の届書は，その歴史的背景から，必ずしも本国においてその身分関係が把握されていないことを考慮して，当分の間廃棄することなく届書を受理した市区町村長が保管するものとされています（昭和20.10.15民事特甲452号回答，昭和34.2.6民事甲199号回答）。また，平和条約発効後に受理した朝鮮人に

関する戸籍届書類は，保存期間を経過しても，当該外国人の日本国における協定永住権などの特別の地位に付随してその資格要件の審査の資料とされることもあるので当分の間保存するものとされています（昭和41．8．22民事甲2431号通達）。

〔**参考文献**〕「改訂設題解説渉外戸籍実務の処理Ⅰ」303頁以下，「設題解説戸籍実務の処理Ⅰ」215頁以下

(2) 管轄法務局への送付

Q 143

婚姻の届出書類のうち，本籍人に関するものが管轄法務局に送付するのは，どうしてですか。

A 第1には，市区町村役場にある戸籍及び除籍等の原本が，水害，火災その他の事故により滅失した場合に，戸籍の届出書類は，その再製資料となるものであることから，戸籍及び除籍等の原本と離れた場所に保存しておくのが適当とされているためです。

第2としては，届書の記載内容の適否を管轄法務局において確認する必要があること，また，戸籍法施行規則第15条の規定に基づき管轄法務局に送付された戸籍・除籍の副本と戸籍の届出書類とを対照し，戸籍の記載が適正にされていることを確認するためでもあります。

もし，戸籍事務の取扱い上において過誤，遺漏等が生じているときは，管轄法務局の長は，戸籍法第3条の規定に基づき，市区町村長に対して，報告を求め，又は助言若しくは勧告をすることになります。また，場合によっては必要な指示をすることになります。これは，戸籍事務が法定受託事務として全国的に統一した取扱いが要請されているので，その取扱い状況を把握する必要があるためです（戸1条2項）。

〔注〕

1 戸籍の届出書類は，上記のとおり当該市区町村の管轄法務局に保管される

ことになっています。また，戸籍は正本と副本を設けることとされ，正本は市区町村の役場に，副本は管轄法務局が保存することになっています（戸8条）。
2 　副本を市区町村長が管轄法務局に送付するのは，①新たに戸籍を編製したとき，②戸籍編製の日から25年を経過したとき，③戸籍の全部を消除したときです（戸規15条1項）。そのほか必要に応じて送付されることになっています（同条2項）。

　　ただし，コンピュータ化されている市区町村長においては，届出等によって戸籍又は除かれた戸籍に記録した後は，既に電磁的記録によって管轄法務局等に副本を送信している場合は，遅滞なく当該記録を送信することになります（戸規75条1項）。これによって同規則第15条の規定の目的は果たされていますので同条は適用されないことになります（戸規75条3項）。
3 　なお，戸（除）籍が電算化されている場合の副本の送信については，戸籍法施行規則第75条に規定されていましたが，平成25年法務省令第1号により，同条が改正され（平成25年10月1日施行），さらに第75条の2が新設されました。これは平成23年3月11日に発生した東日本大震災により戸籍正本の滅失と副本による再製に関連しています。すなわち，正本が保管されている市区町村の役場と管轄法務局の所在が近接地にある場合は，再製に必要な副本が正本と同時に滅失する危険性があるため，副本の保管場所が改められたものです。
4 　この改正省令の施行に関連し，平成25年2月14日民一第121号ないし第124号による法務省民事局長通達が発出され，また，同日付民一第125号同局民事第一課長通知がなされています（以上の2から4については，「戸籍」881号1頁以下及び「戸籍」882号1頁以下に詳細な解説がされています。）。

　　〔**参考文献**〕 「設題解説戸籍実務の処理Ⅱ」371頁以下，戸籍法施行規則解説①第48条解説437頁以下，「新版Q&A戸籍公開の実務」160頁以下

5　婚姻届書類の記載事項証明書

(1) 市区町村役場での証明

Q 144

婚姻の届出をした届出人等が，婚姻届書の写しが必要になった場合，どのようにすればよいですか。

A　婚姻の届出をした市区町村長に，婚姻届書の記載事項証明書を請求することになります（戸48条1項）。ただし，戸籍の届出書類は，個人に関わる特別な情報が多く記載されていることから，従来から，原則として非公開とされています。そのため，同条第2項は「利害関係人は，特別の事由がある場合に限り，届書その他市町村長の受理した書類の閲覧を請求し，又はその書類に記載した事項について証明書を請求することができる。」と規定しています。すなわち，請求ができる者と請求するについて特別の事由が必要とされています。

したがって，請求に当たっては，前記の請求ができる者と請求するについて特別の事由に該当することを明らかにしなければなりません〔注〕。

なお，同証明書の請求については，平成19年法律第35号により「戸籍法の一部を改正する法律」が施行（平成20．5．1施行）され，同法第48条第3項が改正され，同法第10条の3の規定が準用されることになりました。そのため，同証明書を請求する場合は，現に請求をしている者は，その者を特定するために必要な氏名及び住所又は氏名及び生年月日を明らかにし，それを証明する方法として運転免許証等を市区町村長に提示する必要があります（戸10条の3条第1項，平成20．4．7民一1000号通達第3）。

また，現に請求をしている者が，請求する者の代理人又は使者である場合には，請求する者の委任状等を市区町村長に提供する必要があ

ります（戸10条の3第2項，前掲民一1000号通達第3）。

〔注〕 婚姻の届出を受理した場合又は送付された場合，本籍地の市区町村長は遅滞なくその届出に基づいて戸籍の記載をすることになりますから（戸規24条），婚姻の届出の証明は，戸籍の謄本等（又は戸籍の全部事項証明書等）によって果たすことができます。したがって，婚姻届書の記載事項証明書（いわゆる婚姻届書の写し）が必要となる場合は，そう多くないものと考えられます。

〔参考文献〕「全訂戸籍法」256頁以下，「設題解説戸籍実務の処理Ⅰ」296頁以下，「新版Q＆A戸籍公開の実務」169頁以下
　　　　　戸籍法の改正関係—「戸籍」798号，799号，801号
　　　　　戸籍法施行規則の改正関係—「戸籍」814号
　　　　　戸籍法及び戸籍法施行規則の一部改正に伴う戸籍事務の取扱いに関する通達（平成20．4．7民一1000号通達）の解説—「戸籍」815号

Q145

非本籍地の市区町村長が婚姻の届出を受理し，婚姻届書の謄本を保存している場合に，届出人が婚姻届の記載事項証明書を請求したときは，交付されますか。

A　　婚姻届書の謄本を保存している場合は，適法な請求であれば交付されます（戸48条2項）。
　　なお，Q144を参照願います。

〔参考文献〕「設題解説戸籍実務の処理Ⅰ」296頁以下，「新版Q＆A戸籍公開の実務」169頁以下
　　　　　戸籍法の改正関係—「戸籍」798号，799号，801号
　　　　　戸籍法施行規則の改正関係—「戸籍」814号
　　　　　戸籍法及び戸籍法施行規則の一部改正に伴う戸籍事務の取扱いに関する通達（平成20．4．7民一1000号通達）の解説—「戸籍」815号

Q 146

外国人同士の婚姻の届出を，所在地の市区町村長が受理し，同届書を保存している場合，夫又は妻が旅券等の変更のため在日大使館に提出する必要があるとして，当該届書の記載事項証明書を請求した場合，交付が受けられますか。

A　交付が受けられます。

　外国人が市区町村長に届出した届書類は，日本における外国人の身分関係を証明する資料であり（戸50条1項），外国人にとっては，わが国における戸籍簿に相当するものともいえます。したがって，正当な請求者が適法に請求した場合は，請求に応じられることになります。

　なお，Q144を参照願います。

〔注〕　日本で婚姻をした外国人同士の婚姻届については，戸籍に記載されないので，当該届書類は，届出された所在地の市区町村長が「戸籍の記載を要しない事項に関する届書報告書その他の書類つづり・創設的届出に関するもの」又は「日本の国籍を有しない者に関する届書報告書その他の書類つづり・創設的届出に関するもの」につづり，目録をつけて保存しています（標準準則37条・付録第28号様式）。なお，Q142を参照願います。

〔参考文献〕「改訂設題解説渉外戸籍実務の処理Ⅰ」305頁以下，「設題解説戸籍実務の処理Ⅰ」296頁，「新版Q&A戸籍公開の実務」187頁以下

　　　　戸籍法の改正関係—「戸籍」798号，799号，801号
　　　　戸籍法施行規則の改正関係—「戸籍」814号
　　　　戸籍法及び戸籍法施行規則の一部改正に伴う戸籍事務の取扱いに関する通達（平成20.4.7民一1000号通達）の解説—「戸籍」815号

(2) 管轄法務局での証明

Q147

婚姻の届出が当事者の一方からの届出であり，婚姻無効の裁判を提起するため，婚姻届の写しが必要になり，裁判を提起する者が婚姻の届出をした市区町村役場に請求したところ，その届出書類は既に管轄法務局に送付し，市区町村役場に保存していないといわれました。この場合，どのようにしたらよいですか。

A　婚姻の届出をした当事者の本籍地の市区町村役場を管轄する法務局が，婚姻の届書類を保存しているので，その法務局に婚姻届の記載事項証明書（いわゆる婚姻届の写し）を請求します（戸48条2項）。

請求する場合は，「利害関係人は，特別の事由がある場合」に限り請求できるという公開についての制限規定（同条2項）がありますので，請求者がその規定に該当するものであることの身分関係を証明し，また，婚姻関係についての裁判を提起するものであることを請求書に記載します。以上のことが確認されるときは，同証明書の交付を請求することができますが，同条の第3項は，同法第10条の3の規定を準用しているので，同証明書を請求する者は，その者を特定するために必要な氏名及び住所又は氏名及び生年月日を明らかにし，その事項を運転免許証等の提示をする方法により明らかにしなければなりません。これらのことが確認されたときに，同証明書の交付が受けられることになります。

なお，この請求をしている者の確認については，Q144を参照願います。

〔参考文献〕「設題解説戸籍実務の処理Ⅰ」296頁以下，「新版Q&A戸籍公開の実務」169頁以下
　　　　　　戸籍法の改正関係—「戸籍」798号，799号，801号
　　　　　　戸籍法施行規則の改正関係—「戸籍」814号
　　　　　　戸籍法及び戸籍法施行規則の一部改正に伴う戸籍事務の取扱いに関する通達（平成20.4.7民一1000号通達）の解説—「戸籍」815号

第10 婚姻届書の記載方法

1 届出の日

Q 148

婚姻の届書を届出する前日に作成して，届出の年月日もその作成日にしたが，そのままの日付で翌日に市区町村役場の窓口に提出できますか。

A 　届出日の記載を，届書を提出する日に訂正してから，届出することになります。

〔注〕 届書には届出の年月日を記載することになりますが（戸29条2号），市区町村役場の窓口に届書を提出するときは，提出する日を記載します。また，郵送等で届出する場合は，発送する日を記載します。したがって，記載した年月日と異なる日に届書を提出又は郵送等する場合は，記載した日付を訂正して提出又は郵送等することになります。

　もし，日付を訂正せずに提出した後，届出人がその日付を補正しないままの場合は，市区町村役場ではその旨（例えば，届出の年月日が平成30年1月27日と記載されているが，届書の提出日は同年1月29日のときは，「届出の日は1月29日である。○○市長㊞」）を簡記した「符せん」を届書に貼付した上で受理する取扱いをします（昭和36.1.11民事甲63号回答，標準準則33条）。

〔参考文献〕 「設題解説戸籍実務の処理Ⅱ」242頁以下，「初任者のための戸籍実務の手引き（改訂新版第六訂）」6頁以下

Q 149

婚姻の届書に記載した届出の日が，届出する日の10日前の日付の届書が提出されたときは，どのようにしますか。

A 　届書が市区町村役場の窓口に提出された場合は，届出人に届出の日を提出する日に訂正してもらうことになります。

　郵送等による届出の場合は，本問の事例では，発送した日が10日前と解するほかないが，封筒に施されている通信日付と対照すれば，発送した日に疑義が生じる（郵送等の途中の事故等）場合も考えられます。したがって，疑義がある場合は事案によりますが，管轄法務局の指示を得て処理することも考えられます。ただ，一般的には，郵送等をした場合の受付の日（受領の日）は，届書が市区町村役場に到達した日になりますので（戸47条１項，標準準則27条），特に疑義がない場合は，郵送等がされたものであることを考慮して訂正させるまでもないことも考えられます。

　なお，郵送等による届出の場合は，封筒に届出事件名，受付の番号及び年月日を記載して，封筒を届書に添付しておくことになっています（標準準則27条）。

〔注〕　届書には届出の年月日を記載することになります（戸29条２号）が，その日付は，窓口に提出するときは，その提出する日です。本問の場合において市区町村役場の窓口に提出され，届出人が訂正する必要がある場合に，これを訂正しないまま提出したときは，市区町村役場ではその旨を簡記した「符せん」を届書に貼付した上で受理する取扱いをします（昭和36．1．11民事甲63号回答，標準準則33条）。なお，Q148を参照願います。

〔参考文献〕　「全訂戸籍法」254頁以下，「設題解説戸籍実務の処理Ⅱ」242頁以下，「初任者のための戸籍実務の手引き（改訂新版第六訂）」6頁以下

2 届出先

Q 150

外国に在る日本人が外国の方式で婚姻を成立させた場合その届出は，どこに提出することになりますか。

A 日本人が外国の方式によって婚姻を成立させた場合は，報告的婚姻の届出となるので，原則として次のとおり在外公館の長に届出をすることになります〔注〕。

1　外国に在る日本人同士が在住する地の方式により婚姻し，その証書を作らせたときは，その証書の謄本を在外公館の長（戸41条1項）に提出します。なお，在外公館がない場合は，本籍地の市区町村長に証書の謄本を発送します（同条2項）。

2　外国に在る日本人と外国人が在住する地の方式により婚姻し，その証書を作らせたときは，日本人は，その証書謄本を在外公館の長（戸41条1項）に提出するのが原則ですが，本籍地の市区町村長に，直接郵送等の手続きで発送することもできます（戸47条）。

3　外国に在る日本人がその配偶者の国の方式により婚姻し，その証書を作らせたときも，日本人は，その証書謄本を在外公館の長（戸41条1項）に提出します。なお，在外公館がない場合は，本籍地の市区町村長に証書の謄本を発送します（同条2項）。

〔注〕　渉外的婚姻の方式は，①婚姻挙行地の法（通則法24条2項），②当事者の一方の本国法（同条3項本文），③当事者の一方が日本人で日本で婚姻するときは日本法（同条3項ただし書き）とされています。

〔**参考文献**〕「全訂Q&A渉外戸籍と国際私法」77頁以下・143頁以下，「はじめての渉外戸籍」90頁，「改訂設題解説渉外戸籍実務の処理Ⅱ」82頁以下・84頁以下

Q 151

外国に在る日本人同士の創設的婚姻の届出は，どこに提出することになりますか。

A　原則として在外公館の長に届出をすることになります（通則法24条，民741条，戸40条）。

　なお，届出人（夫及び妻になる者）の本籍地の市区町村長に届書を直接郵送等による手続きで発送することもできます（戸47条，昭和24.9.28民事甲2204号通達三，平成元.10.2民二3900号通達第1の1⑵）。

　　　　〔**参考文献**〕「全訂Q&A渉外戸籍と国際私法」74頁以下・77頁以下・143頁以下，「はじめての渉外戸籍」90頁，「改訂設題解説渉外戸籍実務の処理Ⅱ」82頁以下

Q 152

外国に在る日本人と外国人の創設的婚姻の届出は，どこに提出することになりますか。

A　在外公館の長は，本問のような日本人と外国人の創設的婚姻の届出を受理することができません。

　もし，これを誤って受理し，日本人の本籍地の市区町村長に送付されたときは，日本人の本国法による方式としてこれを認め（戸47条），届書が到達し，受理した時点で婚姻の効力が生じることになります（昭和11.2.3民事甲40号回答，昭和35.8.3民事甲2011号回答）。

　なお，当該婚姻届書を，日本人当事者の本籍地の市区町村長に郵送等による手続きにより届出することもできます。日本の戸籍法は郵送等による届出を認めていますから（戸47条），当該届出は，当事者一方

の本国法による方式ということになります（通則法24条3項本文）。

〔参考文献〕「全訂Q&A渉外戸籍と国際私法」74頁以下・77頁以下・143頁以下，「はじめての渉外戸籍」90頁，「改訂設題解説渉外戸籍実務の処理Ⅱ」84頁以下

Q153

婚姻の届書に届出先の市区町村長名を記載するとき，夫又は妻になる者の本籍地の市区町村長をあて先にしますか。それとも夫婦の新本籍地と定める市区町村長をあて先にしますか。

A　婚姻届の届出をする市区町村長があて先になります。

この場合，市区町村長の氏名を記載する必要はありません。例えば，「東京都千代田区長　殿」と記載します。

婚姻届は，Q50に掲げた市区町村役場に提出することができます（戸25条）から，届書に記載するあて先は，届出する地の市区町村長になります。

〔参考文献〕「改訂戸籍届書の審査と受理」196頁以下，「設題解説戸籍実務の処理Ⅱ」223頁以下

Q154

夫の氏を称する婚姻届を届出人（夫及び妻になる者）が住所地の市区町村役場に提出したが，届出先を夫婦の本籍地となる地の市区町村長をあて先にした場合，その本籍地の市区町村長に回送してくれるのですか。

A　夫婦の新本籍地の市区町村長に回送することはしませんが，婚姻の届出は，住所地の市区町村長にもすることができます（戸25条1項）。本問はその場合ですから，住所地の市区町村長をあて先にします。その届出を受理した住所地の市区町村長は，その後に夫及び妻になる者の従前の本籍地の市区町村長に届書の謄本（戸36条3項）を送付することになります（戸規26条）。

　また，本問は夫婦の新本籍地を夫及び妻になる者の婚姻前の本籍地以外の市区町村で，かつ，届出地以外の市区町村に定める場合であるから，その新本籍地に夫婦の戸籍が編製されるので，その市区町村長には届書原本を送付することになります（戸規26条，昭和52.4.6民二1672号通知）。

　本事例において，夫婦の新本籍地となる市区町村は，夫又は妻になる者の本籍地又は住所地（一時的滞在地を含む）でもないため，その市区町村は届出地に当たらないので届出はできません（戸25条1項）。Q56を参照願います。

　なお，届書に記載する届出先は，届書を提出する住所地の市区町村長があて先になるので，本問の場合は，届出人にその箇所を補正してもらうことになります。

〔注〕　婚姻の届出は，届出人の所在地及び夫又は妻になる者の婚姻前の本籍地のいずれの市区町村長にもすることができますが（戸25条1項），届書には，その提出先を，例えば，「東京都新宿区長　殿」と記載すればよいことになります。

　届書の様式には「　　長　殿」とあて先が記載できるように設けられている

ので、その箇所に届書の提出先の市区町村長と記載します。

〔**参考文献**〕「初任者のための戸籍実務の手引き（改訂新版第六訂）」
5頁・117頁以下

3 「氏名・生年月日」欄

(1) 「夫になる人」欄

Q 155

妻になる者の氏を称する婚姻をする場合は、婚姻届書中の夫になる人の「氏名」欄は婚姻後の氏（妻の氏）で記載することになりますか。

A 婚姻前の氏名、すなわち、現在の氏名を記載します。なお、本問の場合、夫になる者は婚姻をすることによって妻の氏を称することになりますから、婚姻後は、妻の氏を冠した氏名がその者の法律上の氏名ということになります。

〔注〕 日本人同士の婚姻の場合は、婚姻の届出の際に、夫又は妻になる者の氏のいずれの氏を称するかを、夫婦となる者の間で協議して決めることになります（民750条）。具体的には、婚姻届書の(4)欄に、□夫の氏・□妻の氏の箇所の□にチェックすることになります。

なお、夫又は妻以外の第三の氏を称することはできませんし、また、日本人と外国人の婚姻については、婚姻の際の氏の決定に関する民法第750条の規定の適用はないと解されています（昭和26．4．30民事甲899号回答(1)、昭和40．4．12民事甲838号回答、昭和42．3．27民事甲365号回答、昭和55．8．27民二5218号通達）。

〔**参考文献**〕「改訂設題解説戸籍実務の処理Ⅴ(1)」89頁以下・277頁以下、「改訂はじめての戸籍法」142頁、「はじめての渉外戸籍」103頁、「全訂Q&A渉外戸籍と国際私法」158頁、「改訂設題解説渉外戸籍実務の処理Ⅱ」171頁以下

Q 156

婚姻届書の「氏名」欄中の「よみかた」の記載は，住民票の「氏名」欄に付されている「ふりがな」と一致していなければなりませんか。

A　原則として一致している必要があります。

戸籍に記載されている氏，名については，ふりがな（傍訓）を付さないこととされていますが（平成6.11.16民二7005号通達第3），戸籍の届書の様式中には，「氏名」欄に「よみかた」を記載する欄が設けられています〔注〕。

この「よみかた」の欄が設けられているのは，市区町村役場において住民基本台帳事務等を処理する上で必要があるためです（昭和47. 2. 14民事甲905号通達）。婚姻の場合も，夫婦について住民票の処理がされるので，氏名の「よみかた」が必要になります。

〔注〕　現行の戸籍届書の標準様式については，昭和59年11月1日民二第5502号通達をもって示されていますが，この通達において届書の「氏名」欄に「よみかた」欄が設けられたのは，戸籍にはじめて氏名が記載される出生届，国籍取得届，帰化届，氏の変更届，名の変更届及び就籍届の様式だけでした（同通達）。その後，同通達は数次の改正がされていますが，「氏名」欄の「よみかた」欄の設けられた経緯を挙げれば，平成6年10月21日民二第6517号通達において，出生届，婚姻届，離婚届及び死亡届に「よみかた」欄が設けられ，平成12年3月15日民二第602号通達においては，それ以外の届書についても「よみかた」欄が設けられています。

〔**参考文献**〕「改訂戸籍届書の審査と受理」78頁以下，「改訂設題解説戸籍実務の処理Ⅲ」95頁以下，「新版実務戸籍法」91頁

Q 157

婚姻届書の「氏名」欄中の「生年月日」を,西暦の年号で記載して届出をすることができますか。

A　日本人の場合は,戸籍に記載されている生年月日は元号でされていますから,届書にも同様に記載すべきものと考えます。

　しかし,届書に西暦の年号によって生年月日が記載されている場合でも,それが戸籍の元号による生年月日と合致する場合は,届書の記載をあえて補正させるまでもないとされています(昭和54.6.9民二3313号通達)。

　なお,外国人の場合の生年月日は,西暦の年号によって記載することとされています。

〔参考文献〕「設題解説戸籍実務の処理Ⅱ」9頁

(2) 「妻になる人」欄

Q 158

夫になる者の氏を称する婚姻をする場合は,婚姻届書中の妻になる人の「氏名」欄は婚姻後の氏(夫の氏)で記載することになりますか。

A　婚姻前の氏名,すなわち,現在の氏名を記載します。なお,本問の場合,妻になる者は婚姻をすることによって夫の氏を称することになりますから,婚姻後は,夫の氏を冠した氏名が,その者の法律上の氏名ということになります。

〔注〕 日本人同士の婚姻の場合は、婚姻の届出の際に、夫及び妻になる者の氏のいずれの氏を称するかを、夫婦となる者の間で協議して決めることになります（民750条）。具体的には、婚姻届書の(4)欄に、□夫の氏・□妻の氏の箇所の□にチェックすることになります。

なお、夫又は妻以外の第三の氏を称することはできませんし、また、日本人と外国人の婚姻については、婚姻の際の氏の決定に関する民法第750条の規定の適用はないと解されています（昭和26.4.30民事甲899号回答(1)、昭和40.4.12民事甲838号回答、昭和42.3.27民事甲365号回答、昭和55.8.27民二5218号通達）。

〔参考文献〕 「改訂設題解説戸籍実務の処理Ⅴ(1)」89頁以下・277頁以下、「改訂はじめての戸籍法」142頁、「はじめての渉外戸籍」103頁、「全訂Q&A渉外戸籍と国際私法」158頁、「改訂設題解説渉外戸籍実務の処理Ⅱ」171頁以下

Q 159

夫又は妻になる者が外国人の場合、氏名は本国において使用する文字で記載することになりますか。

A　外国人が戸籍の届出をする場合は、本人の署名を除き日本の文字を用いることとされています（明治34.5.22民刑284号回答五）。外国人の氏名は、片仮名で、氏、名の順に記載し、併せてその者の本国において使用している文字を付記します（明治35.12.22民刑1163号通牒、昭和59.11.1民二5500号通達第4の3(1)）。なお、本国において使用している文字を付記していない場合でも、そのまま受理して差し支えないとされています（明治36.2.14民刑100号通牒）。また、片仮名で記載する場合は、氏と名の間に読点を付して区別するとされています（前掲民二5500号通達第4の3(1)）。

さらに、外国人が本国において氏名を漢字で表記するものである場合、例えば、中国のような漢字使用国であって、それが正しい日本文字としての漢字を用いる場合に限り、氏、名の順序により漢字で記載

して差し支えないとされています（前掲民二5500号通達第4の3(1)）〔**注**〕。

〔**注**〕　この場合の日本文字は，平易な文字（戸50条2項）に限定されていませんから，一般に市販されている漢和辞典等に収録されている漢字であれば差し支えないとされています。なお，中国の簡略文字は，正しい日本文字に該当しないので，使用できないとされています。

〔**参考文献**〕「改訂設題解説渉外戸籍実務の処理Ⅰ」222頁以下，「改訂設題解説渉外戸籍実務の処理Ⅱ」373頁以下，「全訂Q&A渉外戸籍と国際私法」120頁以下

Q160

夫又は妻になる者が外国人の場合，氏名を片仮名で，氏，名の順に記載し，本国において使用している文字を付記することとされていますが，その場合，「よみかた」欄には「平仮名」で記載することになりますか。

A　外国人の氏名は一般的には片仮名で記載されているので，「よみかた」欄に平仮名で記載する必要はないと考えられます。「よみかた」欄が設けられているのは，市区町村役場において住民基本台帳事務等を処理する上で必要とする便宜のためです（昭和47.2.14民事甲905号通達）。しかし，外国人住民についても日本人と同様に住民基本台帳の適用対象とされていますが（同法30条の45以下），外国人の氏名については，前記のとおり原則として片仮名の記載になっているので，平仮名での記載の必要はないものと考えられます。ただし，漢字使用国にあって，それが正しい日本文字としての漢字を用いる限り，氏，名の順序により漢字で記載して差し支えないとされています（昭和59.11.1民二5500号通達第4の3(1)）。その場合は，氏名のよみかた欄には平仮名を記載することになると考えられます。

〔**注**〕「出入国管理及び難民認定法及び日本国との平和条約に基づき日本の国籍

を離脱した者等の出入国管理に関する特例法の一部を改正する等の法律」（平成21年法律79号—平成24年7月9日施行）により，新しい在留管理制度が導入されました。この改正に伴い外国人登録法（昭和27年法律125号）は廃止され，外国人住民に係る住民基本台帳制度が導入されました。

これにより外国人の住民についても日本人と同様に住民基本台帳法の適用対象とされたため，「住民基本台帳法の一部を改正する法律」（平成21年法律77号）が平成24年7月9日施行され，外国人住民に関する特例の規定が新設されました（同法30条の45以下）。

4 「住所」欄

Q 161

夫になる者と妻になる者が，婚姻の届出当時まだ同居していない場合，「住所」欄はどのように記載するのですか。

A 住民登録をしている現在の住所及び世帯主の氏名を記載します。

〔注〕 婚姻届書の様式の「住所」欄には，「住民登録しているところ」と印刷されているので，婚姻による同居をする前であれば，一般的には婚姻届出時に住民登録している住所及び世帯主の氏名を記載することになります。

〔参考文献〕 「初任者のための戸籍実務の手引き（改訂新版第六訂）」117頁以下，「8訂版住民記録の実務」37頁以下・464頁以下，「7訂版初任者のための住民基本台帳事務」232頁以下

Q 162

夫になる者と妻になる者が，婚姻の届出当時既に同居しているが，住所を変更していない場合，「住所」欄はどのように記載するのですか。

A　同居している現在の住所及び世帯主の氏名を記載し，直ちに現在の住所に変更する転入又は転居の届出をしなければなりません。

〔注〕　住所を変更した場合は，14日以内に転入届又は転居届をしなければならないとされていますから（住基法22条・23条），その手続をすることになります。
〔参考文献〕「初任者のための戸籍実務の手引き（改訂新版第六訂）」117頁以下

Q 163

夫又は妻になる者が，外国人の場合の「住所」欄はどのように記載するのですか。

A　現実の住所を記載します。外国人が住民基本台帳法による登録をしているときは，その住所を記載します。

〔注〕「出入国管理及び難民認定法及び日本国との平和条約に基づき日本の国籍を離脱した者等の出入国管理に関する特例法の一部を改正する等の法律」（平成21年法律79号―平成24年7月9日施行）により，新しい在留管理制度が導入されました。この改正に伴い外国人登録法（昭和27年法律125号）は廃止され，外国人住民に係る住民基本台帳制度が導入されました。
　これにより外国人の住民についても日本人と同様に住民基本台帳法の適用対象とされたため，「住民基本台帳法の一部を改正する法律」（平成21年法律77号）が平成24年7月9日施行され，外国人住民に関する特例の規定が新設されました（同法30条の45以下）。

〔参考文献〕「初任者のための渉外戸籍実務の手引き（新版2訂）」137頁以下

Q 164

夫になる者及び妻になる者の双方が外国人の場合，「住所」欄はどのように記載するのですか。

A 　現実の住所を記載します。外国人が住民基本台帳法による登録をしているときは，その住所を記載します。なお，Q163を参照願います。

〔参考文献〕「初任者のための渉外戸籍実務の手引き（新版2訂）」137頁以下

Q 165

日本人同士が外国において創設的婚姻届を在外公館の長に届出をする場合（又は本籍地の市区町村長に郵送等により届出をする場合），「住所」欄はどのように記載するのですか。

A 　現実の住所を記載します。外国に在住する日本人には住民基本台帳法の適用がないので，世帯主の氏名の記載は要しません。

〔注〕　外国に在住する日本人間の婚姻届は，その国に駐在する在外公館の長に届出をすることができます（民741条，戸40条）。また，戸籍法は郵送等による届出を認めているので，外国から直接当事者の本籍地の市区町村長に郵送等による届出もできます（戸47条）。

〔参考文献〕「改訂設題解説渉外戸籍実務の処理Ⅰ」241頁以下，「初任者のための渉外戸籍実務の手引き（新版2訂）」137頁以下

Q 166

日本人同士が外国において外国の方式により婚姻をし，婚姻証書の謄本を在外公館の長（又は本籍地の市区町村長）に提出するときに添付する婚姻届書の「住所」欄はどのように記載するのですか。

A　現実の住所を記載します。外国に在住する日本人には住民基本台帳法の適用がないので，世帯主の氏名の記載は要しません。

〔注1〕　外国に在住する日本人は，外国の方式で婚姻した場合は，その国に駐在する在外公館の長に届出をすることができます（戸41条）。また，その国に在外公館の長が駐在しない場合は，本籍地の市区町村長に証書の謄本を発送することになります（同条2項）。また，戸籍法は郵送等による届出を認めているので，外国から直接当事者の本籍地の市区町村長に郵送等の手続きにより提出することもできます（戸47条）。

〔注2〕　婚姻証書の謄本を提出するときは，証書の謄本だけでは戸籍の記載ができない場合があります。例えば，日本人同士が婚姻するときは，夫婦の称する氏（民750条），又は戸籍法第30条に規定する本籍の表示，あるいは新本籍の場所等の届出に記載すべき事項は，証書の謄本には一般的には記載されていないものと考えられるから，それらの事項は婚姻届書用紙に記載し，これを添付する必要があります（昭和25．1．23民事甲145号回答(2)）。

〔**参考文献**〕　「改訂設題解説渉外戸籍実務の処理Ⅰ」243頁以下，「初任者のための渉外戸籍実務の手引き（新版2訂）」137頁以下

5 「本籍」欄

Q 167
夫になる者及び妻になる者の「本籍」欄の記載は，婚姻の届出をするときにおける本籍及び筆頭者の氏名を記載するのですか。

A そのとおりです。

例えば，夫又は妻になる者が親（養親を含む）の戸籍に在籍しているときは，親の戸籍の本籍とその戸籍の筆頭者を記載することになります。もし夫又は妻になる者が既に単独戸籍を編製し，戸籍の筆頭者になっているときは，その戸籍の本籍と筆頭者を記載します（戸29条3号）。

〔**参考文献**〕「全訂戸籍法」211頁以下，「設題解説戸籍実務の処理Ⅱ」242頁以下

Q 168
夫又は妻になる者が外国籍の場合の「本籍」欄の記載は，どのようにしますか。

A その者の国籍を記載します。例えば，「国籍アメリカ合衆国」のように記載します。

なお，婚姻の届書の「本籍」欄には，括弧書きで（外国人のときは国籍だけを書いてください）と注記されています。

〔**参考文献**〕「初任者のための戸籍実務の手引き（改訂新版第六訂）」117頁以下，「初任者のための渉外戸籍実務の手引き（新版2訂）」137頁以下

Q169

夫になる者及び妻になる者の婚姻後の本籍をどこにするかは，どのようにして決めるのですか。

A　夫婦の協議で決めることになります。

本籍と定める場所は，日本国の領土内であれば，いずれの場所に定めてもよいとされています。したがって，特殊な縁故の地であることを要しないし，また，生活の本拠である場所であることも要しないとされています（大正5.10.21民629号回答）。さらに，既に他人が本籍に定めている場所を選定しても差し支えないとされています。

なお，既に戸籍の筆頭者になっている者の氏を称する婚姻の場合は，その者の戸籍に氏を改めた者が入籍するので，新戸籍は編製しないことになります。したがって，本籍をどこに定めるかという問題は生じないことになります（戸16条1項ただし書）。

婚姻後の夫婦の氏と新本籍については，後掲7（Q182以下）の「婚姻後の夫婦の氏・新しい本籍」欄を参照願います。

〔注〕　本籍を定める場所は，日本の領土内であればいずれの場所に定めることも自由ですが，干拓地等で，いまだいずれの市区町村の区域に属するか，その行政区域が定められていない場所は選定できないとされています（昭和25.12.27民事甲3352号回答）。

〔**参考文献**〕「全訂戸籍法」48頁以下，「設題解説戸籍実務の処理Ⅰ」327頁以下

6 「父母の氏名，父母との続き柄」欄

Q170

父母が婚姻中で生存している場合，父母の氏名はどのように記載するのですか。また，父母との続き柄はどのように記載するのですか。

A 　父母が日本人の場合は，「父」欄には氏と名の順に父の氏名を記載します。「母」欄は母の名のみ記載します。母の氏は，婚姻中であれば父と同一ですから記載する必要はありません〔注〕。父母との続き柄は，戸籍のとおり記載します。

　〔注〕　父母欄の届書の記載は，父母が婚姻中のときは，日本人の場合は「夫婦同氏の原則」（民750条）により，母の氏の記載を省略します（下記参考文献の120頁参照）。これに対し，戸籍の記載はコンピュータ化戸籍では母の氏は記載します（戸規付録第24号参照）が，紙戸籍では母の氏は記載しません（戸規附録第6号参照）。
　　〔参考文献〕「初任者のための戸籍実務の手引き（改訂新版第六訂）」117頁以下

Q171

父母の一方が死亡している場合，父母の氏名の前に「亡」の文字を付けることになりますか。

A 　「亡」の文字を付ける必要はありません。

　〔注〕　戸籍の「父母」欄に父母の氏名を記載した後，父又は母が死亡したときは，従来，子，法定代理人又は死亡届の届出人から特に申出がされた場合に限り，父母欄に「亡」の文字を冠記してよいとされていました（昭和54.8.21民二4391号通達）が，その後，この取扱いは廃止されました（平成3.11.28民二

5877号通達）。

　これによって前記の申出も認められないことになり，また，婚姻，養子縁組，転籍等による新戸籍編製，他の戸籍への入籍又は戸籍の再製の場合は，従前の戸籍の父母（養父母）欄に「亡」の文字が冠記されていても，その「亡」の文字の移記は要しないことになりました（前掲民二5877号通達）。なお，戸籍の父母欄に「亡」の文字が冠記されている場合，冠記されている者又はその法定代理人から「亡」の文字の消除の申出がされたときは，これに応じて差し支えないとされています。その場合，例えば「申出により平成　年　月　日父欄（母欄）の亡の文字消除㊞」と記載します（「戸籍」586号89頁）。

　戸籍の記載については以上のような取扱いがされていますから，届書の記載においても，戸籍の「父母」欄に「亡」の文字の冠記がされていても，届書には「亡」の文字の記載は要しないことになります。

　〔**参考文献**〕「戸籍」586号85頁以下，「設題解説戸籍実務の処理Ⅱ」49頁以下

Q172

父母が離婚している場合，父母の氏名はどのように記載するのですか。

A　婚姻の届出をする時点における父母の氏名を記載します。したがって，本問の場合は，父母の離婚後の氏名を記載することになります。父母との続き柄は，父母が離婚しても変わりはないので，戸籍に記載されているとおり記載します。

　〔注〕　例えば，父母が離婚し，母が婚姻前の氏に復した後，「離婚の際に称していた氏を称する届」（戸籍法77条の2の届）をし，父母の呼称上の氏が同じであっても，民法上の氏が相違するので，母の氏を省略することなく記載します。

Q 173

父に認知されている場合，父母の氏名はどのように記載するのですか。また，父母との続き柄はどのように記載するのですか。

A 認知されたことによって，父と子の間に親子関係は生じているので，婚姻の届書に記載する父母の氏名は，婚姻の届出の時点における父母の氏名を記載します。また，父母との続き柄は，戸籍に記載されているとおり記載します〔注〕。

〔注〕 嫡出でない子の父母との続き柄は，①出生の届出がされた場合，父の認知の有無にかかわらず，母との関係のみにより認定し，母が分娩した嫡出でない子の出生順により，届書及び戸籍の「父母との続き柄」欄に「長男（長女）」，「二男（二女）」等と記載します。②既に従前の例により「男」，「女」と戸籍に記載されている場合は，事件本人又は母からの申出によって，「長男（長女）」，「二男（二女）」等と更正することができるとされています（平成16.11.1民一3008号通達）。

本問の子について父母との続き柄が，戸籍に「男」（又は女）と記載されている場合は，婚姻届書の「その他」欄に更正の申出の記載をして更正することができます。その記載がされているときは，婚姻前の戸籍において続き柄を更正した上で，新戸籍（又は入籍戸籍）には「長男（長女）」，「二男（二女）」等と記載することになります（前掲民一3008号通達2の(6)）。

〔**参考文献**〕「戸籍」765号1頁以下

Q 174

父に認知されていない場合，父母の氏名はどのように記載するのですか。また，父母との続き柄はどのように記載するのですか。

A 認知されていない子とその血縁上の父との法律上の親子関係は，父が認知しない限り生じないので，婚姻の届書に記載する父母の氏名は，

婚姻の届出の時点における母の氏名のみを記載します〔注1〕。また，父母との続き柄は，戸籍に記載されているとおり記載します〔注2〕。

〔注1〕 日本人女と外国人男の間に婚姻外の子が出生した場合，外国人男の本国法が，親子関係の成立について，生理上の親子関係（血縁関係）の存在が確認されれば，法律上の親子関係が成立するとする事実主義を採っている場合は，子の出生届書に，父の国籍証明書，父の本国法上事実主義が採用されていることの証明書，その者が子の父であると認めることの父の申述書，父の署名のある出生証明書等の添付がされたときは，届書に父の氏名を記載することができます。この場合は，届書に基づいて子の戸籍の「父」欄に父の氏名を記載することになります（平成2.10.2民二3900号通達第3の2(2)）。その子が婚姻の届出をするときは，届書の「父」欄に父の氏名を記載することになります。なお，わが国は認知主義を採っていますので，認知の届出がない限り親子関係は成立しません。

〔注2〕 嫡出でない子の父母との続き柄は，①出生の届出がされた場合，父の認知の有無にかかわらず，母との関係のみにより認定し，母が分娩した嫡出でない子の出生順により，届書及び戸籍の「父母との続き柄」欄に「長男（長女）」，「二男（二女）」等と記載します。②既に従前の例により「男」，「女」と戸籍に記載されている場合は，事件本人又は母からの申出によって，「長男（長女）」，「二男（二女）」等と更正することができるとされています（平成16.11.1民一3008号通達）。

　　本問の子について父母との続き柄が，戸籍に「男」（又は女）と記載されている場合は，婚姻届書の「その他」欄に更正の申出の記載をして更正することができます。その記載がされているときは，婚姻前の戸籍において続き柄を更正した上で，新戸籍（又は入籍戸籍）には「長男（長女）」，「二男（二女）」等と記載することになります（前掲民一3008号通達2の(6)）。

〔参考文献〕　「設題解説渉外戸籍実務の処理Ⅳ」105頁以下，「戸籍」555号106頁以下，765号1頁以下

Q 175

養子縁組により養父母がいる場合,「父母」欄の記載はどのようにするのですか。また,父母との続き柄はどのように記載するのですか。

A 「父母」欄には,実父母の氏名を記載します。また,「父母との続き柄」欄は,実父母との続き柄を戸籍に記載されているとおり記載します。

養父母の氏名は,届書の「その他」欄に記載します(戸規56条2号)。

なお,父母との続き柄の記載については,Q173・Q174・Q176からQ178を参照願います。

〔注〕 転縁組により,養父母が複数名いる場合も届書の「その他」欄に,その全部を記載することになります。

〔**参考文献**〕「初任者のための戸籍実務の手引き(改訂新版第六訂)」117頁以下

Q 176

実父母が離婚し,離婚した夫婦間の子が,実母の再婚の夫の養子になっている場合,「父母」欄の記載はどのようにするのですか。また,父母との続き柄はどのように記載するのですか。

A 「父母」欄には,実父母の氏名を記載します。また,「父母との続き柄」欄は,実父母との続き柄を戸籍に記載されているとおり記載します。

養父の氏名は,届書の「その他」欄に記載します。

なお,父母との続き柄の記載については,Q173からQ175・Q

177・Q178を参照願います。

〔**参考文献**〕「初任者のための戸籍実務の手引き（改訂新版第六訂）」117頁以下

Q177

父に認知されている子が，他の夫婦の養子になっている場合，父母の氏名はどのように記載するのですか。また，父母との続き柄はどのように記載するのですか。

A 「父母」欄には，実父母の氏名を記載します。また，「父母との続き柄」欄は，実父母との続き柄を戸籍に記載されているとおり記載します。

養父母の氏名は，届書の「その他」欄に記載します。

なお，父母との続き柄の記載については，Q173からQ176・Q178を参照願います。

〔**参考文献**〕「初任者のための戸籍実務の手引き（改訂新版第六訂）」117頁以下

Q178

父に認知されていない子が，他の夫婦の養子になっている場合，父母の氏名はどのように記載するのですか。また，父母との続き柄はどのように記載するのですか。

A 「父母」欄には，母の氏名のみを記載します。また，「父母との続き柄」欄は，母との続き柄を戸籍の記載のとおり記載します。

養父母の氏名は，届書の「その他」欄に記載します。

なお，父母との続き柄の記載については，Q173からQ177を参照願います。

〔参考文献〕「初任者のための戸籍実務の手引き（改訂新版第六訂）」117頁以下

Q179

特別養子になっている場合，父母の氏名はどのように記載するのですか。

A 戸籍上の父母の氏名を記載します。父母との続き柄も戸籍に記載されているとおり記載します。

〔注〕 特別養子の場合は，戸籍に「養父母」欄は設けられていないので，特別養子の婚姻の届出において，届書に実父母及び養父母の氏名を区別して記載する必要はなく，戸籍に記載されている父母の氏名及び父母との続き柄を記載すればよいことになります。

Q180

日本人と外国人父母間の嫡出子の場合，父母の氏名はどのように記載するのですか。

A 戸籍上の父母の氏名を記載します。父母との続き柄も，戸籍に記載されているとおり記載します。外国人の父又は母の氏名は，氏，名の順序により片仮名で記載し，氏と名とはその間に読点を付して区別することになります。

外国人が，本国において氏名を漢字で表記する場合であれば，それが正しい日本文字としての漢字を用いるときに限り，氏，名の順序により漢字で記載して差し支えないとされています（昭和59.11.1民二5500号通達第4の3⑴）。

〔**参考文献**〕「改訂設題解説渉外戸籍実務の処理Ⅱ」373頁以下

Q 181

外国人夫婦間の養子になっている場合，父母の氏名はどのように記載するのですか。

A 「父母」欄には，実父母の氏名を記載します。また，「父母との続き柄」欄は，実父母との続き柄を戸籍のとおり記載します。
　養父母の氏名は，届書の「その他」欄に記載します。

〔**注**〕 外国人が本国において氏名を漢字で表記する場合，例えば，中国のように漢字使用国であって，その氏名の文字が正しい日本文字としての漢字を用いているときは，氏，名の順序により漢字で記載して差し支えないとされています（昭和59.11.1民二5500号通達第4の3⑴）。

〔**参考文献**〕「改訂設題解説渉外戸籍実務の処理Ⅱ」373頁以下

7　「婚姻後の夫婦の氏・新しい本籍」欄

(1)　「□夫の氏」・「□妻の氏」欄

Q 182

婚姻の届出の際に，婚姻後の夫婦の称する氏を「夫」（又は「妻」）の氏と協議で定めたときは，届書の「□夫の氏」（又は「□妻の氏」）の□の箇所にチェックすることになりますか。
その場合，氏の協議をした書類を添付することになりますか。

A　婚姻届書中に「婚姻後の夫婦の氏・新しい本籍」欄がありますので，同欄の「□夫の氏」（又は「□妻の氏」）の□の箇所にチェックすることになりますが，氏を協議で定めた書類等の添付は要しません。

　婚姻の届書に記載した事項は，届出人である夫となる者及び妻となる者が，相違ないことを確認して署名・押印し，かつ，証人2名も，当該届出について確認し，署名・押印，その上で届出人が届出をすることになります。したがって，夫婦がいずれの氏を称するかを記載する箇所の記載も届出人において確認しているので，氏についての協議をした旨の書類等は，一般的に作成することはないと考えられますし，また，その書類等の添付を求められることもありません。

〔注〕　日本人同士が婚姻する場合，夫婦は婚姻の際に定めるところに従い，夫又は妻のいずれかの氏を称することになります（民750条）が，そのことについては，婚姻の届出の際に届書に「夫婦の称する氏」を記載することとされています（戸74条1号）。その記載方法は，婚姻の届書に「□夫の氏」・「□妻の氏」の欄が設けられていますから，該当する箇所にチェックすればよいことになります。

Q 183

日本人同士が婚姻する場合，夫又は妻になる者は，それぞれ婚姻前の氏をそのまま称することはできないのですか。

A 現行法上は，夫婦は婚姻の際に，夫又は妻になる者の氏のいずれかを称することとされています（民750条）。したがって，婚姻後は夫婦が婚姻の際に協議で定めた夫の氏又は妻の氏のいずれかの氏を称することになります（夫婦同氏の原則）。そのため婚姻により氏を改めた者は，婚姻前の氏を戸籍上は使用することができないことになります。

なお，婚姻の届出の際に届書に「夫婦の称する氏」を記載することとされていますが（戸74条1号），その記載の方法は，婚姻の届書に「婚姻後の夫婦の氏・新しい本籍」欄に，「□夫の氏」・「□妻の氏」の欄がありますので，該当する箇所にチェックすることになります。

その場合に，いずれの氏にもチェックせず，あるいは双方の氏にチェックしているときは，適法な届出とは認められないので，届出人に届書の補正をしてもらうことになります。もし，補正をしない場合は，当該届出は受理することができないことになります（戸34条2項）。

〔注〕 婚姻後も夫婦が婚姻前の氏を称するとする，いわゆる選択的夫婦別氏制度については，現時点では次のとおり説明されています（法務省民事局ホームページ参照）。

選択的夫婦別氏制度（いわゆる選択的夫婦別姓制度）について
1．現在の民法のもとでは，結婚に際して，男性又は女性のいずれか一方が，必ず氏を改めなければなりません。そして，現実には，男性の氏を選び，女性が氏を改める例が圧倒的多数です。ところが，女性の社会進出等に伴い，改氏による社会的な不便・不利益を指摘されてきたことなどを背景に，選択的夫婦別氏制度の導入を求める意見があります。
2．選択的夫婦別氏制度とは，夫婦が望む場合には，結婚後も夫婦がそれぞれ結婚前の氏を称することを認める制度です。なお，この制度は，一般に「選択的夫婦別姓制度」と呼ばれることがありますが，民法等の法律では，「姓」や「名字」のことを「氏」と呼んでいることから，法務省では「選択的夫婦別氏制度」と呼んでいます。
3．法務省においては，平成3年から法制審議会民法部会（身分法小委員

会）において，婚姻制度等の見直し審議［PDF］を行い，平成8年2月に，法制審議会が「民法の一部を改正する法律案要綱」を答申しました。同要綱においては，「夫婦は，婚姻の際に定めるところに従い，夫若しくは妻の氏を称し，又は各自の婚姻前の氏を称するもの」とする選択的夫婦別氏制度の導入が提言されています。この答申を受け，法務省においては，平成8年及び平成22年にそれぞれ改正法案を準備しましたが，国民各層に様々な意見があること等から，いずれも国会に提出するには至りませんでした（平成22年に準備した改正法案の概要等については，平成22年2月24日開催第16回法務省政策会議配布資料［PDF］をご参照ください。）。

4．選択的夫婦別氏制度の導入については，これまでも政府が策定した男女共同参画基本計画に盛り込まれてきましたが，平成27年12月に閣議決定された第4次男女共同参画基本計画（新たなウィンドウが開き，内閣府男女共同参画局のホームページへリンクします。）においても，夫婦や家族の在り方の多様化や女子差別撤廃委員会の最終見解も踏まえ，選択的夫婦別氏制度の導入等の民法改正について，引き続き検討を進めることとされています。

5．平成24年に実施した「家族の法制に関する世論調査」の結果では，選択的夫婦別氏制度を導入してもかまわないと答えた者は全体の35.5％であるのに対し，現行の夫婦同氏制度を改める必要はないと答えた者は全体の36.4％です。

　また，世代別では，若い世代の方が選択的夫婦別氏制度を導入してもかまわないと答えた割合が多く，例えば，20代では，選択的夫婦別氏制度を導入してもかまわないと答えた者の割合は47.1％であるのに対し，現行の夫婦同氏制度を改める必要はないと答えた者の割合は21.9％であり，60代では，選択的夫婦別氏制度を導入してもかまわないと答えた者の割合は33.9％であるのに対し，現行の夫婦同氏制度を改める必要はないと答えた者の割合は43.2％です。

6．法務省としては，選択的夫婦別氏制度の導入は，婚姻制度や家族の在り方と関係する重要な問題ですので，国民の理解のもとに進められるべきものと考えています。

Q184

日本人と外国人が婚姻する場合，婚姻後の夫婦の称する氏を，夫婦の協議で「夫」又は「妻」の氏と定めることになりますか。
また，届書の「□夫の氏」・「□妻の氏」の□の箇所のチェックはどのようになりますか。

A 本問の場合，民法第750条の規定は適用されないので，協議で夫婦の氏を，夫又は妻になる者のいずれかに定める必要はありません。

したがって，婚姻届書の「婚姻後の夫婦の氏・新しい本籍」欄の「□夫の氏」・「□妻の氏」の□の箇所にチェックは要しないことになります。ただし，日本人については，その者が戸籍の筆頭者でないときは，その者につき現在の氏で新戸籍を編製することになるので（戸16条3項本文），新本籍を記載します。

〔注〕 日本人と外国人が婚姻した場合の氏について，戸籍実務は，氏は夫婦それぞれの人格権の問題であるとして，各人の本国法によるべきであるとしています。そして，民法第750条は日本人同士の婚姻には適用されますが，日本人と外国人との婚姻のときは，外国人には日本民法上の氏がないことから，その適用はないものと解しており，夫婦の称すべき氏の選択の余地はないので，夫婦は各別に婚姻前の氏を称するものとしています（昭和26.4.30民事甲899号回答，昭和26.12.28民事甲2424号回答，昭和40.4.12民事甲838号回答，昭和42.3.27民事甲365号回答）。

〔参考文献〕「全訂Q&A渉外戸籍と国際私法」158頁以下，「はじめての渉外戸籍」103頁，「改訂設題解説渉外戸籍実務の処理Ⅱ」113頁以下

Q 185

日本人と外国人が婚姻した場合において，婚姻後に日本人が外国人配偶者の称している氏に変更するときは，どのようにしたらよいですか。

A　外国人配偶者の称している氏に変更する「外国人との婚姻による氏の変更届」（戸籍法107条2項の届）をすることになります。

この届出は，婚姻の日から6か月以内にした場合は家庭裁判所の許可を要しないが（戸107条2項），その期間を経過した後は，家庭裁判所の許可を得て「氏の変更届」をすることになります（同条1項）。

〔注〕　氏を変更するについて，家庭裁判所の許可を要しないとする6か月の届出期間は，戸籍法に定められているから，その計算方法は，同法第43条の規定により婚姻成立の日を初日に算入することになり，民法の期間計算に関する一般原則（民140条）は適用しないことになります。したがって，外国の方式による婚姻の場合は，その方式による婚姻成立の日が期間計算の初日になりますから，婚姻証書謄本の提出日から計算することにはなりませんので，留意する必要があります。

〔参考文献〕　「全訂Q&A渉外戸籍と国際私法」158頁以下，「はじめての渉外戸籍」103頁，「改訂設題解説渉外戸籍実務の処理Ⅱ」113頁以下，「改訂設題解説戸籍実務の処理Ⅸ」54頁以下

(2) 「新本籍」欄

Q 186

日本人同士の婚姻の場合において，夫になる者及び妻になる者の双方が，父母の戸籍にそれぞれ在籍しているときは，婚姻後の新本籍は，いずれかの婚姻前の本籍と同じ場所に定めることになりますか。

A 婚姻前の本籍に限られてはいません。

　本問の場合は，夫婦の協議で夫又は妻になる者のいずれの氏を称するか（民750条，戸74条）及び新本籍と定める場所（戸30条1項）を決めることになります。なお，新本籍と定める場所は，日本国の領土内であれば，いずれの地に本籍を定めてもよいことになります〔注〕。

〔注〕　本籍を定める場所は，日本の領土内であればいずれの場所に定めることも自由ですが，干拓地等で，いまだいずれの市区町村の区域に属するか，その行政区域が定められていない場所は選定できないとされています（昭和25.12.27民事甲3352号回答）。

　また，日本人が外国の方式により婚姻が成立し，その報告的届出（証書謄本の提出―戸41条）の場合において，新本籍の場所の記載を遺漏しているときは，補正を求めることになると考えます。なお，届出人による補正が困難なときは，戸籍法第30条第3項を類推し，管轄法務局の長の許可を得て，従前の本籍と同一の場所に新本籍を定めたものとみて処理すべきものとされています（昭和23.4.21民事甲945号回答）。

〔参考文献〕　「全訂戸籍法」215頁以下，「設題解説戸籍実務の処理Ⅰ」327頁以下，「初任者のための戸籍実務の手引き（改訂新版第六訂）」117頁以下

Q187

日本人同士の婚姻の場合において，夫になる者が戸籍の筆頭者で，妻になる者が父母の戸籍に在籍しているときは，婚姻後の新本籍は，夫婦の協議で定めることになりますか。

A　本問の場合，①夫の氏を称する婚姻をするときは，夫になる者は既に戸籍の筆頭者になっているので，妻になる者は夫の戸籍に入籍します（戸16条１項ただし書き）。したがって，新本籍の場所を協議して定める必要はありません。②もし，夫婦の協議で妻の氏を称する婚姻をするときは，新本籍の場所を協議で定めることになります（戸74条１号・16条１項本文・30条１項）。その場合の新本籍の場所は，日本国の領土内であれば，いずれの地に本籍を定めることができます〔注〕。

〔注〕　上記①の場合において，婚姻後は夫の氏と定めることに協議が調ったが，その本籍を現在の夫の戸籍の本籍ではなく，他の市区町村に定めることを希望しているときは，婚姻後に夫婦で本籍を他の市区町村の希望する場所を本籍と定める転籍の届出をすることになります。なお，この場合は，婚姻の届出前に夫となる者が婚姻後の新本籍地と定める場所に，あらかじめ転籍の届出をしておくことも考えられます。
　　上記②の場合において，本籍を定める場所は，日本の領土内であればいずれの場所に定めることも自由ですが，干拓地等で，いまだいずれの市区町村の区域に属するか，その行政区域が定められていない場所は選定できないとされています（昭和25.12.27民事甲3352号回答）。

〔**参考文献**〕「設題解説戸籍実務の処理Ⅰ」327頁以下

Q 188

日本人同士の婚姻の場合において，夫になる者及び妻になる者の双方が，いずれも戸籍の筆頭者であるときは，婚姻後の新本籍は，いずれかの婚姻前の本籍と同じ場所に定めることになりますか。

A　本問の場合は，婚姻の際の協議でいずれの氏を称することになっても，双方が戸籍の筆頭者ですから，氏を改める者は，氏を改めない者の戸籍に入籍することになります（戸16条1項ただし書，2項）。したがって，婚姻後の本籍は，筆頭者になる者（この場合は氏を改めない者）の戸籍のある場所が本籍になります。

〔注〕　本問の場合において，氏を改めた者の戸籍に在籍する子がある場合は，氏を改めた母（父）の戸籍に入籍するには，家庭裁判所の子の氏変更許可審判（民791条1項）を得て，入籍の届出をすることになります（戸98条，家事法160条・同法別表第一60項）。ただし，その子が父母の婚姻により準正嫡出子の身分を取得している場合（父母の婚姻前に父に認知されているとき）は，家庭裁判所の許可審判は不要です（民791条2項）。

〔参考文献〕　「改訂設題解説戸籍実務の処理Ⅴ(1)」283頁以下

Q 189

日本人と外国人の婚姻の場合において，日本人が父母の戸籍に在籍しているときは，婚姻後の日本人の戸籍及び本籍はどのようになりますか。

A　日本人については，同人の氏で新戸籍が編製されます（戸16条3項）。その新本籍は，日本国の領土内であれば，いずれの場所に定めても差し支えないとされています。新本籍は，婚姻届書の「婚姻後の夫婦の氏・新しい本籍」欄の新本籍の箇所に記載します。

〔注〕　日本人が外国人と婚姻した場合の氏については，戸籍の実務上は，民法第750条の規定は適用されないと解されています（昭和26．4．30民事甲899号回答(1)，昭和40．4．12民事甲838号回答，昭和42．3．27民事甲365号回答，昭和55．8．27民二5218号通達）。したがって，夫婦の協議で婚姻後の氏及び新本籍の場所を定める必要はありません。
　　〔**参考文献**〕「改訂設題解説戸籍実務の処理Ⅴ(1)」287頁以下，「改訂設題解説渉外戸籍の実務Ⅱ」171頁以下

Q 190

日本人と外国人の婚姻の場合において，日本人が戸籍の筆頭者であるときは，婚姻後の日本人の戸籍及び本籍はどのようになりますか。

A　　外国人との婚姻事項が日本人の戸籍の「身分事項」欄に記載され，「配偶欄」を設けて，妻（又は夫）と記載されますが，本籍に変動はありません。

〔注〕　日本人が外国人と婚姻した場合の氏については，戸籍の実務上は，民法第750条の規定が適用されないと解されています。したがって，夫婦の協議で婚姻後の氏及び新本籍の場所を定める必要はありません。
　　〔**参考文献**〕「改訂設題解説戸籍実務の処理Ⅴ(1)」287頁以下，「改訂設題解説渉外戸籍の実務Ⅱ」171頁以下・175頁以下・177頁以下

8 「同居を始めたとき」欄

Q 191
「同居を始めたとき」欄は，どうして記載するのですか。

A 人口動態調査票の作成に必要なためです。

〔注〕 人口動態調査令に基づく人口動態の調査資料は，出生，死亡，死産，婚姻及び離婚の戸籍の届出がされたときは，市区町村長は厚生労働大臣の定めるところにより，これらの届書等によって人口動態調査票を作成しなければならないとされています（人口動態調査令3条，同令施行細則1条）。

そのため，これらの届書の様式の中に人口動態調査票の作成に必要な記載欄が設けられています。すなわち，婚姻届書については戸籍法第74条第2号の規定を受けて，同法施行規則第56条第4号に本問のような夫婦が同居を始めたときの年月を記載事項と定めているので，それに合わせて届書の様式も定められています。

戸籍関係届書類標準様式（昭和59.11.1民二5502号通達）の婚姻届書の欄外余白には「届け出られた事項は，人口動態調査（統計法に基づく基幹統計調査，厚生労働省所管）にも用いられます。」と注記されていますが，これは前記の趣旨を表しています。

この欄に記載する年月は，婚姻の届出をした年月ではなく，実際に結婚式をあげたとき，または，同居を始めたときのうち早いほうを記載することになっています（同欄の（ ）書き参照）。

なお，この欄は「年月」となっていますので，「日」を記載する必要はありません。また，届書に記載するときに，その「年月」を忘れたときは，「不詳年月」と記載し，「月」を忘れたときは「平成21年不詳月」と記載するのが適当でしょう。

〔参考文献〕「改訂設題解説戸籍実務の処理Ⅲ」130頁以下

Q 192

「同居を始めたとき」欄の記載をしたときは，結婚式をあげたとき，又は，同居を始めたときについて，何か証明するものが必要ですか。

A　証明するものは必要とされていません。
　この欄は，夫婦が結婚式をあげたとき，または，同居を始めたときのうち早いほうを記載するもので，事実上の婚姻生活を始めたときを，当事者らが事実に基づいて記載するものですから，証明することまで求められていません。

9　「初婚・再婚の別」欄

Q 193

「初婚・再婚の別」欄は，どうして記載するのですか。

A　人口動態調査票の作成に必要なためです。

〔注〕　人口動態調査票の作成については，Q191を参照願います。

Q 194

再婚の場合の「□死別年月日，□離別の年月日」欄は，どのように記載するのですか。

A この欄は，人口動態調査票の作成に必要なため設けられています（戸規56条3号）。なお，Q191・193を参照願います。

再婚というのは，直前の婚姻があることです。その直前の婚姻の解消が，配偶者の死亡によるか又は離婚によるかについて，□の箇所にチェックしてその年月日を記載します。

〔注〕再婚の前に更に婚姻がある場合は，現在の婚姻は，再々婚ということになりますが，ここには直前の婚姻のことを記載することになります。

　直前の婚姻と再婚の間に，他男（又は他女）との内縁がある場合は，内縁は法律上の婚姻ではないので，この欄にはその内縁についての死別，離別の年月日は記載せずに，直前の法律婚についてのみを記載します。婚姻届書用紙の欄外余白に「再婚のときは，直前の婚姻について書いてください。内縁のものはふくまれません。」と注意書きしているのはその意味です。

10 「同居を始める前の夫妻のそれぞれの世帯のおもな仕事と夫妻の職業」欄

Q 195

「同居を始める前の夫妻のそれぞれの世帯のおもな仕事と夫妻の職業」欄は，どうして記載するのですか。

A 人口動態調査票の作成に必要なためです。

〔注〕人口動態調査令に基づく人口動態の調査資料は，出生，死亡，死産，婚姻及び離婚の戸籍の届出されたときは，市区町村長は，厚生労働大臣の定めるところにより，これらの届書等によって人口動態調査票を作成しなければな

らないとされています（人口動態調査令3条，同令施行細則1条）。
　そのため，これらの届書の様式の中に人口動態調査票の作成に必要な記載欄が設けられています。すなわち，婚姻届書については戸籍法第74条第2号の規定を受けて，同法施行規則第56条第5号に本問のような「同居を始める前の夫妻のそれぞれの世帯のおもな仕事と夫妻の職業」を記載事項と定めているので，その記載に合わせて届書の様式も定められています。
　なお，人口動態調査票の作成については，Q191を参照願います。
〔**参考文献**〕「改訂設題解説戸籍実務の処理Ⅲ」130頁以下

Q 196

「同居を始める前の夫妻のそれぞれの世帯のおもな仕事と夫妻の職業」欄の「夫の職業」，「妻の職業」は，国勢調査の年に記載するとされていますが，これはどうしてですか。

A 　人口動態調査票の作成に必要なためです。

〔注〕　人口動態調査令に基づく人口動態の調査資料は，出生，死亡，死産，婚姻及び離婚の戸籍の届出されたときは，市区町村長は，厚生労働大臣の定めるところにより，これらの届書等によって人口動態調査票を作成しなければならないとされています（人口動態調査令3条，同令施行細則1条）。
　そのため，これらの届書の様式の中に人口動態調査票の作成に必要な記載欄が設けられています。すなわち，戸籍法施行規則第56条第5号は「同居を始める前の当事者の世帯の主な仕事及び国勢調査実施年の4月1日から翌年3月31日までの届出については，当事者の職業」と規定されていますが，これは戸籍法第74条第2号の規定を受けて，婚姻届書に本問のような欄が設けられています。
　なお，国勢調査は，わが国に住んでいるすべての人を対象とする国のもっとも基本的な統計調査で，国内の人口や世帯の実態を明らかにするため，5年ごとに実施されます（統計法4条，国勢調査令1条以下）。最近では平成27年に実施されていますが，次は平成32年に実施されることになると考えます。
　人口動態調査票の作成については，Q191を参照願います。

11 「その他」欄

Q 197

「その他」欄には，どのようなことを記載するのですか。

A 婚姻の届書の各該当欄に記載できない事項を記載します。

なお，具体例については，Q198を参照願います。

〔注〕 婚姻の届出は，その届出の事案によって内容が異なりますが，戸籍の記載などに必要な事項を，届書のいずれの欄に記載すべきかわからない場合や，該当すべき欄がない場合もあります。その場合は，それらの事項を「その他」欄に記載することになります（戸35条）。

例えば，婚姻する男女間に婚姻前に認知した子がある場合，その子は父母の婚姻により嫡出子の身分を取得する（民789条1項）が，婚姻の届出をする場合は，その子の戸籍に父母が婚姻した旨及び父母との続き柄を訂正する旨の記載をすることになります（法定記載例78・79・80）。その場合は「その他」欄に，その子が嫡出子の身分を取得する旨及び父母との続き柄を訂正する子の戸籍の表示と氏名，住所，生年月日を記載します。

具体的には，次のように記載します。

「父母の婚姻により嫡出子「長女」の身分を取得する者の戸籍の表示，氏名，住所及び生年月日は次のとおりです。　戸籍の表示　東京都千代田区平河町一丁目4番地　乙野竹子　住所　東京都港区新橋2丁目5番6号　乙野春子　平成18年3月6日生」

そのほか，次のような例があります。しかし，これに限定されるものではありません。

1　普通養子が婚姻届をする場合は，養父母の氏名の記載
2　離婚の際親権者が定められた子の父母が再婚したため，子が父母の共同親権に服する旨の記載
3　成年擬制者が再婚するにあたり，20歳未満でも父母の同意を要しない旨の記載
4　婚姻当事者の一方が未成年者のため，父母の同意をする旨の記載。養父母がある場合は，養父母の同意のみで足りる（Q21参照）。
5　婚姻当事者の一方が未成年者のため，同意する父母が証人になっている旨の記載。養父母が証人になっている場合も同様です。
6　妻の戸籍に在籍する子について，父母の婚姻により嫡出子の身分を取得する旨及び出生事項中の届出資格を「父」と更正されたい旨の記載
7　日本人と外国人の婚姻届において，外国人の婚姻要件具備証明書等を添

付する旨の記載
8　日本人同士又は日本人と外国人間の婚姻が，外国の方式により婚姻し，その証書の謄本を在外公館の長又は本籍地の市区町村長に届出をする旨の記載

〔**参考文献**〕「初任者のための戸籍実務の手引き（改訂新版第六訂）」117頁以下，「補訂第3版注解戸籍届書「その他」欄の記載」245頁以下

Q198

「その他」欄には，具体的にどのような事項を記載することになりますか。
その記載は，どのようにして確認することになりますか。

A　戸籍の記載などに必要な事項で，届書に該当する欄がないものを記載します（戸35条）が，その記載の審査及び確認は，届書の記載，届書の添付書類，戸籍の原本等によって行うことになります。

具体的には，次のような事項です。

1　婚姻当事者が普通養子である場合
　　例えば，次のように記載します。

　　夫の養親　　　　　　　　　　妻の養親
　　　養父　甲野義太郎　　　　　　養父　乙野孝吉
　　　養母　　梅　子　　　　　　　　　　松子

2　離婚の際，親権者と定められた子の父母が再婚したため，子が父母の共同親権に服する旨の記載
　　例えば，次のように記載します。
　　この婚姻により父母の共同親権に服する者の氏名及び生年月日は次のとおりです。
　　長男　丙川一郎　平成17年5月18日生

3　成年擬制者が再婚するにあたり，20歳未満でも父母の同意を要

しない旨の記載

例えば，次のように記載します。

妻は，再婚者につき父母の同意を要しない。

4 婚姻当事者の一方が未成年者のため，父母（養父母）の同意をする旨の記載（養父母がある場合は，養父母の同意のみで足りる。）

例えば，次のように記載します。

妻は未成年者につき，この婚姻に同意する。

住所　東京都新宿区西新宿9丁目10番11号
　　　父（養父）　甲川一男㊞　昭和47年2月5日生
住所　同上
　　　母（養母）　甲川夏子㊞　昭和48年8月5日生

5 婚姻の当事者の一方が未成年者のため，同意する父母（養父母）が証人になっている旨の記載（養父母がある場合は，養父母の同意のみで足りる。）

例えば，次のように記載します。

妻は未成年者であるが，父母（養父母）の同意は証人を兼ねる。

6 妻の戸籍に在籍する子について，父母の婚姻により嫡出子の身分を取得する旨及び出生事項中の届出資格を「父」と更正されたい旨の記載

例えば，次のように記載します。

(1) 父母の婚姻により嫡出子「長男」の身分を取得する者の戸籍の表示，氏名，住所及び生年月日

戸籍の表示　東京都千代田区平河町1丁目10番地　丙川竹子
住　所　　　東京都港区高輪9丁目12番13号
丙川一郎　平成19年8月17日生

(2) 出生事項中，届出人の資格を「父」と更正されたい。

7 結婚式をせず，かつ，事実上の同居もしていないため，届書の(5)欄の「同居を始めたとき」を空欄として届出する場合

例えば，次のように記載します。

結婚式をせず同居もしていないため(5)欄は空欄である。

8　日本人と外国人の婚姻届において，外国人の婚姻要件具備証明書等を添付する旨の記載

　　例えば，次のように記載します。

　　妻（又は夫）の婚姻要件具備証明書を添付する。

9　日本人同士又は日本人と外国人間の婚姻が，外国の方式により婚姻し，その証書の謄本を在外公館の長又は本籍地の市区町村長に提出する場合の記載

　　例えば，次のように記載します。

　　平成21年9月15日フィリピン共和国の方式により婚姻が成立した。

　　婚姻証書謄本提出及び訳文を添付する。

〔参考文献〕「初任者のための戸籍実務の手引き（改訂新版第六訂）」117頁以下，「初任者のための渉外戸籍実務の手引き（新版2訂）」137頁以下，「補訂第3版注解戸籍届書「その他」欄の記載」245頁以下

Q 199

届書の「その他」欄には，届書の各欄に記載することができない事項を記載することとされているが，その必要とされる事項以外の事項を記載したときは，どのようになりますか。

A　記載している事項は必要がないので，削除をするように届書の補正を求められることになります。

　しかし，届出人が補正しない場合，又は記載されている事項が届出に影響を及ぼさない軽微な事項の場合は，符せん処理をすることが考えられます（標準準則33条）。

12 「届出人署名押印」欄

(1) 届出人が自署できない場合

Q 200
届出人が，「届出人署名押印」欄に自ら署名できないときは，どのようにすればよいですか。

A　届出人に代わって，他の者が届出人の氏名を記載します。
　その場合は，届書の「その他」欄に「届出人は署名できないので，代書した。」と記載することになります（戸規62条）。

〔注〕
1　婚姻届書の代署が認められるかについて，学説は，婚姻意思の確実を期するために，自署は届出の受理要件とし，成立要件ではないと解しています。また，戸籍法施行規則第62条の代署の規定は，報告的届出に適用されるが，婚姻，離婚，養子縁組，離縁の場合は適用されないと解しています。
　これに対して判例は，戸籍法施行規則第62条の規定は，前記の4つの届書にも適用されるとしています（大審院昭和11.6.30判決・民集15巻1290頁，最高裁昭和31.7.19判決・民集10巻7号908頁）。
　戸籍実務は，以前は学説と同様に代署は認めないとしていたが（大正5.2.4民1851号回答），その後，代署による届出を認めることになりました（昭和14.10.9民事甲1100号通牒）。

2　届書には届出人が署名し，印を押すことになっていますが（戸29条），署名できない場合や印を有しないこともあります。その場合は，次のようにします（戸規62条1項）。
　① 印を有しないときは，署名するだけでよい。
　② 署名することができないときは，氏名を代書させ，押印する。
　③ 署名することができず，かつ，印を有しないときは，氏名を代書させ，拇印をする。
　上記の①から③の場合は，届書の「その他」欄にその事由を記載します（同条2項）。
　例えば，①の場合は，「届出人は署名したが，印がないので押印しない。」
　②の場合は，「届出人は署名できないので，代書した。」
　③の場合は，「届出人は署名できないので，代書した。また，印がないので拇印をした。」と記載します。

なお，氏名を代書した場合，代書した者の署名押印は要しません（明治32.2.20民刑2301号回答）。

また，届出人が外国人の場合は，署名をするだけでよいとされています（「外国人ノ署名捺印及無資力証明ニ関スル法律」明治32年法律第50号１条）。

〔**参考文献**〕 「新版注釈民法(21)親族(1)」249頁以下，「改訂親族法逐条解説」67頁以下，「改訂戸籍届書の審査と受理」82頁以下・395頁以下，「設題解説戸籍実務の処理Ⅱ」276頁以下，「初任者のための戸籍実務の手引き（改訂新版第六訂）」９頁，「補訂第３版注解戸籍届書「その他」欄の記載」９頁以下

(2) 届出人が印を有しない場合

Q 201

届出人が，「届出人署名押印」欄に署名した後，押印しようとしたところ，印を持参していないときは，押印しないで届書を提出できますか。

A 署名している場合は，そのまま提出できます。

その場合は，届書の「その他」欄に「届出人は署名したが，印がないので押印しない。」と記載することになります（戸規62条）。

〔注〕 戸籍法第29条は，
「届書には，左の事項を記載し，届出人が，これに署名し，印をおさなければならない。（以下省略）」
戸籍法第33条は，
「証人を必要とする事件の届出については，証人は，届書に出生の年月日，住所及び本籍を記載して署名し，印をおさなければならない。」
と規定しているので，戸籍の届出においては，通常，署名，押印が原則と解されます。
しかし，自署できない場合，印を有しない場合もあることから，その場合は，戸籍法施行規則第62条の規定により取り扱うことになります。
届出人の代署については，Ｑ200を参照願います。

〔参考文献〕「改訂戸籍届書の審査と受理」82頁以下・395頁以下,「設題解説戸籍実務の処理Ⅱ」276頁以下,「初任者のための戸籍実務の手引き（改訂新版第六訂）」9頁,「補訂第3版注解戸籍届書「その他」欄の記載」5頁以下

Q 202

届出人が,「届出人署名押印」欄に署名したあとに押す印は, 実印でなければならないですか。もし, 認印しか持っていない場合はどうすればよいですか。

A 認印でよいとされています。

〔注〕 届出人の所持する印であるか判然としない, いわゆる「三文判」といわれる印を押した届書については, 後日, 裁判上の問題となった場合を考慮し, 使用をしないようにするのが, 届出人のためであると考えます。戸籍の先例では, この「三文判」については極力その使用を禁ずるように指導するとともに, できるだけ実印を押印させるのが望ましいとするものがあります（明治43.11.25民刑1045号回答）。

この届出人の実印の使用については, 届出の受理によって効力が生ずる婚姻, 離婚, 養子縁組, 離縁等の創設的届出においては効果的と考えられます。しかし, 実印をもっていない者もいることから, 実印の押印を強制することは適当でないと考えますので, その場合は, 認印でも差し支えないと考えます。

なお, 出生, 死亡等の報告的届出においては, 事実の届出であることから, 実印の押印まで求める必要はなく, 認印で差し支えないとされています。

届出人の押印については, Q200・Q201を参照願います。

〔参考文献〕「改訂戸籍届書の審査と受理」82頁以下,「設題解説戸籍実務の処理Ⅱ」273頁以下,「初任者のための戸籍実務の手引き（改訂新版第六訂）」9頁,「補訂第3版注解戸籍届書「その他」欄の記載」5頁以下・9頁以下

(3) 届出人が自署できず印も有しない場合

Q 203

届出人が,「届出人署名押印」欄に自ら署名できず,また,印を持参していない場合はどのようにすればよいですか。

A　届出人に代わって,他の者が届出人の氏名を記載し,届出人が拇印をします(戸規62条1項)。

　その場合は,届書の「その他」欄に「届出人は署名できないので,代書した。また,印がないので拇印をした。」と記載することになります(同条2項)。

　なお,届出人の代署については,Q200を,押印については,Q201・Q202を参照願います。

〔**参考文献**〕「改訂戸籍届書の審査と受理」82頁以下,「設題解説戸籍実務の処理Ⅱ」273頁以下,「初任者のための戸籍実務の手引き(改訂新版第六訂)」9頁,「補訂第3版注解戸籍届書「その他」欄の記載」5頁以下・9頁以下

13 「証人」欄

Q 204

婚姻届の証人は,日本人でなければなりませんか。

A　日本人に限られていないので,外国人も証人になれます。

　婚姻,協議離婚,養子縁組,協議離縁の各届出における証人は,2人以上の成年の証人を必要としています(民739条2項・764条・799条・812条)が,これには,婚姻による成年擬制者(民753条)も含まれます。

また，外国人の証人が成年者であるかどうかは，その者の本国法によって定まります（通則法4条1項）。

〔注〕　証人制度は，当事者（婚姻・協議離婚・縁組・協議離縁の当事者）が，それらの身分行為を行うについて，相互に任意の合意があったことを，第三者をして証明させる制度であり，その意思の真実性及び届出の正確性を担保することにあります（昭和39.5.27～28岡山県戸住協決議，昭和39.11.27民事二発426号民事局認可）。したがって，証人制度が単に届出の形式を整えるという意味のものではないことが明らかです。
　また，届書に証人として署名・押印する者は，届出当事者の届出意思を確認すべき法律上の義務があり，これに違背したときは民事上の損害賠償の責めを負うべきものとされています（昭和37.1.20高松高裁判決・下民集13巻1号45頁以下）。

〔参考文献〕「改訂戸籍届書の審査と受理」75頁以下，「設題解説戸籍実務の処理Ⅱ」265頁以下，「改訂設題解説戸籍実務の処理Ⅴ(1)」73頁以下・75頁・76頁以下，「改訂設題解説渉外戸籍実務の処理Ⅱ」204頁以下，「初任者のための戸籍実務の手引き（改訂新版第六訂）」9頁，「初任者のための渉外戸籍実務の手引き（新版2訂）」137頁以下

Q 205

外国人が証人になった場合，証人の資格について本国法上の証明が必要ですか。

A　記載に特段の疑義がない場合は，証明が必要とするものではないと考えます。
　なお，Q204を参照願います。

〔参考文献〕「改訂戸籍届書の審査と受理」75頁以下，「設題解説戸籍実務の処理Ⅱ」267頁以下

Q 206

証人が成年であることを，どのようにして証明しますか。

A 「証人」欄の生年月日の記載によって確認します。なお，婚姻によって成年に達したものとみなされる者（成年擬制者—民753条）が，証人となる場合は，届書の「その他」欄にその旨を記載します。

〔注〕 証人となるべき者が20歳未満であっても，婚姻により成年に達したものとみなされる者であるときは，届書の「その他」欄にその旨付記しているときは，受理して差し支えないとされています（昭和26.10.24大津局管内第3回滋賀県戸協決議）。

〔**参考文献**〕「全訂戸籍法」224頁以下，「改訂戸籍届書の審査と受理」75頁以下，「設題解説戸籍実務の処理Ⅱ」265頁以下

Q 207

未成年者の婚姻に同意した父母が，証人になることができますか。

A できます。

なお，Q204を参照願います。

〔注〕 婚姻につき同意をした父母は，同時にその婚姻の証人になることができます（大正5．3．18民353号回答）。

〔**参考文献**〕「改訂戸籍届書の審査と受理」75頁以下，「設題解説戸籍実務の処理Ⅱ」267頁以下

Q 208

婚姻当事者の兄弟姉妹，伯（叔）父・伯（叔）母等の親戚の者は，証人になれますか。

A なれます。

　証人は，婚姻当事者以外の者に限られるのは，制度の趣旨から当然ですが，当事者以外の者であれば，外国人であっても差し支えなく，また，婚姻について同意を与えた父母でもよいとされています。したがって，成年（成年擬制者を含む）に達した兄弟姉妹，伯（叔）父・伯（叔）母等の親戚の者も当然証人になることができます。

　なお，Q204を参照願います。

〔**参考文献**〕「改訂戸籍届書の審査と受理」75頁以下，「設題解説戸籍実務の処理Ⅱ」267頁以下

Q 209

婚姻当事者の一方は知っていますが，相手方は知らない場合，証人になれますか。

A　証人は，婚姻当事者が婚姻という身分行為を行なうことについて，相互に任意に合意したことを証明するものですから，その意思の真実性及び届出の正確性を確認できれば，証人になることができることになります。

　また，届書に証人として署名・押印する者は，届出当事者の届出意思を確認すべき法律上の義務があり，これに違背したときは民事上の損害賠償の責めを負うべきものとされています（昭和37.1.20高松高裁判決・下民集13巻1号45頁以下）。

なお，Q204を参照願います。

〔**参考文献**〕「改訂戸籍届書の審査と受理」75頁以下，「設題解説戸籍実務の処理Ⅱ」265頁以下，「改訂設題解説戸籍実務の処理Ⅴ(1)」73頁以下・75頁・76頁以下

Q210

証人が自署できず，印も有しない場合は，証人になれないですか。

A なれます。

自署できないときは，代書が認められます。また，印を有しないときは，代わりに拇印をすることでもよいとされています（戸規62条1項）。

なお，その場合は，自署できないこと，又は，印を有しないことの理由を，届書の「その他」欄に記載をすることになります（同条2項）。

〔注〕 この場合の「その他」欄の記載は，例えば「証人は署名できないので，代書した。」，又は「証人は署名できないので，代書した。また，印がないので拇印をした。」とします。また，署名したが印を有しないときは，「証人は署名したが，印がないので押印しない。」とします。

なお，戸籍法第33条は「証人を必要とする事件の届出については，証人は，届書に出生の年月日，住所及び本籍を記載して署名し，印をおさなければならない。」と規定しているので，戸籍の届出においては，通常，署名，押印が原則と解されます。しかし，自署できない場合，印を有しない場合もあることから，その場合は，戸籍法施行規則第62条の規定により取り扱うことになります。

〔**参考文献**〕「改訂戸籍届書の審査と受理」82頁以下，「設題解説戸籍実務の処理Ⅱ」273頁以下，「改訂設題解説戸籍実務の処理Ⅴ(1)」73頁以下・75頁・76頁以下

Q 211

日本人同士（又は日本人と外国人）が，外国において外国の方式で婚姻した場合において，婚姻証書謄本の提出をする際は，証人が必要ですか。

A 証人は必要とされていません。

本問の場合は，外国の方式で婚姻が既に成立しており，婚姻証書の謄本の提出は，婚姻の報告的届出となります。したがって，当事者の婚姻について，相互に任意の合意があったことを証人が第三者として証明する必要はありませんし，また，届出の正確性の担保の問題も生じませんから，証人の必要はないことになります。

〔注〕 本問のように日本人同士が外国の方式で婚姻し，その婚姻証書の謄本を提出する場合は，夫婦の称する氏（民750条），夫婦について新戸籍を編製すべきときはその新本籍（戸16条・30条1項）など，夫婦で協議した上で届出をしなければならない事項があります（昭和25.1.23民事甲145号回答(2)ただし書）。したがって，外国の方式で婚姻が成立した場合は，証書の謄本のほかに婚姻届書に所要の事項を記載して，当事者が署名押印して提出する必要があります。その場合，届書の「その他」欄には「平成　年　月　日○○国の方式により婚姻が成立したので，婚姻証書の謄本を提出する。」と記載します。

〔参考文献〕「改訂設題解説渉外戸籍実務の処理Ⅱ」207頁以下

事例

婚姻届の具体例について26事例(届書及び戸籍のひな形)を掲げています。

第1 創設的婚姻届

事例1 戸籍の筆頭者及びその配偶者以外の者同士が，夫の氏を称する婚姻届を夫になる者の本籍地の市区町村長に届出をし，妻になる者の従前の本籍地の市区町村長に届書謄本が送付された場合

婚姻届

平成30年6月3日届出
東京都千代田区長殿

受理 平成30年6月3日 第1524号
送付 平成30年6月5日 第1678号
発送 平成30年6月3日
東京都千代田区長 ㊞

書類調査　戸籍記載　記載調査　調査票　附票　住民票　通知

		夫になる人	妻になる人
(1)	（よみかた）氏名	こうの たろう　甲野 太郎	おつかわ はなこ　乙川 花子
	生年月日	昭和63年7月9日	平成2年4月6日
(2)	住所（住民登録をしているところ）	東京都千代田区平河町2丁目3番地4号　世帯主の氏名 甲野春夫	東京都新宿区西新宿8丁目9番地10号　世帯主の氏名 乙川孝治
(3)	本籍（外国人のときは国籍だけを書いてください）	東京都千代田区平河町1丁目10番地　筆頭者の氏名 甲野春夫	東京都新宿区西新宿3丁目25番地　筆頭者の氏名 乙川孝治
	父母の氏名 父母との続き柄（他の養父母はその他の欄に書いてください）	父 甲野春夫　続き柄 長男　母 秋子	父 乙川孝治　続き柄 2女　母 梅子
(4)	婚姻後の夫婦の氏・新しい本籍	☑夫の氏 □妻の氏　新本籍（左の☑の氏の人がすでに戸籍の筆頭者となっているときは書かないでください）東京都千代田区平河町2丁目5番地	
(5)	同居を始めたとき	平成30年5月（結婚式をあげたとき，または，同居を始めたときのうち早いほうを書いてください）	
(6)	初婚・再婚の別	☑初婚　□再婚（□死別　□離別　年　月　日）	☑初婚　□再婚（□死別　□離別　年　月　日）
(7)	同居を始める前の夫婦のそれぞれの世帯のおもな仕事と	夫　妻　1．農業だけまたは農業とその他の仕事を持っている世帯　2．自由業・商工業・サービス業等を個人で経営している世帯　3．企業・個人商店等（官公庁は除く）の常用勤労者世帯で勤め先の従業者数が1人から99人までの世帯（日々または1年未満の契約の雇用者は5）　☑　4．3にあてはまらない常用勤労者世帯及び会社団体の役員の世帯（日々または1年未満の契約の雇用者は5）　☑　5．1から4にあてはまらないその他の仕事をしている者のいる世帯　6．仕事をしている者のいない世帯	
(8)	夫妻の職業	（国勢調査の年…　年…の4月1日から翌年3月31日までに届出をするときだけ書いてください）夫の職業　妻の職業	
	その他		
	届出人署名押印	夫 甲野太郎 ㊞	妻 乙川花子 ㊞
	事件簿番号		

記入の注意

鉛筆や消えやすいインキで書かないでください。
この届は、あらかじめ用意して、結婚式をあげる日または同居を始める日に出すようにしてください。その日が日曜日や祝日でも届けることができます。
夫になる人または妻になる人の本籍地に出すときは2通、そのほかのところに出すときは3通出してください（役場が相当と認めたときは、1通で足りることもあります）。
この届書を本籍地でない役場に出すときは、戸籍謄本または戸籍全部事項証明書が必要ですから、あらかじめ用意してください。

		証　　　　　　　人	
署名押印	氏名	丙原 幸一　㊞	丁野 信吉　㊞
	生年月日	昭和 60 年 7 月 12 日	昭和 56 年 2 月 23 日
住所		東京都港区西新橋 4丁目5 番地番 6号	さいたま市大宮区土手町 5丁目6 番地番 7号
本籍		横浜市港北区新横浜 3丁目55 番地番	千葉市若葉区桜木 8丁目66 番地番

「筆頭者の氏名」には、戸籍のはじめに記載されている人の氏名を書いてください。
父母がいま婚姻しているときは、母の氏は書かないで、名だけを書いてください。
養父母についても同じように書いてください。

□には、あてはまるものに☑のようにしるしをつけてください。
外国人と婚姻する人が、まだ戸籍の筆頭者となっていない場合には、新しい戸籍がつくられますので、希望する本籍を書いてください。

再婚のときは、直前の婚姻について書いてください。
内縁のものはふくまれません。

届け出られた事項は、人口動態調査（統計法に基づく基幹統計調査、厚生労働省所管）にも用いられます。

◇夫婦の新戸籍

	（1の1）	全部事項証明

本　　　籍	東京都千代田区平河町二丁目5番地
氏　　　名	甲野　太郎

戸籍事項　　戸籍編製	【編製日】平成30年6月3日
戸籍に記録されている者	【名】太　郎 【生年月日】昭和63年7月9日　【配偶者区分】夫 【父】甲野春夫 【母】甲野秋子 【続柄】長男
身分事項 　　出　　生 　　婚　　姻	省略 【婚姻日】平成30年6月3日 【配偶者の氏名】乙川花子 【従前戸籍】東京都千代田区平河町一丁目10番地　甲野春夫
戸籍に記録されている者	【名】花　子 【生年月日】平成2年4月6日　【配偶者区分】妻 【父】乙川孝治 【母】乙川梅子 【続柄】二女
身分事項 　　出　　生 　　婚　　姻	省略 【婚姻日】平成30年6月3日 【配偶者氏名】甲野太郎 【従前戸籍】東京都新宿区西新宿三丁目25番地　乙川孝治
	以下余白

発行番号

◇夫の従前戸籍

(2の2) 全部事項証明

本　　　籍	東京都千代田区平河町一丁目１０番地
氏　　　名	甲野　春夫
戸籍事項 　　戸籍編製	省略

戸籍に記録されている者 除　　籍	【名】太　郎 【生年月日】昭和６３年７月９日 【父】甲野春夫 【母】甲野秋子 【続柄】長男
身分事項 　　出　　生 　　婚　　姻	省略 【婚姻日】平成３０年６月３日 【配偶者氏名】乙川花子 【新本籍】東京都千代田区平河町二丁目５番地 【称する氏】夫の氏

以下余白

発行番号

◇妻の従前戸籍

	(2の2)	全部事項証明
本　　籍	東京都新宿区西新宿三丁目２５番地	
氏　　名	乙川　孝治	

戸籍事項	
戸籍編製	省略

〜〜〜〜〜〜〜〜〜〜〜〜〜〜〜〜〜〜〜〜〜〜〜〜〜〜〜〜〜〜〜〜

戸籍に記録されている者 　　除　籍	【名】花子 【生年月日】平成２年４月６日 【父】乙川孝治 【母】乙川梅子 【続柄】二女
身分事項 　　出　生 　　婚　姻	省略
	【婚姻日】平成３０年６月３日 【配偶者氏名】甲野太郎 【受理者】東京都千代田区長 【送付を受けた日】平成３０年６月５日 【新本籍】東京都千代田区平河町二丁目５番地 【称する氏】夫の氏

以下余白

発行番号

第1 創設的婚姻届

事例2 戸籍の筆頭者及びその配偶者以外の者同士が，夫の氏を称する婚姻届を夫婦となる者の所在地(夫婦の新本籍地)の市区町村長に届出をし，夫及び妻になる者の従前の本籍地の市区町村長に届書謄本が送付された場合

婚 姻 届

平成31年 7月 8日届出

東京都新宿区 長殿

受理 平成31年 7月 8日 第 2563 号
送付 平成31年 7月10日 第 1689 号
発送 平成31年 7月 8日
東京都新宿区 長 ㊞

書類調査 戸籍記載 記載調査 調査票 附票 住民票 通知

		夫になる人	妻になる人
(1)	(よみかた)	へい かわ　なつ お	おつ やま　あき こ
	氏 名	丙川 夏夫	乙山 秋子
	生年月日	平成2年8月3日	平成3年10月23日
(2)	住所 (住民登録をしているところ)	東京都新宿区四谷 5丁目10番地 11号 世帯主の氏名 丙川夏夫	東京都新宿区四谷 5丁目10番地 11号 世帯主の氏名 丙川夏夫
(3)	本籍 (外国人のときは国籍だけを書いてください)	千葉市中央区中央 5丁目50番地 筆頭者の氏名 丙川政治	横浜市磯子区磯子 7丁目35番地 筆頭者の氏名 乙山信吉
	父母の氏名 父母との続き柄 (他の養父母はその他の欄に書いてください)	父 丙川政治　続き柄 2男 母　良枝	父 乙山信吉　続き柄 2女 母　康子
(4)	婚姻後の夫婦の氏・新しい本籍	☑夫の氏　□妻の氏　新本籍(左の☑の氏の人がすでに戸籍の筆頭者となっているときは書かないでください) 東京都新宿区四谷5丁目6番地	
(5)	同居を始めたとき	平成31年2月 (結婚式をあげたとき、または、同居を始めたときのうち早いほうを書いてください)	
(6)	初婚・再婚の別	☑初婚　再婚(□死別 □離別　年 月 日)	☑初婚　再婚(□死別 □離別　年 月 日)
(7)	同居を始める前の夫婦のそれぞれの世帯のおもな仕事と	夫　妻　1.農業だけまたは農業とその他の仕事を持っている世帯 □　□　2.自由業・商工業・サービス業等を個人で経営している世帯 □　☑　3.企業・個人商店等(官公庁は除く)の常用勤労者世帯で勤め先の従業者数が1人から99人までの世帯(日々または1年未満の契約の雇用者は5) ☑　□　4.3にあてはまらない常用勤労者世帯及び会社団体の役員の世帯(日々または1年未満の契約の雇用者は5) □　☑　5.1から4にあてはまらないその他の仕事をしている者のいる世帯 □　□　6.仕事をしている者のいない世帯	
(8)	夫妻の職業	(国勢調査の年…　年…の4月1日から翌年3月31日までに届出をするときだけ書いてください) 夫の職業　　　　　　　　　　妻の職業	
	その他		
	届出人署名押印	夫 丙川夏夫 ㊞	妻 乙山秋子 ㊞
	事件簿番号		(証人欄省略)

◇**夫婦の新戸籍**

		(1の1)	全部事項証明
本　　籍	東京都新宿区四谷五丁目6番地		
氏　　名	丙川　夏夫		

戸籍事項	
戸籍編製	【編製日】平成31年7月8日

戸籍に記録されている者	
	【名】夏　夫
	【生年月日】平成2年8月3日　【配偶者区分】夫 【父】丙川政治 【母】丙川良枝 【続柄】二男

身分事項	
出　　生	省略
婚　　姻	【婚姻日】平成31年7月8日 【配偶者氏名】乙山秋子 【従前戸籍】千葉市中央区中央五丁目50番地　丙川政治

戸籍に記録されている者	
	【名】秋　子
	【生年月日】平成3年10月23日　【配偶者区分】妻 【父】乙山信吉 【母】乙山康子 【続柄】二女

身分事項	
出　　生	省略
婚　　姻	【婚姻日】平成31年7月8日 【配偶者氏名】丙川夏夫 【従前戸籍】横浜市磯子区磯子七丁目35番地　乙山信吉

以下余白

発行番号

◇夫の従前戸籍

(2の2) | 全部事項証明

本　　籍	千葉市中央区中央五丁目５０番地
氏　　名	丙川　政治

戸籍事項	
戸籍編製	省略

戸籍に記録されている者	【名】夏夫
除　籍	【生年月日】平成２年８月３日 【父】丙川政治 【母】丙川良枝 【続柄】二男

身分事項	
出　　生	省略
婚　　姻	【婚姻日】平成３１年７月８日 【配偶者氏名】乙山秋子 【送付を受けた日】平成３１年７月１０日 【受理者】東京都新宿区長 【新本籍】東京都新宿区四谷五丁目６番地 【称する氏】夫の氏

以下余白

発行番号

◇妻の従前戸籍

	（2の2）　全部事項証明
本　　籍	横浜市磯子区磯子七丁目35番地
氏　　名	乙山　信吉
戸籍事項 　　戸籍編製	省略

戸籍に記録されている者 除　籍	【名】秋子 【生年月日】平成3年10月23日 【父】乙山信吉 【母】乙山康子 【続柄】二女
身分事項 　出　生 　婚　姻	省略 【婚姻日】平成31年7月8日 【配偶者氏名】丙川夏夫 【送付を受けた日】平成31年7月10日 【受理者】東京都新宿区長 【新本籍】東京都新宿区四谷五丁目6番地 【称する氏】夫の氏 <div align="right">以下余白</div>

発行番号

第1　創設的婚姻届

事例3　戸籍の筆頭者である男と戸籍の筆頭者及びその配偶者以外の女が，夫の氏を称する婚姻届を夫になる者の本籍地の市区町村長に届出をし，妻になる者の従前の本籍地の市区町村長に届書謄本が送付された場合

婚 姻 届

平成31年12月18日届出

さいたま市浦和区 長殿

受理　平成31年12月18日
第　3578　号

送付　平成31年12月21日
第　2896　号

発送　平成31年12月18日

さいたま市浦和区　長　㊞

書類調査　戸籍記載　記載調査　調査票　附票　住民票　通知

		夫になる人	妻になる人
(1)	（よみかた）氏　名	こう かわ　いち ろう 甲川　一郎	おつ むら　みち こ 乙村　道子
	生年月日	平成3年9月8日	平成5年3月18日
(2)	住所 （住民登録をしているところ）	さいたま市浦和区高砂町 5丁目7番地9番号 世帯主の氏名　甲川一郎	東京都北区赤羽西 6丁目12番地17号番 世帯主の氏名　乙村良男
(3)	本籍 （外国人のときは国籍だけを書いてください）	さいたま市浦和区仲町 6丁目30番地番 筆頭者の氏名　甲川一郎	東京都北区赤羽西 6丁目45番地番 筆頭者の氏名　乙村良男
	父母の氏名 父母との続き柄 （他の養父母はその他の欄に書いてください）	父　甲川正治　続き柄　長男 母　　　明子	父　乙村良男　続き柄　長女 母　　　昌子
(4)	婚姻後の夫婦の氏・新しい本籍	☑夫の氏　　新本籍（左の☑の氏の人がすでに戸籍の筆頭者となっているときは書かないでください） □妻の氏　　　　　　　　　　　　　　　　　　　　　　　　　　　番地番	
(5)	同居を始めたとき	平成31年12月　（結婚式をあげたとき，または，同居を始めたときのうち早いほうを書いてください）	
(6)	初婚・再婚の別	☑初婚　□再婚（□死別　□離別　　年　　月　　日）	☑初婚　□再婚（□死別　□離別　　年　　月　　日）
(7)	同居を始める前の夫婦のそれぞれの世帯のおもな仕事と	夫・妻　1．農業だけまたは農業とその他の仕事を持っている世帯 夫・妻　2．自由業・商工業・サービス業等を個人で経営している世帯 夫・妻　3．企業・個人商店等（官公庁を除く）の常用勤労者世帯で勤め先の従業者数が1人から99人までの世帯（日々または1年未満の契約の雇用者は5） 夫・☑妻　4．3にあてはまらない常用勤労者世帯及び会社団体の役員の世帯（日々または1年未満の契約の雇用者は5） 夫・妻　5．1から4にあてはまらないその他の仕事をしている者のいる世帯 　　　　6．仕事をしている者のいない世帯	
(8)	夫妻の職業	（国勢調査の年…　年…の4月1日から翌年3月31日までに届出をするときだけ書いてください） 夫の職業　　　　　　　　　　　妻の職業	
	その他		
	届出人署名押印	夫　甲川一郎　㊞	妻　乙村道子　㊞
	事件簿番号		（証人欄省略）

◇夫の戸籍

	(1の1)	全部事項証明

本　　　籍	さいたま市浦和区仲町六丁目３０番地
氏　　　名	甲川　一郎
戸籍事項 　　戸籍編製	【編製日】平成２９年１０月８日
戸籍に記録されている者	【名】一　郎 【生年月日】平成３年９月８日　【配偶者区分】夫 【父】甲川正治 【母】甲川明子 【続柄】長男
身分事項 　　出　　生 　　分　　籍 　　婚　　姻	省略 【分籍日】平成２９年１０月８日 【従前戸籍】さいたま市浦和区仲町一丁目１０番地 【婚姻日】平成３１年１２月１８日 【配偶者氏名】乙村道子
戸籍に記録されている者	【名】道　子 【生年月日】平成５年３月１８日　【配偶者区分】妻 【父】乙村良男 【母】乙村昌子 【続柄】長女
身分事項 　　出　　生 　　婚　　姻	省略 【婚姻日】平成３１年１２月１８日 【配偶者氏名】甲川一郎 【従前戸籍】東京都北区赤羽西六丁目４５番地　乙村良男
	以下余白

発行番号

◇妻の従前戸籍

	(2の2)	全部事項証明
本　　籍	東京都北区赤羽西六丁目４５番地	
氏　　名	乙村　良男	

戸籍事項　　　戸籍編製	省略

戸籍に記録されている者 除　籍	【名】道子 【生年月日】平成５年３月１８日 【父】乙村良男 【母】乙村昌子 【続柄】長女
身分事項 　　出　生 　　婚　姻	省略 【婚姻日】平成３１年１２月１８日 【配偶者氏名】甲川一郎 【送付を受けた日】平成３１年１２月２１日 【受理者】さいたま市浦和区長 【入籍戸籍】さいたま市浦和区仲町六丁目３０番地　甲川一郎 　　　　　　　　　　　　　　　　　　　　　　　　以下余白

発行番号

事例4: 戸籍の筆頭者である女と戸籍の筆頭者及びその配偶者以外の男が，妻の氏を称する婚姻届を妻になる者の所在地の市区町村長に届出をし，妻になる者の本籍地の市区町村長に届書が，夫になる者の従前の本籍地の市区町村長に届書謄本が送付された場合

婚 姻 届

平成30年11月25日 届出

東京都港区　長殿

受理	平成30年11月25日	発送	平成30年11月25日
第	3589号		
送付	平成30年11月27日	東京都港区　長 ㊞
第	3947号		

書類調査／戸籍記載／記載調査／調査票／附票／住民票／通知

		夫になる人	妻になる人
	（よみかた）	こう むら　あき お	おつ はら　はる こ
(1)	氏名	甲村　明雄	乙原　春子
	生年月日	昭和62年10月7日	昭和63年3月4日
(2)	住所（住民登録をしているところ）	横浜市中区寿町 3丁目8 番地9号 世帯主の氏名 甲村英雄	東京都港区東麻布 4丁目5 番地6号 世帯主の氏名 乙原春子
(3)	本籍（外国人のときは国籍だけを書いてください）	横浜市中区寿町 3丁目46 番地 筆頭者の氏名 甲村英雄	千葉市若葉区桜木 6丁目10 番地 筆頭者の氏名 乙原春子
	父母の氏名 父母との続き柄 （他の養父母はその他の欄に書いてください）	父 甲村英雄　続き柄 2男 母　　竹子	父 乙原富治　続き柄 長女 母　　松子
(4)	婚姻後の夫婦の氏・新しい本籍	□夫の氏　新本籍（左の☑の氏の人がすでに戸籍の筆頭者となっているときは書かないでください） ☑妻の氏　　　　　　　　　　　　　　　　　　番地／番
(5)	同居を始めたとき	平成30年11月　（結婚式をあげたとき，または，同居を始めたときのうち早いほうを書いてください）
(6)	初婚・再婚の別	☑初婚　再婚　□死別／□離別　年　月　日	□初婚　再婚　□死別／☑離別　27年2月15日
(7)	同居を始める前の夫婦のそれぞれの世帯のおもな仕事と	夫☐妻☐ 1．農業だけまたは農業とその他の仕事を持っている世帯 夫☐妻☐ 2．自由業・商工業・サービス業等を個人で経営している世帯 夫☐妻☑ 3．企業・個人商店等（官公庁は除く）の常用勤労者世帯で勤め先の従業者数が1人から99人までの世帯（日々または1年未満の契約の雇用者は5） 夫☑妻☐ 4．3にあてはまらない常用勤労者世帯及び会社団体の役員の世帯（日々または1年未満の契約の雇用者は5） 夫☐妻☐ 5．1から4にあてはまらないその他の仕事をしている者のいる世帯 夫☐妻☐ 6．仕事をしている者のいない世帯
(8)	夫妻の職業	（国勢調査の年…　年…の4月1日から翌年3月31日までに届出をするときだけ書いてください） 夫の職業　　　　　　　妻の職業
	その他	
	届出人署名押印	夫 甲村明雄 ㊞　　妻 乙原春子 ㊞
	事件簿番号	（証人欄省略）

◇妻の戸籍

		（1の1）　全部事項証明
本　　籍	千葉市若葉区桜木六丁目10番地	
氏　　名	乙原　春子	
戸籍事項 　　戸籍編製	【編製日】平成27年2月17日	
戸籍に記録されている者	【名】春子 【生年月日】昭和63年3月4日　【配偶者区分】妻 【父】乙原富治 【母】乙原松子 【続柄】長女	
身分事項 　　出　　生 　　離　　婚 　　婚　　姻	省略 【離婚日】平成27年2月15日 【配偶者氏名】丙川太郎 【送付を受けた日】平成27年2月17日 【受理者】東京都千代田区長 【従前戸籍】東京都千代田区平河町一丁目4番地　丙川太郎 【婚姻日】平成30年11月25日 【配偶者氏名】甲村明雄 【送付を受けた日】平成30年11月27日 【受理者】東京都港区長	
戸籍に記録されている者	【名】明雄 【生年月日】昭和62年10月7日　【配偶者区分】夫 【父】甲村英雄 【母】甲村竹子 【続柄】二男	
身分事項 　　出　　生 　　婚　　姻	省略 【婚姻日】平成30年11月25日 【配偶者氏名】乙原春子 【送付を受けた日】平成30年11月27日 【受理者】東京都港区長 【従前戸籍】横浜市中区寿町三丁目46番地　甲村英雄	
	以下余白	

発行番号

◇夫の従前戸籍

		(2の2)	全部事項証明
本　　　籍	横浜市中区寿町三丁目４６番地		
氏　　　名	甲村　英雄		

戸籍事項	
戸籍編製	省略

戸籍に記録されている者	【名】明　雄
除　籍	【生年月日】昭和６２年１０月７日 【父】甲村英雄 【母】甲村竹子 【続柄】二男
身分事項 　出　　生 　婚　　姻	省略 【婚姻日】平成３０年１１月２５日 【配偶者氏名】乙原春子 【送付を受けた日】平成３０年１１月２７日 【受理者】東京都港区長 【入籍戸籍】千葉市若葉区桜木六丁目１０番地　乙原春子 　　　　　　　　　　　　　　　　　　　　　　　　　　　以下余白

発行番号

第1 創設的婚姻届

事例5 戸籍の筆頭者である女と戸籍の筆頭者及びその配偶者以外の男が，夫の氏を称する婚姻届を夫になる者の所在地（夫婦の新本籍地）の市区町村長に届出をし，夫及び妻になる者の従前の本籍地の市区町村長に届書謄本が送付された場合

婚姻届

平成31年4月6日届出
東京都千代田区 長殿

受理 平成31年4月6日 第1342号
送付 平成31年4月8日 第1675号
発送 平成31年4月6日 東京都千代田区長 ㊞

書類調査 戸籍記載 記載調査 調査票 附票 住民票 通知

		夫になる人	妻になる人
(1)	（よみかた）氏名	おつむら あきお　乙村 秋雄	ていやま ふゆこ　丁山 冬子
	生年月日	平成2年11月2日	平成2年1月16日
(2)	住所（住民登録をしているところ）	東京都千代田区大手町5丁目6番地7号　世帯主の氏名 乙村秋雄	京都市北区小山初音町18番地19号　世帯主の氏名 丁山冬子
(3)	本籍（外国人のときは国籍だけを書いてください）	横浜市青葉区藤が丘5丁目4番地　筆頭者の氏名 乙村幸吉	京都市北区小山初音町20番地　筆頭者の氏名 丁山冬子
	父母の氏名 父母との続き柄	父 乙村幸吉　母 梅子　続き柄 長男	父 丁山義治　母 松枝　続き柄 2女
(4)	婚姻後の夫婦の氏・新しい本籍	☑夫の氏　□妻の氏　新本籍 東京都千代田区大手町5丁目15番地	
(5)	同居を始めたとき	平成31年3月（結婚式をあげたとき，または，同居を始めたときのうち早いほうを書いてください）	
(6)	初婚・再婚の別	☑初婚　□再婚（□死別 □離別　年月日）	□初婚 ☑再婚（□死別 ☑離別 平成30年11月8日）
(7)	同居を始める前の夫婦のそれぞれの世帯のおもな仕事と	夫☐ 妻☐ 1．農業だけまたは農業とその他の仕事を持っている世帯　夫☐ 妻☐ 2．自由業・商工業・サービス業等を個人で経営している世帯　夫☑ 妻☐ 3．企業・個人商店等（官公庁は除く）の常用勤労者世帯で勤め先の従業者数が1人から99人までの世帯（日々または1年未満の契約の雇用者は5）　夫☐ 妻☐ 4．3にあてはまらない常用勤労者世帯及び会社団体の役員の世帯（日々または1年未満の契約の雇用者は5）　夫☐ 妻☑ 5．1から4にあてはまらないその他の仕事をしている者のいる世帯　夫☐ 妻☐ 6．仕事をしている者のいない世帯	
(8)	夫妻の職業	（国勢調査の年…　年…の4月1日から翌年3月31日までに届出をするときだけ書いてください）夫の職業　　　　　　　妻の職業	
	その他		
	届出人 署名押印	夫 乙村秋雄 ㊞	妻 丁山冬子 ㊞
	事件簿番号		（証人欄省略）

◇夫婦の新戸籍

	（1の1）	全部事項証明
本　　籍	東京都千代田区大手町五丁目１５番地	
氏　　名	乙村　秋雄	

戸籍事項	
戸籍編製	【編製日】平成３１年４月６日

戸籍に記録されている者	【名】秋雄 【生年月日】平成２年１１月２日　【配偶者区分】夫 【父】乙村幸吉 【母】乙村梅子 【続柄】長男
身分事項 　出　生 　婚　姻	省略 【婚姻日】平成３１年４月６日 【配偶者氏名】丁山冬子 【従前戸籍】横浜市青葉区藤が丘五丁目４番地　乙村幸吉
戸籍に記録されている者	【名】冬子 【生年月日】平成２年１月１６日　【配偶者区分】妻 【父】丁山義治 【母】丁山松枝 【続柄】二女
身分事項 　出　生 　婚　姻	省略 【婚姻日】平成３１年４月６日 【配偶者氏名】乙村秋雄 【従前戸籍】京都市北区小山初音町２０番地　丁山冬子
	以下余白

発行番号

◇夫の従前戸籍

(2の2) 全部事項証明

本　　　籍	横浜市青葉区藤が丘五丁目4番地
氏　　　名	乙村　幸吉

戸籍事項	
戸籍編製	省略

戸籍に記録されている者	【名】秋　雄
除　籍	【生年月日】平成2年11月2日 【父】乙村幸吉 【母】乙村梅子 【続柄】長男

身分事項	
出　　生	省略
婚　　姻	【婚姻日】平成31年4月6日 【配偶者氏名】丁山冬子 【送付を受けた日】平成31年4月8日 【受理者】東京都千代田区長 【新本籍】東京都千代田区大手町五丁目15番地 【称する氏】夫の氏

以下余白

発行番号

◇妻の従前戸籍

| | | (1の1) | 全部事項証明 |

本　　　籍	京都市北区小山初音町２０番地
氏　　　名	丁山　冬子

戸籍事項	
戸籍編製	【編製日】平成３０年１１月１０日

戸籍に記録されている者	
 除　　籍 	【名】冬子 【生年月日】平成２年１月１６日 【父】丁山義治 【母】丁山松枝 【続柄】二女

身分事項	
出　　生	省略
離　　婚	【離婚日】平成３０年１１月８日 【配偶者氏名】甲野春男 【送付を受けた日】平成３０年１１月１０日 【受理者】東京都新宿区長 【従前戸籍】東京都新宿区西新宿区九丁目１０番地　甲野春男
婚　　姻	【婚姻日】平成３１年４月６日 【配偶者氏名】乙村秋雄 【送付を受けた日】平成３１年４月８日 【受理者】東京都千代田区長 【新本籍】東京都千代田区大手町五丁目１５番地 【称する氏】夫の氏
	以下余白

発行番号

事例6

戸籍の筆頭者の生存配偶者である女と戸籍の筆頭者及びその配偶者以外の男が，妻の氏を称する婚姻届を妻になる者の本籍地（夫婦の新本籍地）の市区町村長に届出をし，夫になる者の従前の本籍地の市区町村長に届書謄本が送付された場合

婚 姻 届

平成30年12月3日 届出

東京都千代田区 長 殿

受理	平成30年12月3日	発送	平成30年12月3日
第	5698 号		
送付	平成30年12月5日	東京都千代田区長 ㊞	
第	3987 号		
書類調査	戸籍記載	記載調査	調査票	附票	住民票	通知

		夫になる人	妻になる人
	（よみかた）	へい ばら とし お	こう の うめ こ
(1)	氏　名	丙原 敏夫	甲野 梅子
	生年月日	平成3年2月10日	平成2年3月3日
(2)	住所（住民登録をしているところ）	川崎市麻生区上麻生5丁目6番地7番	東京都千代田区平河町3丁目4番地5番
	世帯主の氏名	丙原敏夫	甲野梅子
(3)	本籍（外国人のときは国籍だけを書いてください）	神奈川県藤沢市大鋸3丁目25番地	東京都千代田区平河町1丁目10番地
	筆頭者の氏名	丙原正敏	甲野義太郎
	父母の氏名父母との続き柄（他の養父母はその他の欄に書いてください）	父 丙原正敏　続き柄 3男 母 康子	父 乙川孝助　続き柄 2女 母 竹子
(4)	婚姻後の夫婦の氏・新しい本籍	□夫の氏　☑妻の氏　新本籍（左の☑の氏の人がすでに戸籍の筆頭者となっているときは書かないでください）東京都千代田区平河町4丁目30番地	
(5)	同居を始めたとき	平成30年11月（結婚式をあげたとき、または、同居を始めたときのうち早いほうを書いてください）	
(6)	初婚・再婚の別	☑初婚 □再婚（□死別 □離別　年　月　日）	□初婚 □再婚（☑死別 □離別　平成29年3月2日）
(7)	同居を始める前の夫婦のそれぞれの世帯のおもな仕事と	夫 妻　1. 農業だけまたは農業とその他の仕事を持っている世帯　2. 自由業・商工業・サービス業等を個人で経営している世帯　☑ 3. 企業・個人商店等（官公庁を除く）の常用勤労者世帯で勤め先の従業者数が1人から99人までの世帯（日々または1年未満の契約の雇用者は5）　☑ 4. 3にあてはまらない常用勤労者世帯及び会社団体の役員の世帯（日々または1年未満の契約の雇用者は5）　5. 1から4にあてはまらないその他の仕事をしている者のいる世帯　6. 仕事をしていない者のいない世帯	
(8)	夫妻の職業	（国勢調査の年…　年…の4月1日から翌年3月31日までに届出をするときだけ書いてください）夫の職業	妻の職業
	その他		
届出人署名押印		夫 丙原敏夫 ㊞	妻 甲野梅子 ㊞
事件簿番号			（証人欄省略）

◇夫婦の新戸籍

	(1の1)	全部事項証明

本　籍	東京都千代田区平河町四丁目３０番地
氏　名	甲野　梅子
戸籍事項 　　戸籍編製	【編製日】平成３０年１２月３日
戸籍に記録されている者	【名】梅子 【生年月日】平成２年３月３日　【配偶者区分】妻 【父】乙川孝助 【母】乙川竹子 【続柄】二女
身分事項 　　出　生 　　婚　姻	省略 【婚姻日】平成３０年１２月３日 【配偶者氏名】丙原敏夫 【従前戸籍】東京都千代田区平河町一丁目１０番地　甲野義太郎
戸籍に記録されている者	【名】敏夫 【生年月日】平成３年２月１０日　【配偶者区分】夫 【父】丙原正敏 【母】丙原康子 【続柄】三男
身分事項 　　出　生 　　婚　姻	省略 【婚姻日】平成３０年１２月３日 【配偶者氏名】甲野梅子 【従前戸籍】神奈川県藤沢市大鋸三丁目２５番地　丙原正敏
	以下余白

発行番号

◇妻の従前戸籍

| | | (2の2) | 全部事項証明 |

本　　籍	東京都千代田区平河町一丁目１０番地	
氏　　名	甲野　義太郎	

戸籍事項	
戸籍編製	省略

戸籍に記録されている者	【名】梅 子
除　籍	【生年月日】平成２年３月３日 【父】乙川孝助 【母】乙川竹子 【続柄】二女

身分事項	
出　　生	省略
婚　　姻	省略
配偶者の死亡	【配偶者の死亡日】平成２９年３月２日
婚　　姻	【婚姻日】平成３０年１２月３日 【配偶者氏名】丙原敏夫 【新本籍】東京都千代田区平河町四丁目３０番地 【称する氏】妻の氏

以下余白

発行番号

◇夫の従前戸籍

| | (2の2) | 全部事項証明 |

本　　籍	神奈川県藤沢市大鋸三丁目25番地
氏　　名	丙原　正敏

戸籍事項	
戸籍編製	省略

~~~~~~

戸籍に記録されている者	【名】敏 夫 【生年月日】平成3年2月10日 【父】丙原正敏 【母】丙原康子 【続柄】三男
除　　籍	

身分事項	
出　生	省略
婚　姻	【婚姻日】平成30年12月3日 【配偶者氏名】甲野梅子 【送付を受けた日】平成30年12月5日 【受理者】東京都千代田区長 【新本籍】東京都千代田区平河町四丁目30番地 【称する氏】妻の氏

以下余白

発行番号

第1 創設的婚姻届

事例7 戸籍の筆頭者の生存配偶者である女と戸籍の筆頭者及びその配偶者以外の男が，夫の氏を称する婚姻届を夫になる者の本籍地の市区町村長に届出をし，妻になる者の従前の本籍地の市区町村長に届書謄本が送付された場合

婚姻届

平成31年3月7日届出

千葉市中央区 長殿

受理 平成31年3月7日 第1523号
発送 平成31年3月7日
送付 平成31年3月9日 第1879号
千葉市中央区 長 ㊞

書類調査 戸籍記載 記載調査 調査票 附票 住民票 通知

		夫になる人	妻になる人
(1)	（よみかた）氏名	おつかわ はるひこ 乙川 治彦	こうやま まつこ 甲山 松子
	生年月日	平成2年3月7日	平成3年1月20日
(2)	住所（住民登録をしているところ）	千葉市中央区中央港 6丁目8番9号 世帯主の氏名 乙川治彦	東京都港区西新橋 3丁目4番5号 世帯主の氏名 甲山松子
(3)	本籍（外国人のときは国籍だけを書いてください）	千葉市中央区中央 1丁目10番地 筆頭者の氏名 乙川正治	東京都港区西新橋 3丁目45番地 筆頭者の氏名 甲山太郎
	父母の氏名 父母との続き柄 (他の養父母はその他の欄に書いてください)	父 乙川正治　続き柄 母 和子　　長男	父 丙村孝吉　続き柄 母 竹子　　2女
(4)	婚姻後の夫婦の氏・新しい本籍	☑夫の氏 □妻の氏　新本籍（左の☑の氏の人がすでに戸籍の筆頭者となっているときは書かないでください） 千葉市中央区中央港6丁目28番地
(5)	同居を始めたとき	平成31年2月　（結婚式をあげたとき，または，同居を始めたときのうち早いほうを書いてください）
(6)	初婚・再婚の別	☑初婚 □再婚（□死別 □離別　年　月　日）	□初婚 ☑再婚（□死別 ☑離別 29年5月14日）
(7)	同居を始める前の夫婦のそれぞれの世帯のおもな仕事と	夫 妻 □ □ 1．農業だけまたは農業とその他の仕事を持っている世帯 □ □ 2．自由業・商工業・サービス業等を個人で経営している世帯 □ □ 3．企業・個人商店等（官公庁は除く）の常用勤労者世帯で勤め先の従業者数が1人から99人までの世帯（日々または1年未満の契約の雇用者は5） ☑ ☑ 4．3にあてはまらない常用勤労者世帯及び会社団体の役員の世帯（日々または1年未満の契約の雇用者は5） □ □ 5．1から4にあてはまらないその他の仕事をしている者のいる世帯 □ □ 6．仕事をしている者のいない世帯
(8)	夫妻の職業	（国勢調査の年…年…の4月1日から翌年3月31日までに届出をするときだけ書いてください） 夫の職業　　　　　　　　妻の職業
	その他	
	届出人署名押印	夫 乙川治彦 ㊞　妻 甲山松子 ㊞
	事件簿番号	（証人欄省略）

◇**夫婦の新戸籍**

	(1の1)	全部事項証明

本　　籍	千葉市中央区中央港六丁目２８番地
氏　　名	乙川　治彦
戸籍事項 　戸籍編製	【編製日】平成３１年３月７日
戸籍に記録されている者	【名】治彦 【生年月日】平成２年３月７日　【配偶者区分】夫 【父】乙川正治 【母】乙川和子 【続柄】長男
身分事項 　出　　生 　婚　　姻	省略 【婚姻日】平成３１年３月７日 【配偶者氏名】甲山松子 【従前戸籍】千葉市中央区中央一丁目１０番地　乙川正治
戸籍に記録されている者	【名】松子 【生年月日】平成３年１月２０日　【配偶者区分】妻 【父】丙村孝吉 【母】丙村竹子 【続柄】二女
身分事項 　出　　生 　婚　　姻	省略 【婚姻日】平成３１年３月７日 【配偶者の氏名】乙川治彦 【従前戸籍】東京都港区西新橋三丁目４５番地　甲山太郎
	以下余白

発行番号

◇夫の従前戸籍

(2の2) 全部事項証明

本　　　籍	千葉市中央区中央一丁目１０番地
氏　　　名	乙川　正治

戸籍事項	
戸籍編製	省略

戸籍に記録されている者 除　　籍	【名】治彦 【生年月日】平成２年３月７日 【父】乙川正治 【母】乙川和子 【続柄】長男
身分事項 　出　　生 　婚　　姻	省略 【婚姻日】平成３１年３月７日 【配偶者氏名】甲山松子 【新本籍】千葉市中央区中央港六丁目２８番地 【称する氏】夫の氏

以下余白

発行番号

◇妻の従前戸籍

		(2の2)	全部事項証明
本　　籍	東京都港区西新橋三丁目４５番地		
氏　　名	甲山　太郎		

戸籍事項	
戸籍編製	省略

戸籍に記録されている者	【名】松 子 【生年月日】平成３年１月２０日 【父】丙村孝吉 【母】丙村竹子 【続柄】二女
除　籍	

身分事項	
出　　生	省略
婚　　姻	省略
配偶者の死亡	【配偶者の死亡日】平成２９年５月１４日
婚　　姻	【婚姻日】平成３１年３月７日 【配偶者氏名】乙川治彦 【送付を受けた日】平成３１年３月９日 【受理者】千葉市中央区長 【新本籍】千葉市中央区中央港六丁目２８番地 【称する氏】夫の氏

以下余白

発行番号

第1 創設的婚姻届

事例8 戸籍の筆頭者の生存配偶者である女と戸籍の筆頭者である男が，夫の氏を称する婚姻届を夫になる者の所在地の市区町村長に届出をし，夫になる者の本籍地の市区町村長に届書が，妻になる者の従前の本籍地の市区町村長に届書謄本が送付された場合

婚 姻 届

平成30年10月26日 届出

東京都千代田区 長 殿

受理	平成30年10月26日	発送	平成30年10月26日
第	4587 号		
送付	平成30年10月28日	東京都千代田区 長 ㊞	
第	3891 号		

書類調査	戸籍記載	記載調査	調査票	附票	住民票	通知

		夫になる人	妻になる人
(1)	(よみかた)	こうの あきお	へいやま かずこ
	氏 名	甲野 秋雄	丙山 和子
	生年月日	昭和62年10月24日	昭和63年3月5日
(2)	住 所 (住民登録をしているところ)	東京都千代田区平河町 1丁目5番地9号	横浜市戸塚区戸塚町 256番地5号
	世帯主の氏名	甲野秋雄	丙山和子
(3)	本 籍 (外国人のときは国籍だけを書いてください)	さいたま市大宮区大成町 4丁目25番	横浜市戸塚区戸塚町 40番
	筆頭者の氏名	甲野秋雄	筆頭者の氏名 丙山孝治
	父母の氏名 父母との続き柄 (他の養父母は その他の欄に 書いてください)	父 甲野義太郎　続き柄 長男 母 正江	父 乙野忠吉　続き柄 2女 母 梅子
(4)	婚姻後の夫婦の 氏・新しい本籍	☑夫の氏　□妻の氏	新本籍(左の☑の氏の人がすでに戸籍の筆頭者となっているときは書かないでください) 番地番
(5)	同居を始めたとき	平成30年9月 (結婚式をあげたとき，または，同居を始めたときのうち早いほうを書いてください)	
(6)	初婚・再婚の別	☑初婚　□再婚(□死別 □離別 　年　月　日)	□初婚 ☑再婚(☑死別 □離別 28年9月14日)
(7)	同居を始める前の夫婦のそれぞれの世帯のおもな仕事と	夫 妻 1. 農業だけまたは農業とその他の仕事を持っている世帯 □ □ 2. 自由業・商工業・サービス業等を個人で経営している世帯 □ ☑ 3. 企業・個人商店等(官公庁は除く)の常用勤労者世帯で勤め先の従業者数が1人から99人までの世帯(日々または1年未満の契約の雇用者は5) ☑ □ 4. 3にあてはまらない常用勤労者世帯及び会社団体の役員の世帯(日々または1年未満の契約の雇用者は5) □ □ 5. 1から4にあてはまらないその他の仕事をしている者のいる世帯 □ □ 6. 仕事をしている者のいない世帯	
(8)	夫妻の職業	(国勢調査の年…　年…4月1日から翌年3月31日までに届出をするときだけ書いてください) 夫の職業　　　　　　　　　妻の職業	
	その他		
届出人 署名押印		夫 甲野秋雄 ㊞	妻 丙山和子 ㊞
事件簿番号			(証人欄省略)

◇夫の戸籍

| | (1の1) | 全部事項証明 |

本　　籍	さいたま市大宮区大成町四丁目２５番地
氏　　名	甲野　秋雄
戸籍事項 　　戸籍編製	【編製日】平成２９年９月１３日
戸籍に記録されている者	【名】秋雄 【生年月日】昭和６２年１０月２４日　【配偶者区分】夫 【父】甲野義太郎 【母】甲野正江 【続柄】長男
身分事項 　　出　　生 　　分　　籍 　　婚　　姻	省略 【分籍日】平成２９年９月１３日 【従前戸籍】さいたま市大宮区大成四丁目１０番地　甲野義太郎 【婚姻日】平成３０年１０月２６日 【配偶者氏名】丙山和子 【送付を受けた日】平成３０年１０月２８日 【受理者】東京都千代田区長
戸籍に記録されている者	【名】和子 【生年月日】昭和６３年３月５日　【配偶者区分】妻 【父】乙野忠吉 【母】乙野梅子 【続柄】二女
身分事項 　　出　　生 　　婚　　姻	省略 【婚姻日】平成３０年１０月２６日 【配偶者氏名】甲野秋雄 【送付を受けた日】平成３０年１０月２８日 【受理者】東京都千代田区長 【従前戸籍】横浜市戸塚区戸塚町４０番地　丙山孝治
	以下余白

発行番号

◇妻の従前戸籍

	(2の2)	全部事項証明

本　　　籍	横浜市戸塚区戸塚町４０番地
氏　　　名	丙山　孝治

戸籍事項 戸籍編製	省略

戸籍に記録されている者	【名】和　子
除　籍	【生年月日】昭和６３年３月５日 【父】乙野忠吉 【母】乙野梅子 【続柄】二女

身分事項 　　出　生 　　配偶者の死亡 　　婚　姻	省略 【配偶者の死亡日】平成２８年９月１４日 【婚姻日】平成３０年１０月２６日 【配偶者氏名】甲野秋雄 【送付を受けた日】平成３０年１０月２８日 【受理者】東京都千代田区長 【入籍戸籍】さいたま市大宮区大成町四丁目２５番地　甲野秋雄

以下余白

発行番号

事例9　267

事例9 戸籍の筆頭者の生存配偶者である男と戸籍の筆頭者の生存配偶者である女が，夫の氏を称する婚姻届を夫になる者の本籍地の市区町村長に届出をし，妻になる者の従前の本籍地の市区町村長に届書謄本が送付された場合

婚姻届

平成31年9月12日届出
東京都千代田区 長殿

受理	平成31年9月12日	発送 平成31年9月12日
第	3457 号	
送付	平成31年9月14日	東京都千代田区 長 ㊞
第	2954 号	
書類調査	戸籍記載	記載調査	調査票	附票	住民票	通知

		夫になる人	妻になる人
(1)	（よみかた）	おつの　はるお	こうの　やすこ
	氏名	乙野　春夫	甲野　康子
	生年月日	昭和56年3月17日	昭和59年5月8日
(2)	住所（住民登録をしているところ）	東京都千代田区外神田8丁目9番地10号　世帯主の氏名 乙野春夫	横浜市中区北仲通7丁目8番地9号　世帯主の氏名 甲野康子
(3)	本籍（外国人のときは国籍だけを書いてください）	東京都千代田区平河町1丁目10番地　筆頭者の氏名 乙野梅子	横浜市中区北仲通8丁目90番地　筆頭者の氏名 甲野義太郎
	父母の氏名 父母との続き柄（他の養父母はその他の欄に書いてください）	父 丙川孝助　母　竹子　続き柄 3男	父 丁村忠治　母　昌枝　続き柄 2女
(4)	婚姻後の夫婦の氏・新しい本籍	☑夫の氏　□妻の氏　新本籍（左の☑の氏の人がすでに戸籍の筆頭者となっているときは書かないでください）東京都千代田区外神田8丁目20番地	
(5)	同居を始めたとき	平成31年8月　（結婚式をあげたとき，または，同居を始めたときのうち早いほうを書いてください）	
(6)	初婚・再婚の別	□初婚　再婚　☑死別 平成29年3月4日 □離別	□初婚　再婚　☑死別 平成28年9月9日 □離別
(7)	同居を始める前の夫婦のそれぞれの世帯のおもな仕事と	夫☐妻☐1．農業だけまたは農業とその他の仕事を持っている世帯 夫☐妻☐2．自由業・商工業・サービス業等を個人で経営している世帯 夫☐妻☐3．企業・個人商店等（官公庁は除く）の常用勤労者世帯で勤め先の従業者数が1人から99人までの世帯（日々または1年未満の契約の雇用者は5） 夫☐妻☑4．3にあてはまらない常用勤労者世帯及び会社団体の役員の世帯（日々または1年未満の契約の雇用者は5） 夫☑妻☐5．1から4にあてはまらないその他の仕事をしている者のいる世帯 夫☐妻☐6．仕事をしている者のいない世帯	
(8)	夫妻の職業	（国勢調査の年…年…の4月1日から翌年3月31日までに届出をするときだけ書いてください）夫の職業　　　　　妻の職業	
	その他		
	届出人署名押印	夫 乙野春夫 ㊞	妻 甲野康子 ㊞
	事件簿番号		（証人欄省略）

◇夫婦の新戸籍

	（1の1）	全部事項証明
本　　籍	東京都千代田区外神田八丁目２０番地	
氏　　名	乙野　春夫	

戸籍事項	
戸籍編製	【編製日】平成３１年９月１２日
戸籍に記録されている者	【名】春　夫 【生年月日】昭和５６年３月１７日　【配偶者区分】夫 【父】丙川孝助 【母】丙川竹子 【続柄】三男
身分事項 　出　　生 　婚　　姻	省略 【婚姻日】平成３１年９月１２日 【配偶者氏名】甲野康子 【従前戸籍】東京都千代田区平河町一丁目１０番地　乙野梅子
戸籍に記録されている者	【名】康　子 【生年月日】昭和５９年５月８日　【配偶者区分】妻 【父】丁村忠治 【母】丁村昌枝 【続柄】二女
身分事項 　出　　生 　婚　　姻	省略 【婚姻日】平成３１年９月１２日 【配偶者の氏名】乙野春夫 【従前戸籍】横浜市中区北仲通八丁目９０番地　甲野義太郎
	以下余白
発行番号	

◇夫の従前戸籍

	（2の1）	全部事項証明
本　　籍	東京都千代田区平河町一丁目１０番地	
氏　　名	乙野　梅子	

戸籍事項	
戸籍編製	省略

戸籍に記録されている者 除　籍	【名】春夫 【生年月日】昭和５６年３月１７日 【父】丙川孝助 【母】丙川竹子 【続柄】三男
身分事項 　出　　生 　婚　　姻 　配偶者の死亡 　婚　　姻	省略 省略 【配偶者の死亡日】平成２９年３月４日 【婚姻日】平成３１年９月１２日 【配偶者氏名】甲野康子 【新本籍】東京都千代田区外神田八丁目２０番地 【称する氏】夫の氏
	以下余白

発行番号

◇妻の従前戸籍

(2の1) | 全部事項証明

本　　　籍	横浜市中区北仲通八丁目９０番地
氏　　　名	甲野　義太郎

戸籍事項	
戸籍編製	省略

戸籍に記録されている者	【名】康 子
除　　籍	【生年月日】昭和５９年５月８日 【父】丁村忠治 【母】丁村昌枝 【続柄】二女

身分事項	
出　　生	省略
婚　　姻	省略
配偶者の死亡	【配偶者の死亡日】平成２８年９月９日
婚　　姻	【婚姻日】平成３１年９月１２日 【配偶者氏名】乙野春夫 【送付を受けた日】平成３１年９月１４日 【受理者】東京都千代田区長 【新本籍】東京都千代田区外神田八丁目２０番地 【称する氏】夫の氏

以下余白

発行番号

事例10

戸籍の筆頭者及びその配偶者以外の日本人女と外国人男との婚姻届を，妻になる者の本籍地の市区町村長に届出をする場合（婚姻後の本籍を従前の本籍と同一の場所に定める場合）

婚姻届

平成30年10月2日 届出

東京都港区　　長殿

受理　平成30年10月2日　第5478号
発送　平成　年　月　日
送付　平成　年　月　日　第　号

長印

書類調査　戸籍記載　記載調査　調査票　附票　住民票　通知

		夫になる人	妻になる人
(1)	（よみかた）		おつの　はなよ
	氏名	氏 ベルナール　名 ウェイン	氏 乙野　名 花代
	生年月日	西暦1986年5月6日	昭和63年4月8日
(2)	住所（住民登録をしているところ）	東京都港区西麻布　8丁目9番地6号　世帯主の氏名	東京都港区芝　6丁目7番地8号　世帯主の氏名 乙野花代
(3)	本籍（外国人のときは国籍だけを書いてください）	アメリカ合衆国　番地/番　筆頭者の氏名	東京都港区南麻布　7丁目80番地/番　筆頭者の氏名 乙野幸助
	父母の氏名　父母との続き柄（他の養父母はその他の欄に書いてください）	父 ベルナール，ジョージ　続き柄　母 ベルナール，マリー　2男	父 乙野幸助　続き柄　母 福子　3女
(4)	婚姻後の夫婦の氏・新しい本籍	□夫の氏　□妻の氏　新本籍（左の☑の氏の人がすでに戸籍の筆頭者となっているときは書かないでください）東京都港区南麻布7丁目80　番地/番	
(5)	同居を始めたとき	平成30年9月（結婚式をあげたとき，または，同居を始めたときのうち早いほうを書いてください）	
(6)	初婚・再婚の別	☑初婚　□再婚　□死別/□離別　年月日	☑初婚　□再婚　□死別/□離別　年月日
(7)	同居を始める前の夫婦のそれぞれの世帯のおもな仕事と	夫☐妻☐ 1．農業だけまたは農業とその他の仕事を持っている世帯　夫☐妻☐ 2．自由業・商工業・サービス業等を個人で経営している世帯　夫☐妻☐ 3．企業・個人商店等（官公庁は除く）の常用勤労者世帯で勤め先の従業者数が1人から99人までの世帯（日々または1年未満の契約の雇用者は5）　夫☑妻☐ 4．3にあてはまらない常用勤労者世帯及び会社団体の役員の世帯（日々または1年未満の契約の雇用者も5）　夫☐妻☑ 5．1から4にあてはまらないその他の仕事をしている者のいる世帯　夫☐妻☐ 6．仕事をしている者のいない世帯	
(8)	夫妻の職業	（国勢調査の年…　年…の4月1日から翌年3月31日までに届出をするときだけ書いてください）　夫の職業　　　　　妻の職業	
	その他		
	届出人署名押印	夫（サイン）ベルナール，ウェイン　印	妻 乙野花代　印
	事件簿番号		（証人欄省略）

◇日本人妻の新戸籍

	（1の1）　全部事項証明
本　　籍	東京都港区南麻布七丁目８０番地
氏　　名	乙野　花代
戸籍事項 　　戸籍編製	【編製日】平成３０年１０月２日
戸籍に記録されている者	【名】花代 【生年月日】昭和６３年４月８日　【配偶者区分】妻 【父】乙野幸助 【母】乙野福子 【続柄】三女
身分事項 　　出　　生 　　婚　　姻	省略 【婚姻日】平成３０年１０月２日 【配偶者氏名】ベルナール，ウェイン 【配偶者の国籍】アメリカ合衆国 【配偶者の生年月日】西暦１９８６年５月６日 【従前戸籍】東京都港区南麻布七丁目８０番地　乙野幸助
	以下余白

発行番号

◇日本人妻の従前戸籍

		(2の2)	全部事項証明
本　　籍	東京都港区南麻布七丁目80番地		
氏　　名	乙野　幸助		

戸籍事項	
戸籍編製	省略

戸籍に記録されている者	
除　　籍	【名】花 代 【生年月日】昭和63年4月8日 【父】乙野幸助 【母】乙野福子 【続柄】三女

身分事項	
出　　生	省略
婚　　姻	【婚姻日】平成30年10月2日 【配偶者氏名】ベルナール，ウェイン 【配偶者の国籍】アメリカ合衆国 【配偶者の生年月日】西暦1986年5月6日 【新本籍】東京都港区南麻布七丁目80番地

以下余白

発行番号

第1 創設的婚姻届

事例11 戸籍の筆頭者及びその配偶者以外の日本人女と外国人男との婚姻届を，妻になる者の所在地の市区町村長に届出をする場合（婚姻後の本籍を住所と同一の場所に定める場合）

婚姻届

平成31年10月16日 届出

東京都新宿区　長殿

受理	平成31年10月16日
第	4683　号
送付	平成31年10月18日
第	3895　号

発送　平成31年10月16日

東京都新宿区　長㊞

書類調査	戸籍記載	記載調査	調査票	附票	住民票	通知

		夫になる人	妻になる人
(1)	（よみかた）氏名	らっしゅまん　ベルナード	へいむら　なつこ　丙村　夏子
	生年月日	西暦1986年2月3日	昭和62年8月3日
(2)	住所（住民登録をしているところ）	東京都港区南麻布8丁目5番地6号　世帯主の氏名	東京都新宿区西落合7丁目8番地3号　世帯主の氏名　丙村　夏子
(3)	本籍（外国人のときは国籍だけを書いてください）筆頭者の氏名	アメリカ合衆国	神奈川県小田原市本町9丁目77番　筆頭者の氏名　丙村　幸蔵
	父母の氏名　父母との続き柄（他の養父母はその他の欄に書いてください）	父 ラッシュマン，ジョン　母 マリア　続き柄 長男	父 丙村　幸蔵　母 由紀子　続き柄 2女
(4)	婚姻後の夫婦の氏・新しい本籍	□夫の氏　☑妻の氏　新本籍（左の☑の氏の人がすでに戸籍の筆頭者となっているときは書かないでください）東京都新宿区西落合7丁目8番地番	
(5)	同居を始めたとき	平成31年10月（結婚式をあげたとき、または、同居を始めたときのうち早いほうを書いてください）	
(6)	初婚・再婚の別	☑初婚　□再婚（□死別 □離別　年月日）	☑初婚　□再婚（□死別 □離別　年月日）
(7)	同居を始める前の夫婦のそれぞれの世帯のおもな仕事と	夫□ 妻□ 1．農業だけまたは農業とその他の仕事を持っている世帯 夫□ 妻□ 2．自由業・商工業・サービス業等を個人で経営している世帯 夫□ 妻□ 3．企業・個人商店等（官公庁を除く）の常用勤労者世帯で勤め先の従業者数が1人から99人までの世帯（日々または1年未満の契約の雇用者は5） 夫☑ 妻□ 4．3にあてはまらない常用勤労者世帯及び会社団体の役員の世帯（日々または1年未満の契約の雇用者は5） 夫□ 妻☑ 5．1から4にあてはまらないその他の仕事をしている者のいる世帯 夫□ 妻□ 6．仕事をしている者のいない世帯	
(8)	夫妻の職業	（国勢調査の年…　年…の4月1日から翌年3月31日までに届出をするときだけ書いてください）夫の職業　　　　　妻の職業	
	その他		
	届出人署名押印	夫（サイン）ラッシュマン，ベルナード㊞	妻　丙村　夏子　㊞
	事件簿番号		（証人欄省略）

◇日本人妻の新戸籍

	(1の1)	全部事項証明
本　　籍	東京都新宿区西落合七丁目8番	
氏　　名	丙村　夏子	
戸籍事項 　　戸籍編製	【編製日】平成31年10月16日	
戸籍に記録されている者	【名】夏子 【生年月日】昭和62年8月3日　【配偶者区分】妻 【父】丙村幸蔵 【母】丙村由紀子 【続柄】二女	
身分事項 　　出　　生 　　婚　　姻	省略 【婚姻日】平成31年10月16日 【配偶者氏名】ラッシュマン，ベルナード 【配偶者の国籍】アメリカ合衆国 【配偶者の生年月日】西暦1986年2月3日 【従前戸籍】神奈川県小田原市本町九丁目77番地　丙村幸蔵 　　　　　　　　　　　　　　　　　　　　　　　　　　　以下余白	

発行番号

◇日本人妻の従前戸籍

（2の2） 全部事項証明

本　　　籍	神奈川県小田原市本町九丁目７７番地
氏　　　名	丙村　幸蔵

戸籍事項	
戸籍編製	省略

戸籍に記録されている者	【名】夏　子 【生年月日】昭和６２年８月３日 【父】丙村幸蔵 【母】丙村由紀子 【続柄】二女
除　　籍	

身分事項	
出　　生	省略
婚　　姻	【婚姻日】平成３１年１０月１６日 【配偶者氏名】ラッシュマン，ベルナード 【配偶者の国籍】アメリカ合衆国 【配偶者の生年月日】西暦１９８６年２月３日 【送付を受けた日】平成３１年１０月１８日 【受理者】東京都新宿区長 【新本籍】東京都新宿区西落合七丁目８番

以下余白

発行番号

事例12 戸籍の筆頭者及びその配偶者以外の日本人男と外国人女との婚姻届を，夫になる者の所在地の市区町村長に届出をする場合（婚姻後の本籍を従前の本籍と同一の場所に定める場合）

婚姻届

平成30年11月6日届出
東京都中央区　長殿

受理　平成30年11月6日　第6734号
送付　平成30年11月8日　第5963号
発送　平成30年11月6日
東京都中央区　長　印

	夫になる人	妻になる人
(1) （よみかた）氏名	こうやま　じろう　甲山　二郎	オブライエン　マリー
生年月日	平成2年6月9日	西暦1992年5月15日
(2) 住所（住民登録をしているところ）	東京都中央区築地8丁目9番地10号　世帯主の氏名 甲山二郎	東京都港区西麻布5丁目6番地7号　世帯主の氏名
(3) 本籍（外国人のときは国籍だけを書いてください）	横浜市金沢区並木5丁目60番　筆頭者の氏名 甲山清次	アメリカ合衆国
父母の氏名　父母との続き柄	父 甲山清次　母 芳子　続き柄 2男	父 オブライエン，サミエル　母 マリア　続き柄 長女
(4) 婚姻後の夫婦の氏・新しい本籍	☑夫の氏　□妻の氏　横浜市金沢区並木5丁目60番地	
(5) 同居を始めたとき	平成30年10月	
(6) 初婚・再婚の別	☑初婚　□再婚　□死別　□離別　年月日	☑初婚　□再婚　□死別　□離別　年月日
(7) 同居を始める前の夫婦のそれぞれの世帯のおもな仕事と	1．農業だけまたは農業とその他の仕事を持っている世帯　2．自由業・商工業・サービス業等を個人で経営している世帯　3．企業・個人商店等（官公庁は除く）の常用勤労者世帯で勤め先の従業者数が1人から99人までの世帯（日々または1年未満の契約の雇用者は5）　4．3にあてはまらない常用勤労者世帯及び会社団体の役員の世帯（日々または1年未満の契約の雇用者は5）　5．1から4にあてはまらないその他の仕事をしている者のいる世帯　6．仕事をしている者のいない世帯 夫☑3 妻☑5	
(8) 夫妻の職業	夫の職業	妻の職業
その他		
届出人署名押印	夫　甲山二郎　印	妻（サイン）オブライエン，マリー　印
事件簿番号		（証人欄省略）

◇日本人夫の新戸籍

（1の1）　全部事項証明

本　　籍	横浜市金沢区並木五丁目６０番地
氏　　名	甲山　二郎
戸籍事項 　　戸籍編製	【編製日】平成３０年１１月８日
戸籍に記録されている者	【名】二　郎 【生年月日】平成２年６月９日　【配偶者区分】夫 【父】甲山清次 【母】甲山芳子 【続柄】二男
身分事項 　　出　　生 　　婚　　姻	省略 【婚姻日】平成３０年１１月６日 【配偶者氏名】オブライエン，マリー 【配偶者の国籍】アメリカ合衆国 【配偶者の生年月日】西暦１９９２年５月１５日 【送付を受けた日】平成３０年１１月８日 【受理者】東京都中央区長 【従前戸籍】横浜市金沢区並木五丁目６０番地　甲山清次

以下余白

発行番号

◇日本人夫の従前戸籍

| | （2の2） | 全部事項証明 |

本　　　籍	横浜市金沢区並木五丁目６０番地
氏　　　名	甲山　清次

戸籍事項　　戸籍編製	省略

| 戸籍に記録されている者

除　籍 | 【名】二　郎

【生年月日】平成２年６月９日
【父】甲山清次
【母】甲山芳子
【続柄】二男 |
|---|---|
| 身分事項
　出　　生
　婚　　姻 | 省略

【婚姻日】平成３０年１１月６日
【配偶者氏名】オブライエン，マリー
【配偶者の国籍】アメリカ合衆国
【配偶者の生年月日】西暦１９９２年５月１５日
【送付を受けた日】平成３０年１１月８日
【受理者】東京都中央区長
【新本籍】横浜市金沢区並木五丁目６０番地

　　　　　　　　　　　　　　　　　　　以下余白 |

発行番号

事例13
戸籍の筆頭者及びその配偶者以外の日本人男と外国人女との婚姻届を，夫になる者の所在地の市区町村長に届出をする場合（婚姻後の本籍を住所と同一の場所に定める場合）

婚 姻 届

平成31年 9月16日 届出

東京都新宿区　長殿

受理	平成31年 9月16日	発送	平成31年 9月16日
第	3579 号		
送付	平成31年 9月18日	東京都新宿区　長㊞	
第	2965 号		
書類調査	戸籍記載	記載調査	調査票	附票	住民票	通知

		夫になる人	妻になる人
(1)	（よみかた） 氏　名	こう　はら　よし　ろう 甲原　義郎	ペルド　アンニー
	生年月日	平成 3 年 5 月 23 日	西暦 1995 年 9 月 5 日
(2)	住所 （住民登録をしているところ）	東京都新宿区大久保 5丁目6 番地 7号 世帯主の氏名　甲原義郎	東京都新宿区大久保 5丁目6 番地 7号 世帯主の氏名
(3)	本籍 外国人のときは国籍だけを書いてください	千葉市稲毛区稲毛 7丁目40 番地 筆頭者の氏名　甲原正治	フィリピン共和国 番地 筆頭者の氏名
	父母の氏名 父母との続き柄 他の養父母はその他の欄に書いてください	父　甲原　正治 母　　　花江　　続き柄 2男	父　ペルド，セラシオ 母　　　リリア　　続き柄 3女
(4)	婚姻後の夫婦の氏・新しい本籍	☐夫の氏　新本籍（左の☑の氏の人がすでに戸籍の筆頭者となっているときは書かないでください） ☑妻の氏　東京都新宿区大久保5丁目6　番地	
(5)	同居を始めたとき	平成 31 年 9 月　（結婚式をあげたとき，または，同居を始めたときのうち早いほうを書いてください）	
(6)	初婚・再婚の別	☑初婚　☐再婚（☐死別 ☐離別　年　月　日）	☑初婚　☐再婚（☐死別 ☐離別　年　月　日）
(7)	同居を始める前の夫婦のそれぞれの世帯のおもな仕事と	[夫] [妻] 1．農業だけまたは農業とその他の仕事を持っている世帯 [夫] [妻]☑ 2．自由業・商工業・サービス業等を個人で経営している世帯 [夫] [妻]☑ 3．企業・個人商店等（官公庁は除く）の常用勤労者世帯で勤め先の従業者数が1人から99人までの世帯（日々または1年未満の契約の雇用者は5） [夫] [妻] 4．3にあてはまらない常用勤労者世帯及び会社団体の役員の世帯（日々または1年未満の契約の雇用者は5） [夫]☑ [妻] 5．1から4にあてはまらないその他の仕事をしている者のいる世帯 [夫] [妻] 6．仕事をしている者のいない世帯	
(8)	夫妻の職業	（国勢調査の年…　年…の4月1日から翌年3月31日までに届出をするときだけ書いてください） 夫の職業　　　　　　　　妻の職業	
	その他		
届出人 署名押印	夫 甲原　義郎 ㊞	妻（サイン）ペルド，アンニー　印
事件簿番号		（証人欄省略）

◇日本人夫の新戸籍

(1の1) 全部事項証明

本　　籍	東京都新宿区大久保五丁目6番
氏　　名	甲原　義郎
戸籍事項 　　戸籍編製	【編製日】平成31年9月16日
戸籍に記録されている者	【名】義　郎 【生年月日】平成3年5月23日　【配偶者区分】夫 【父】甲原正治 【母】甲原花江 【続柄】二男
身分事項 　　出　　生 　　婚　　姻	省略 【婚姻日】平成31年9月16日 【配偶者氏名】ペルド，アンニー 【配偶者の国籍】フィリピン共和国 【配偶者の生年月日】西暦1995年9月5日 【従前戸籍】千葉市稲毛区稲毛七丁目40番地　甲原正治

以下余白

発行番号

◇日本人夫の従前戸籍

	(2の2)	全部事項証明
本　　　籍	千葉市稲毛区稲毛七丁目４０番地	
氏　　　名	甲原　正治	

戸籍事項	
戸籍編製	省略

戸籍に記録されている者	【名】義 郎
除　籍	【生年月日】平成３年５月２３日 【父】甲原正治 【母】甲原花江 【続柄】二男

身分事項	
出　　生	省略
婚　　姻	【婚姻日】平成３１年９月１６日 【配偶者氏名】ベルド，アンニー 【配偶者の国籍】フィリピン共和国 【配偶者の生年月日】西暦１９９５年９月５日 【送付を受けた日】平成２３年９月１８日 【受理者】東京都新宿区長 【新本籍】東京都新宿区大久保五丁目６番

以下余白

発行番号

事例14 戸籍の筆頭者の日本人男と外国人女との婚姻届を，夫になる者の本籍地の市区町村長に届出をする場合

婚 姻 届

平成30年 6月15日 届出

東京都中央区 長殿

受理 平成30年 6月15日
第 2547 号

発送 平成 年 月 日

送付 平成 年 月 日
第 号

長印

書類調査　戸籍記載　記載調査　調査票　附票　住民票　通知

		夫になる人	妻になる人
(1)	（よみかた）氏　名	おつ　むら　しげ　お　乙村　重男	ちん　えい　か　陳　栄華
	生年月日	平成3年7月24日	西暦1992年3月7日
(2)	住所（住民登録をしているところ）	東京都中央区新川3丁目5番地8号　世帯主の氏名 乙村重男	東京都中央区新川3丁目5番地8号　世帯主の氏名
(3)	本籍（外国人のときは国籍だけを書いてください）	東京都中央区新川3丁目70番地　筆頭者の氏名 乙村重男	中国　筆頭者の氏名
	父母の氏名　父母との続き柄（他の養父母はその他の欄に書いてください）	父 乙村重蔵　母 松江　続き柄 2男	父 陳雲柱　母 張栄海　続き柄 2女
(4)	婚姻後の夫婦の氏・新しい本籍	□夫の氏　□妻の氏　新本籍（左の☑の氏の人がすでに戸籍の筆頭者となっているときは書かないでください）番地番	
(5)	同居を始めたとき	平成30年4月 （結婚式をあげたとき，または，同居を始めたときのうち早いほうを書いてください）	
(6)	初婚・再婚の別	□初婚 ☑再婚（□死別 ☑離別 28年7月21日）	☑初婚 □再婚（□死別 □離別 年 月 日）
(7)	同居を始める前の夫婦のそれぞれの世帯のおもな仕事と	夫 妻　1. 農業だけまたは農業とその他の仕事を持っている世帯　夫 妻　2. 自由業・商工業・サービス業等を個人で経営している世帯　夫 妻　3. 企業・個人商店等（官公庁は除く）の常用勤労者世帯で勤め先の従業者数が1人から99人までの世帯（日々または1年未満の契約の雇用者は5）　夫 妻　4. 3にあてはまらない常用勤労者世帯及び会社団体の役員の世帯（日々または1年未満の契約の雇用者は5）　夫☑ 妻☑　5. 1から4にあてはまらないその他の仕事をしている者のいる世帯　夫 妻　6. 仕事をしている者のいない世帯	
(8)	夫妻の職業	（国勢調査の年…　年…の4月1日から翌年3月31日までに届出をするときだけ書いてください）夫の職業　　　妻の職業	
	その他		
	届出人署名押印	夫 乙村重男 ㊞	妻 陳栄華 ㊞
	事件簿番号		（証人欄省略）

◇日本人夫の戸籍

| | (1の1) | 全部事項証明 |

本　　　籍	東京都中央区新川三丁目７０番地
氏　　　名	乙村　重男
戸籍事項 　　戸籍編製	【編製日】平成２８年７月２３日
戸籍に記録されている者	【名】重　男 【生年月日】平成３年７月２４日　【配偶者区分】夫 【父】乙村重蔵 【母】乙村松江 【続柄】二男
身分事項 　　出　　生	省略
離　　婚	【離婚日】平成２８年７月２１日 【配偶者氏名】甲山春子 【送付を受けた日】平成２８年７月２３日 【受理者】京都市北区長 【従前戸籍】京都市北区小山初音町１８番地　甲山春子
婚　　姻	【婚姻日】平成３０年６月１５日 【配偶者氏名】陳栄華 【配偶者の国籍】中国 【配偶者の生年月日】西暦１９９２年３月７日
	以下余白

発行番号

事例15 戸籍の筆頭者の日本人女と外国人男との婚姻届を，妻になる者の所在地の市区町村長に届出をする場合

婚姻届

平成31年12月6日届出

東京都新宿区　長殿

受理　平成31年12月6日　第6423号
発送　平成31年12月6日
送付　平成31年12月8日　第3796号
東京都新宿区　長㊞

書類調査　戸籍記載　記載調査　調査票　附票　住民票　通知

		夫になる人	妻になる人
(1)	（よみかた）氏名	きん　てつだい　金　哲大	おつかわ　みちこ　乙川　路子
	生年月日	西暦1993年5月7日	平成5年9月3日
(2)	住所（住民登録をしているところ）	東京都新宿区北新宿6丁目7番地8号　世帯主の氏名	東京都新宿区北新宿6丁目7番地8号　世帯主の氏名　乙川路子
(3)	本籍（外国人のときは国籍だけを書いてください）	韓国　筆頭者の氏名	横浜市港北区大曽根4丁目85番　筆頭者の氏名　乙川路子
	父母の氏名　父母との続き柄（他の養父母はその他の欄に書いてください）	父　金　大栄　続き柄　2男　母　朴　春恵	父　乙川耕吉　続き柄　3女　母　富子
(4)	婚姻後の夫婦の氏・新しい本籍	□夫の氏　□妻の氏	新本籍（左の☑の氏の人がすでに戸籍の筆頭者となっているときは書かないでください）　番地番
(5)	同居を始めたとき	平成31年11月	（結婚式をあげたとき、または、同居を始めたときのうち早いほうを書いてください）
(6)	初婚・再婚の別	☑初婚　□再婚　□死別　□離別　年　月　日	☑初婚　□再婚　□死別　□離別　年　月　日
(7)	同居を始める前の夫婦のそれぞれの世帯のおもな仕事と	夫　妻　1．農業だけまたは農業とその他の仕事を持っている世帯　2．自由業・商工業・サービス業等を個人で経営している世帯　3．企業・個人商店等（官公庁は除く）の常用勤労者世帯で勤め先の従業者数が1人から99人までの世帯（日々または1年未満の契約の雇用者は5）　4．3にあてはまらない常用勤労者世帯及び会社団体の役員の世帯（日々または1年未満の契約の雇用者は5）　☑夫　☑妻　5．1から4にあてはまらないその他の仕事をしている者のいる世帯　6．仕事をしている者のいない世帯	
(8)	夫妻の職業	（国勢調査の年…　年…の4月1日から翌年3月31日までに届出をするときだけ書いてください）　夫の職業	妻の職業
	その他		
	届出人署名押印	夫　金　哲大　㊞	妻　乙川路子　㊞
	事件簿番号		（証人欄省略）

◇日本人妻の戸籍

	（1の1） 全部事項証明
本　　　籍	横浜市港北区大曽根四丁目８５番地
氏　　　名	乙川　路子
戸籍事項 　　戸籍編製	【編製日】平成２９年２月１５日
戸籍に記録されている者	【名】路子 【生年月日】平成５年９月３日　【配偶者区分】妻 【父】乙川耕吉 【母】乙川富子 【続柄】三女
身分事項 　　出　　生 　　分　　籍 　　婚　　姻	省略 【分籍日】平成２９年２月１５日 【従前戸籍】横浜市北区大曽根五丁目１０番地　乙川耕吉 【婚姻日】平成３１年１２月６日 【配偶者氏名】金哲大 【配偶者の国籍】韓国 【配偶者の生年月日】西暦１９９３年５月７日 【送付を受けた日】平成３１年１２月８日 【受理者】東京都新宿区長
	以下余白
発行番号	

事例16

戸籍の筆頭者及びその配偶者以外の日本人の男女が、夫の氏を称する創設的婚姻届を在外公館の長に届出をし、その届書が外務省を経由して夫になる者の本籍地の市区町村長に送付された場合（婚姻後の本籍を夫の従前の本籍と同一の場所にする場合）

婚姻届

平成30年2月5日届出
在ニューヨーク　総領事　殿

受理　平成30年2月5日　第56号
送付　平成30年3月15日　第2379号

（公館印）

書類調査／戸籍記載／記載調査／調査票／附票／住民票／通知

	夫になる人	妻になる人
（よみかた）	こうの　よしたろう	おつの　うめこ
(1) 氏名	甲野 義太郎	乙野 梅子
生年月日	平成4年9月10日	平成5年3月3日
(2) 住所（住民登録をしているところ）	アメリカ合衆国ニューヨーク州ニューヨーク市　7番街45　番地番号　世帯主の氏名	アメリカ合衆国ニューヨーク州ニューヨーク市　7番街45　番地番号　世帯主の氏名
(3) 本籍（外国人のときは国籍だけを書いてください）	横浜市港南区港南中央通　50番地番　筆頭者の氏名　甲野 正夫	千葉市花見川区瑞穂　6丁目70番地番　筆頭者の氏名　乙野 啓吉
父母の氏名　父母との続き柄（他の養父母はその他の欄に書いてください）	父　甲野 正夫　続き柄　長男　母　利子	父　乙野 啓吉　続き柄　長女　母　咲子
(4) 婚姻後の夫婦の氏・新しい本籍	☑夫の氏　□妻の氏　新本籍（左の☑の氏の人がすでに戸籍の筆頭者となっているときは書かないでください）　横浜市港南区港南中央通50　番地番	
(5) 同居を始めたとき	平成30年1月（結婚式をあげたとき、または、同居を始めたときのうち早いほうを書いてください）	
(6) 初婚・再婚の別	☑初婚　□再婚（□死別 □離別　年月日）	☑初婚　□再婚（□死別 □離別　年月日）
(7) 同居を始める前の夫婦のそれぞれの世帯のおもな仕事と	□夫□妻 1. 農業だけまたは農業とその他の仕事を持っている世帯　□夫□妻 2. 自由業・商工業・サービス業等を個人で経営している世帯　□夫□妻 3. 企業・個人商店等（官公庁は除く）の常用勤労者世帯で勤め先の従業者数が1人から99人までの世帯（日々または1年未満の契約の雇用者は5）　□夫□妻 4. 3にあてはまらない常用勤労者世帯及び会社団体の役員の世帯（日々または1年未満の契約の雇用者は5）　☑夫□妻 5. 1から4にあてはまらないその他の仕事をしている者のいる世帯　□夫□妻 6. 仕事をしている者のいない世帯	
(8) 夫妻の職業	（国勢調査の年…　年…の4月1日から翌年3月31日までに届出をするときだけ書いてください）　夫の職業　　妻の職業	
その他		
届出人署名押印	夫　甲野 義太郎　㊞	妻　乙野 梅子　㊞
事件簿番号		（証人欄省略）

◇夫婦の新戸籍

	（1の1）	全部事項証明

本　　　籍	横浜市港南区港南中央通５０番地
氏　　　名	甲野　義太郎
戸籍事項 　　戸籍編製	【編製日】平成３０年３月１５日
戸籍に記録されている者	【名】義太郎 【生年月日】平成４年９月１０日　【配偶者区分】夫 【父】甲野正夫 【母】甲野利子 【続柄】長男
身分事項 　　出　　生 　　婚　　姻	省略 【婚姻日】平成３０年２月５日 【配偶者氏名】乙野梅子 【送付を受けた日】平成３０年３月１５日 【受理者】在ニューヨーク総領事 【従前戸籍】横浜市港南区港南中央通５０番地　甲野正夫
戸籍に記録されている者	【名】梅　子 【生年月日】平成５年３月３日　【配偶者区分】妻 【父】乙野啓吉 【母】乙野咲子 【続柄】長女
身分事項 　　出　　生 　　婚　　姻	省略 【婚姻日】平成３０年２月５日 【配偶者氏名】甲野義太郎 【送付を受けた日】平成３０年３月１５日 【受理者】在ニューヨーク総領事 【従前戸籍】千葉市花見川区瑞穂六丁目７０番地　乙野啓吉
	以下余白

発行番号

◇夫の従前戸籍

	（2の2） 全部事項証明
本　　籍	横浜市港南区港南中央通５０番地
氏　　名	甲野　正夫
戸籍事項 　　戸籍編製	省略

戸籍に記録されている者 除　　籍	【名】義太郎 【生年月日】平成４年９月１０日 【父】甲野正夫 【母】甲野利子 【続柄】長男
身分事項 　　出　生 　　婚　姻	省略 【婚姻日】平成３０年２月５日 【配偶者氏名】乙野梅子 【送付を受けた日】平成３０年３月１５日 【受理者】在ニューヨーク総領事 【新本籍】横浜市港南区港南中央通５０番地 【称する氏】夫の氏 　　　　　　　　　　　　　　　　　　　　　　以下余白

発行番号

◇妻の従前戸籍

	(2の2)	全部事項証明

本　　籍	千葉市花見川区瑞穂六丁目７０番地
氏　　名	乙野　啓吉

戸籍事項 　　戸籍編製	省略

～～～～～～～～～～～～～～～～～～～～～～～～～～～～

戸籍に記録されている者 除　　籍	【名】梅　子 【生年月日】平成５年３月３日 【父】乙野啓吉 【母】乙野咲子 【続柄】長女
身分事項 　　出　　生 　　婚　　姻	省略 【婚姻日】平成３０年２月５日 【配偶者氏名】甲野義太郎 【送付を受けた日】平成３０年３月１７日 【受理者】在ニューヨーク総領事 【新本籍】横浜市港南区港南中央通５０番地 【称する氏】夫の氏

以下余白

発行番号

事例17

戸籍の筆頭者である日本人の男と戸籍の筆頭者及びその配偶者以外の日本人の女が，夫になる者の氏を称する創設的婚姻届を在外公館の長に届出をし，その届書が外務省を経由して夫になる者の本籍地の市区町村長に送付された場合

婚姻届

平成31年11月9日届出
在サンフランシスコ総領事 殿

受理 平成31年11月9日 第257号
送付 平成31年12月18日 第4679号
公館印

	夫になる人	妻になる人
(1) (よみかた)　氏名	へいの　かずお　丙野 和夫	ていかわ　たけこ　丁川 竹子
生年月日	平成2年10月8日	平成4年4月15日
(2) 住所（住民登録をしているところ）	アメリカ合衆国カリフォルニア州サンフランシスコ市パーサス通50番地 世帯主の氏名	アメリカ合衆国カリフォルニア州サンフランシスコ市パーサス通50番地 世帯主の氏名
(3) 本籍（外国人のときは国籍だけを書いてください）	東京都練馬区豊玉9丁目25番地 筆頭者の氏名 丙野和夫	横浜市磯子区磯子7丁目40番地 筆頭者の氏名 丁川幸助
父母の氏名 父母との続き柄	父 丙野明雄　母 春子　続き柄 2男	父 丁川幸助　母 由子　続き柄 2女
(4) 婚姻後の夫婦の氏・新しい本籍	☑夫の氏　□妻の氏　新本籍（左の☑の氏の人がすでに戸籍の筆頭者となっているときは書かないでください）番地番	
(5) 同居を始めたとき	平成31年9月（結婚式をあげたとき，または，同居を始めたときのうち早いほうを書いてください）	
(6) 初婚・再婚の別	□初婚 ☑再婚（☑死別 30年2月9日／□離別）	☑初婚 □再婚（□死別／□離別 年月日）
(7) 同居を始める前の夫婦のそれぞれの世帯のおもな仕事と	夫 妻 1.農業だけまたは農業とその他の仕事を持っている世帯 夫 妻 2.自由業・商工業・サービス業等を個人で経営している世帯 夫 妻 3.企業・個人商店等（官公庁は除く）の常用勤労者世帯で勤め先の従業者数が1人から99人までの世帯 夫 妻 4.3にあてはまらない常用勤労者世帯及び会社団体の役員の世帯（日々または1年未満の契約の雇用者は5） 夫☑妻☑ 5.1から4にあてはまらないその他の仕事をしている者のいる世帯 夫 妻 6.仕事をしている者のいない世帯	
(8) 夫妻の職業	（国勢調査の年…　年…の4月1日から翌年3月31日までに届出をするだけ書いてください）　夫の職業　　　妻の職業	
その他		
届出人署名押印	夫 丙野和夫 印	妻 丁川竹子 印
事件簿番号		（証人欄省略）

第1　創設的婚姻届

◇夫の戸籍

(2の2)　　全部事項証明

本　　籍	東京都練馬区豊玉九丁目25番地
氏　　名	丙野　和夫

戸籍事項	
戸籍編製	【編製日】平成28年12月18日

戸籍に記録されている者	【名】和　夫 【生年月日】平成2年10月8日　【配偶者区分】夫 【父】丙野明雄 【母】丙野春子 【続柄】二男
身分事項	
出　生	省略
婚　姻	省略
離　婚	【離婚日】平成30年2月9日 【配偶者氏名】甲村松子
婚　姻	【婚姻日】平成31年11月9日 【配偶者氏名】丁川竹子 【送付を受けた日】平成31年12月18日 【受理者】在サンフランシスコ総領事

〜〜〜〜〜〜〜〜〜〜〜〜〜〜〜〜〜〜〜〜〜〜〜〜〜〜〜〜〜〜〜〜〜〜

戸籍に記録されている者	【名】竹　子 【生年月日】平成4年4月15日　【配偶者区分】妻 【父】丁川幸助 【母】丁川由子 【続柄】二女
身分事項	
出　生	省略
婚　姻	【婚姻日】平成31年11月9日 【配偶者氏名】丙野和夫 【送付を受けた日】平成31年12月18日 【受理者】在サンフランシスコ総領事 【従前戸籍】横浜市磯子区磯子七丁目40番地　丁川幸助
	以下余白

発行番号

◇妻の従前戸籍

| | (2の2) | 全部事項証明 |

本　　　籍	横浜市磯子区磯子七丁目40番地
氏　　　名	丁川　幸助

戸籍事項　　戸籍編製	省略

~~~~~~

戸籍に記録されている者 除　籍	【名】竹 子 【生年月日】平成4年4月15日 【父】丁川幸助 【母】丁川由子 【続柄】二女
身分事項 　出　生 　婚　姻	省略 【婚姻日】平成31年11月9日 【配偶者氏名】丙野和夫 【送付を受けた日】平成31年12月20日 【受理者】在サンフランシスコ総領事 【入籍戸籍】東京都練馬区豊玉九丁目25番地　丙野和夫 　　　　　　　　　　　　　　　　　　　　　　以下余白

発行番号

第1 創設的婚姻届

事例18 戸籍の筆頭者及びその配偶者以外の日本人の男女が，妻になる者の氏を称する創設的婚姻届を在住する外国から妻になる者の本籍地の市区町村長に直接郵送等により届出がされた場合（婚姻後の本籍を妻になる者の従前の本籍と同一の場所にする場合）

婚 姻 届

平成30年4月14日届出

東京都中央区 長殿

受理 平成30年4月20日 第2314号
発送 平成30年4月21日 東京都中央区 長㊞
送付 平成30年4月23日 第1896号

		夫になる人	妻になる人
(1)	（よみかた）氏名	こうむら たろう 甲村 太郎	おつの はなこ 乙野 花子
	生年月日	平成3年6月9日	平成4年4月8日
(2)	住所（住民登録をしているところ）	アメリカ合衆国ニューヨーク州ニューヨーク市 7番街45 世帯主の氏名	アメリカ合衆国ニューヨーク州ニューヨーク市 7番街45 世帯主の氏名
(3)	本籍（外国人のときは国籍だけを書いてください）	埼玉県上尾市本町7丁目10 筆頭者の氏名 甲村秋雄	東京都中央区月島6丁目75 筆頭者の氏名 乙野哲男
	父母の氏名 父母との続き柄	父 甲村秋雄 母 夏子 続き柄 3男	父 乙野哲男 母 節子 続き柄 長女
(4)	婚姻後の夫婦の氏・新しい本籍	□夫の氏 ☑妻の氏 東京都中央区月島6丁目75	
(5)	同居を始めたとき	平成30年2月	
(6)	初婚・再婚の別	☑初婚 □再婚	☑初婚 □再婚
(7)	同居を始める前の夫婦のそれぞれの世帯のおもな仕事と	1～6（略）	
(8)	夫妻の職業	夫の職業	妻の職業
	その他		
	届出人署名押印	夫 甲村太郎 ㊞	妻 乙野花子 ㊞
	事件簿番号		（証人欄省略）

◇**夫婦の新戸籍**

	（1の1） 全部事項証明
本　　籍	東京都中央区月島六丁目７５番地
氏　　名	乙野　花子
戸籍事項 　戸籍編製	【編製日】平成３０年４月２０日
戸籍に記録されている者	【名】花子 【生年月日】平成４年４月８日　【配偶者区分】妻 【父】乙野哲男 【母】乙野節子 【続柄】長女
身分事項 　出　生 　婚　姻	省略 【婚姻日】平成３０年４月２０日 【配偶者氏名】甲村太郎 【従前戸籍】東京都中央区月島六丁目７５番地　乙野哲男
戸籍に記録されている者	【名】太郎 【生年月日】平成３年６月９日　【配偶者区分】夫 【父】甲村秋雄 【母】甲村夏子 【続柄】三男
身分事項 　出　生 　婚　姻	省略 【婚姻日】平成３０年４月２０日 【配偶者氏名】乙野花子 【従前戸籍】埼玉県上尾市本町七丁目１０番地　甲村秋雄
	以下余白

発行番号

◇妻の従前戸籍

	（2の2）	全部事項証明

本　　籍	東京都中央区月島六丁目７５番地
氏　　名	乙野　哲男

戸籍事項	
戸籍編製	省略

戸籍に記録されている者	【名】花子
除　　籍	【生年月日】平成４年４月８日 【父】乙野哲男 【母】乙野節子 【続柄】長女

身分事項	
出　　生	省略
婚　　姻	【婚姻日】平成３０年４月２０日 【配偶者氏名】甲村太郎 【新本籍】東京都中央区月島六丁目７５番地 【称する氏】妻の氏

以下余白

発行番号

◇夫の従前戸籍

		(2の2)	全部事項証明
本　　籍	埼玉県上尾市本町七丁目１０番地		
氏　　名	甲村　秋雄		

戸籍事項	
戸籍編製	省略

戸籍に記録されている者	【名】太 郎
除　籍	【生年月日】平成３年６月９日 【父】甲村秋雄 【母】甲村夏子 【続柄】三男

身分事項	
出　生	省略
婚　姻	【婚姻日】平成３０年４月２０日 【配偶者氏名】乙野花子 【送付を受けた日】平成３０年４月２３日 【受理者】東京都中央区長 【新本籍】東京都中央区月島六丁目７５番地 【称する氏】妻の氏

以下余白

発行番号

事例19 外国人同士の創設的婚姻届が，所在地の市区町村長に届出された場合

婚 姻 届

平成31年5月15日届出

東京都港区 長殿

受理	平成31年5月15日	発送	平成 年 月 日	
第	3751 号			長印
送付	平成 年 月 日			
第	号			
書類調査	戸籍記載	記載調査	調査票	附票	住民票	通知

		夫になる人	妻になる人
(1)	(よみかた) 氏　名	氏名 マックイン　リチャード	氏名 ベルナール　マリア
	生年月日	西暦1991年7月13日	西暦1992年9月6日
(2)	住　所 (住民登録をしているところ)	東京都港区西麻布 7丁目8番9号 世帯主の氏名	東京都港区西麻布 7丁目8番9号 世帯主の氏名
(3)	本　籍 (外国人のときは国籍だけを書いてください)	カナダ 番地番 筆頭者の氏名	アメリカ合衆国 番地番 筆頭者の氏名
	父母の氏名 父母との続き柄 (他の養父母はその他の欄に書いてください)	父 マックイン，ジェームス　続き柄 母 メアリー　2男	父 ベルナール，ジョン　続き柄 母 エリナー　3女
(4)	婚姻後の夫婦の氏・新しい本籍	□夫の氏　新本籍(左の☑の氏の人がすでに戸籍の筆頭者となっているときは書かないでください) □妻の氏　　　　　　　　　　　　　　　　　　　　　　　　　　　　番地番	
(5)	同居を始めたとき	平成31年2月　(結婚式をあげたとき，または，同居を始めたときのうち早いほうを書いてください)	
(6)	初婚・再婚の別	☑初婚　□再婚（□死別／□離別　年　月　日）	☑初婚　□再婚（□死別／□離別　年　月　日）
(7)	同居を始める前の夫婦のそれぞれの世帯のおもな仕事と	夫□ 妻□ 1．農業だけまたは農業とその他の仕事を持っている世帯 夫□ 妻□ 2．自由業・商工業・サービス業等を個人で経営している世帯 夫□ 妻□ 3．企業・個人商店等(官公庁は除く)の常用勤労者世帯で勤め先の従業者数が1人から99人までの世帯(日々または1年未満の契約の雇用者は5) 夫☑ 妻☑ 4．3にあてはまらない常用勤労者世帯及び会社団体の役員の世帯(日々または1年未満の契約の雇用者は5) 夫□ 妻□ 5．1から4にあてはまらないその他の仕事をしている者のいる世帯 夫□ 妻□ 6．仕事をしている者のいない世帯	
(8)	夫妻の職業	(国勢調査の年… 年…の4月1日から翌年3月31日までに届出をするときだけ書いてください) 夫の職業　　　　　　　　　　妻の職業	
	その他		
	届出人 署名押印	夫 (サイン) マックイン，リチャード　印	妻 (サイン) ベルナール，マリア　印
	事件簿番号		(証人欄省略)

事例20

離婚後100日以内の女が離婚時に懐胎していなかった旨の医師の証明書を添付して，夫になる者の氏を称する婚姻届を夫になる者の本籍地の市区町村長に届出をし，新戸籍を編製する場合で，妻になる者の従前の本籍地の市区町村長に届書謄本が送付された場合

婚 姻 届

平成32年4月5日届出

東京都千代田区 長 殿

受理	平成32年4月5日	発送 平成32年4月5日
第	2345 号	東京都千代田区長 ㊞
送付	平成32年4月7日	
第	1987 号	

書類調査	戸籍記載	記載調査	調査票	附票	住民票	通知

		夫になる人	妻になる人
(1)	(よみかた)	こうの よしたろう	おつの うめこ
	氏名	甲野 義太郎	乙野 梅子
	生年月日	平成4年5月6日	平成5年3月3日
(2)	住所（住民登録をしているところ）	東京都杉並区清水町 1丁目2番地3号 世帯主の氏名 甲野幸雄	京都市北区小山初音町 18番地 世帯主の氏名 乙野忠治
(3)	本籍（外国人のときは国籍だけを書いてください）	東京都千代田区平河町 1丁目4番地 筆頭者の氏名 甲野幸雄	京都市北区小山初音町 18番地 筆頭者の氏名 乙野忠治
	父母の氏名 父母との続き柄 （他の養父母はその他の欄に書いてください）	父 甲野幸雄　続き柄 母　松子　　　長男	父 乙野忠治　続き柄 母　春子　　　長女
(4)	婚姻後の夫婦の氏・新しい本籍	☑夫の氏　□妻の氏　新本籍　東京都千代田区平河町1丁目10番地	
(5)	同居を始めたとき	平成　年　月（結婚式をあげたとき，または，同居を始めたときのうち早いほうを書いてください）	
(6)	初婚・再婚の別	☑初婚　□再婚（□死別 □離別　年 月 日）	□初婚 ☑再婚（☑離別 平成32年2月1日 □死別）
(7)	同居を始める前の夫婦のそれぞれの世帯のおもな仕事と	夫☑ 妻□ 1．農業だけまたは農業とその他の仕事を持っている世帯 夫☑ 妻□ 2．自由業・商工業・サービス業等を個人で経営している世帯 夫□ 妻□ 3．企業・個人商店等（官公庁を除く）の常用勤労者世帯で勤め先の従業者数が1人から99人までの世帯（日々または1年未満の契約の雇用者も5） 夫□ 妻☑ 4．3にあてはまらない常用勤労者世帯及び会社団体の役員の世帯（日々または1年未満の契約の雇用者も5） 夫□ 妻□ 5．1から4にあてはまらないその他の仕事をしている者のいる世帯 夫□ 妻□ 6．仕事をしている者のいない世帯	
(8)	夫妻の職業	（国勢調査の年…　年…の4月1日から翌年3月31日までに届出をするときだけ書いてください） 夫の職業　　　　　　　　妻の職業	
その他	民法第733条第2項に該当する旨の証明書添付		
届出人署名押印	夫 甲野義太郎 ㊞	妻 乙野梅子 ㊞	
事件簿番号			（証人欄省略）

民法第733条第2項に該当する旨の証明書

診察を受ける者	氏 名	乙野 梅子					
	住 所	京都市北区小山初音町18番地					
	生年月日	平成	5 年	3 月	3 日	(27 歳)	
	前婚の解消又は取消日（①）	平成	32 年	2 月	1 日	（注1）	

（注1）前婚の解消又は取消日（以下「①の日」という）については，本人の申出による日を記載する。

上記記載の者について，①の日に懐胎していなかったことを証明する。

（理由について，以下の□のいずれかにチェックし，必要事項を記入してください）

☐ ①の日より後に懐胎している
　懐胎の時期（推定排卵日）は，①の日の後である，　　年　月　　日から　　年　月　　日までと推定される。
　算出根拠（1．2．のいずれかに丸印をつけてください）
　1．懐胎の時期（推定排卵日）は，超音波検査及びその他の診断により求められた推定排卵日（妊娠2週0日）に前後各14日間ずつを加え算出した（注2）。
　（注2）医師の判断により，より正確な診断が可能なときは，前後各14日間より短い日数を加えることになる。

　2．その他（不妊治療に対して行われる生殖補助医療の実施日を基に算出等，具体的にお書きください）
　　（　　　）

☑ ①の日以後の一定の時期において懐胎していない
　根拠（1．2．のいずれかに丸印をつけてください）
　① 診察日（注3）において尿妊娠反応が陰性である。
　　診察日：平成 32 年 3 月 10 日
　　（注3）①の日から4週間以上経過した日以降に尿妊娠検査（感度hCG50IU/Lまたは25IU/Lのもの）を行い，その反応が陰性の場合，①の日から継続する正常妊娠はないと判断する。

　2．上記1．以外の場合であって，①の日以降の一定の時期において，以下の理由により，懐胎していないと判断できる（注4）。
　　（理由：　　　　　　　　　　　　　　　　　　　　　　　　　　　　　　　　　　　　　　　）
　　（注4）1．以外であっても，医師の判断により，①の日以後の一定の時期において，懐胎していないとの診断が可能な場合である。

☐ ①の日以後に出産（注5）した
　　出産の日　／　　　年　月　　日
　　（注5）ここにいう出産には，出産（早産を含む），死産（流産），異所性妊娠（子宮外妊娠）の手術が含まれる。

平成 32 年 3 月 15 日

医師　　（住所）東京都千代田区大手町1丁目2番3号

　　　　（氏名）　何　某　　㊞

※ この証明書は，前婚の解消又は取消しの日から起算して100日以内にする婚姻届に添付するために医師が作成するものです。

◇夫婦の新戸籍

| | | （1の1） | 全部事項証明 |

本　　籍	東京都千代田区平河町一丁目１０番地
氏　　名	甲野　義太郎

戸籍事項	
戸籍編製	【編製日】平成３２年４月５日

戸籍に記録されている者	【名】義太郎 【生年月日】平成４年５月６日　【配偶者区分】夫 【父】甲野幸雄 【母】甲野松子 【続柄】長男
身分事項	
出　　生	省略
婚　　姻	【婚姻日】平成３２年４月５日 【配偶者氏名】乙野梅子 【従前戸籍】東京都千代田区平河町一丁目４番地　甲野幸雄
戸籍に記録されている者	【名】梅子 【生年月日】平成５年３月３日　【配偶者区分】妻 【父】乙野忠治 【母】乙野春子 【続柄】長女
身分事項	
出　　生	省略
婚　　姻	【婚姻日】平成３２年４月５日 【配偶者の氏名】甲野義太郎 【従前戸籍】京都市北区小山初音町１８番地　乙野忠治 【特記事項】民法第７３３条第２項
	以下余白

発行番号

◇夫の従前戸籍

(2の2) 　全部事項証明

本　　　籍	東京都千代田区平河町一丁目4番地
氏　　　名	甲野　幸雄
戸籍事項 戸籍編製	省略

戸籍に記録されている者 　　除　　籍	【名】義太郎 【生年月日】平成4年5月6日 【父】甲野幸雄 【母】甲野松子 【続柄】長男
身分事項 　出　生 　婚　姻	省略 【婚姻日】平成32年4月5日 【配偶者氏名】乙野梅子 【新本籍】東京都千代田区平河町一丁目10番地 【称する氏】夫の氏

以下余白

発行番号

◇**妻の従前戸籍**

		(2の2)	全部事項証明
本　　　籍	京都市北区小山初音町１８番地		
氏　　　名	乙野　忠治		

戸籍事項	
戸籍編製	省略

戸籍に記録されている者	【名】梅子
除　　籍	【生年月日】平成５年３月３日 【父】乙野忠治 【母】乙野春子 【続柄】長女
身分事項	
出　　生	省略
婚　　姻	省略
離　　婚	【離婚日】平成３２年２月１日 【配偶者氏名】丙山秋男 【送付を受けた日】平成３２年２月３日 【受理者】東京都中央区長 【従前戸籍】東京都中央区日本橋一丁目５番地
婚　　姻	【婚姻日】平成３２年４月５日 【配偶者氏名】甲野義太郎 【送付を受けた日】平成３２年４月７日 【受理者】東京都千代田区長 【新本籍】東京都千代田区平河町一丁目１０番地 【称する氏】夫の氏 【特記事項】民法第７３３条第２項
	以下余白

発行番号

第2 報告的婚姻届

事例21　戸籍の筆頭者及びその配偶者以外の日本人の男女が，在住する外国の方式で婚姻し，その証書の謄本（夫の氏を称する旨及び婚姻後の本籍を夫の従前の本籍と同一の場所に定める旨の申出書を添付─婚姻届書使用）を在外公館の長に提出し，それが外務省経由で夫の本籍地の市区町村長に送付された場合

婚姻届

平成30年4月6日届出
在ニューヨーク総領事　殿

受理　平成30年4月6日　第235号
送付　平成30年5月23日　第3769号
（公館印）

書類調査／戸籍記載／記載調査／調査票／附票／住民票／通知

		夫になる人	妻になる人
(1)	（よみかた）氏名	こうの　こういち　甲野　光一	おつかわ　せいこ　乙川　清子
	生年月日	平成3年1月7日	平成4年2月18日
(2)	住所（住民登録をしているところ）	アメリカ合衆国ニューヨーク州ニューヨーク市　8番街10番地　世帯主の氏名	アメリカ合衆国ニューヨーク州ニューヨーク市　8番街10番地　世帯主の氏名
(3)	本籍（外国人のときは国籍だけを書いてください）	静岡市清水区旭町65番　筆頭者の氏名　甲野善治	新潟市中央区新和8丁目90番地　筆頭者の氏名　乙川孝助
	父母の氏名・父母との続き柄（他の養父母はその他の欄に書いてください）	父　甲野善治　母　昌子　続き柄　長男	父　乙川孝助　母　章子　続き柄　長女
(4)	婚姻後の夫婦の氏・新しい本籍	☑夫の氏　□妻の氏　新本籍（左の☑の氏の人がすでに戸籍の筆頭者となっているときは書かないでください）静岡市清水区旭町65番地	
(5)	同居を始めたとき	平成30年2月（結婚式をあげたとき，または，同居を始めたときのうち早いほうを書いてください）	
(6)	初婚・再婚の別	☑初婚　□再婚（□死別　□離別　　年　月　日）	☑初婚　□再婚（□死別　□離別　　年　月　日）
(7)	同居を始める前のそれぞれの世帯のおもな仕事と	1人から99人までの世帯（日々または1年未満の契約の雇用者が5）　夫☑　妻☑　4．3にあてはまらない常用勤労者世帯及び会社団体の役員の世帯（日々または1年未満の契約の雇用者が5）　夫　妻☑　5．1から4にあてはまらないその他の仕事をしている者のいる世帯　夫　妻　6．仕事をしている者のいない世帯	
(8)	夫妻の職業	（国勢調査の年…　年…の4月1日から翌年3月31日までに届出をするときだけ書いてください）夫の職業　　　　妻の職業	
	その他	平成30年2月20日アメリカ合衆国ニューヨーク州の方式により婚姻　婚姻証書謄本提出	
	届出人署名押印	夫　甲野光一　㊞	妻　乙川清子　㊞
	事件簿番号		（証人欄省略）

◇夫婦の新戸籍

| | （1の1） | 全部事項証明 |

本　　籍	静岡市清水区旭町６５番地
氏　　名	甲野　光一
戸籍事項 　　戸籍編製	【編製日】平成３０年５月２３日
戸籍に記録されている者	【名】光　一 【生年月日】平成３年１月７日　【配偶者区分】夫 【父】甲野善治 【母】甲野昌子 【続柄】長男
身分事項 　　出　　生 　　婚　　姻	省略 【婚姻日】平成３０年２月２０日 【配偶者氏名】乙川清子 【婚姻の方式】アメリカ合衆国ニューヨーク州の方式 【証書提出日】平成３０年４月６日 【送付を受けた日】平成３０年５月２３日 【受理者】在ニューヨーク総領事 【従前戸籍】静岡市清水区旭町６５番地　甲野善治
戸籍に記録されている者	【名】清　子 【生年月日】平成４年２月１８日　【配偶者区分】妻 【父】乙川孝助 【母】乙川章子 【続柄】長女
身分事項 　　出　　生 　　婚　　姻	省略 【婚姻日】平成３０年２月２０日 【配偶者氏名】甲野光一 【婚姻の方式】アメリカ合衆国ニューヨーク州の方式 【証書提出日】平成３０年４月６日 【送付を受けた日】平成３０年５月２３日 【受理者】在ニューヨーク総領事 【従前戸籍】新潟市中央区新和８丁目９０番地　乙川孝助
	以下余白

発行番号

◇夫の従前戸籍

(2の2)　全部事項証明

本　　籍	静岡市清水区旭町６５番地
氏　　名	甲野　善治

戸籍事項	
戸籍編製	省略

～～～～～～～～～～～～～～～～～～～～～～～～～～～～～～

戸籍に記録されている者	【名】光 一
除　　籍	【生年月日】平成３年１月７日 【父】甲野善治 【母】甲野昌子 【続柄】長男

身分事項	
出　　生	省略
婚　　姻	【婚姻日】平成３０年２月２０日 【配偶者氏名】乙川清子 【婚姻の方式】アメリカ合衆国ニューヨーク州の方式 【証書提出日】平成３０年４月６日 【送付を受けた日】平成３０年５月２３日 【受理者】在ニューヨーク総領事 【新本籍】静岡市清水区旭町６５番地 【称する氏】夫の氏

以下余白

発行番号

◇妻の従前戸籍

(2の2)　全部事項証明

本　　籍	新潟市中央区新和8丁目90番地
氏　　名	乙川　孝助

戸籍事項	
戸籍編製	省略

戸籍に記録されている者 除　籍	【名】清子 【生年月日】平成4年2月18日 【父】乙川孝助 【母】乙川章子 【続柄】長女
身分事項 出　生 婚　姻	省略 【婚姻日】平成30年2月20日 【配偶者氏名】甲野光一 【婚姻の方式】アメリカ合衆国ニューヨーク州の方式 【証書提出日】平成30年4月6日 【送付を受けた日】平成30年5月25日 【受理者】在ニューヨーク総領事 【新本籍】静岡市清水区旭町65番地 【称する氏】夫の氏 以下余白

発行番号

第2 報告的婚姻届

事例22 戸籍の筆頭者及びその配偶者以外の日本人男が、外国人女と在住する外国の方式で婚姻し、その証書の謄本（婚姻後の本籍を従前の本籍と同一の場所に定める旨の申出書を添付—婚姻届書使用）を在外公館の長に提出し、それが外務省経由で本籍地の市区町村長に送付された場合

婚 姻 届

平成31年10月3日届出
在サンフランシスコ総領事 殿

受理	平成31年10月3日
第	345 号
送付	平成31年11月18日
第	5678 号

（公館印）

書類調査　戸籍記載　記載調査　調査票　附票　住民票　通知

		夫になる人	妻になる人
(1)	氏名	（よみかた）こうの まさお 氏 甲野　名 正夫	氏 ベルナール　名 エリナ
	生年月日	平成4年1月15日	西暦1992年4月9日
(2)	住所 (住民登録をしているところ)	アメリカ合衆国カリフォルニア州サンフランシスコ市パーサス通 100番地 世帯主の氏名	アメリカ合衆国カリフォルニア州サンフランシスコ市パーサス通 100番地 世帯主の氏名
(3)	本籍 (外国人のときは国籍だけを書いてください)	東京都千代田区平河町1丁目10番地 筆頭者の氏名 甲野義太郎	アメリカ合衆国 筆頭者の氏名
	父母の氏名 父母との続き柄 (他の養父母はその他の欄に書いてください)	父 甲野義太郎　続き柄 母 梅子　長男	父 ベルナール，ジョージ　続き柄 母 ナタリー　2女
(4)	婚姻後の夫婦の氏・新しい本籍	☑夫の氏　□妻の氏　新本籍 東京都千代田区平河町一丁目10番地	
(5)	同居を始めたとき	平成31年8月 （結婚式をあげたとき、または、同居を始めたときのうち早いほうを書いてください）	
(6)	初婚・再婚の別	☑初婚　□再婚（□死別　□離別　年月日）	☑初婚　□再婚（□死別　□離別　年月日）
(7)	同居を始める前の夫婦のそれぞれの世帯のおもな仕事と	夫□ 妻□ 1. 農業だけまたは農業とその他の仕事を持っている世帯 夫□ 妻□ 2. 自由業・商工業・サービス業等を個人で経営している世帯 夫□ 妻□ 3. 企業・個人商店等（官公庁を除く）の常用勤労者世帯で勤め先の従業者数が1人から99人までの世帯（日々または1年未満の契約の雇用者は5） 夫☑ 妻☑ 4. 3にあてはまらない常用勤労者世帯及び会社団体の役員の世帯（日々または1年未満の契約の雇用者は5） 夫□ 妻□ 5. 1から4にあてはまらないその他の仕事をしている者のいる世帯 夫□ 妻□ 6. 仕事をしている者のいない世帯	
(8)	夫妻の職業	（国勢調査の年…年…の4月1日から翌年3月31日までに届出をするときだけ書いてください） 夫の職業　　　　　　　妻の職業	
その他		平成31年9月1日アメリカ合衆国カリフォルニア州の方式により婚姻 婚姻証書謄本提出	
届出人署名押印		夫 甲野正夫 ㊞	妻　　　　印
事件簿番号			（証人欄省略）

◇日本人夫の新戸籍

	（1の1）　　全部事項証明
本　　籍	東京都千代田区平河町一丁目１０番地
氏　　名	甲野　正夫
戸籍事項 　　戸籍編製	【編製日】平成３１年１１月１８日
戸籍に記録されている者	【名】正　夫 【生年月日】平成４年１月１５日　【配偶者区分】夫 【父】甲野義太郎 【母】甲野梅子 【続柄】長男
身分事項 　　出　　生 　　婚　　姻	省略 【婚姻日】平成３１年９月１日 【配偶者氏名】ベルナール，エリナ 【配偶者の国籍】アメリカ合衆国 【配偶者の生年月日】西暦１９９２年４月９日 【婚姻の方式】アメリカ合衆国カリフォルニア州の方式 【証書提出日】平成３１年１０月３日 【送付を受けた日】平成３１年１１月１８日 【受理者】在サンフランシスコ総領事 【従前戸籍】東京都千代田区平河町一丁目１０番地　甲野義太郎
	以下余白

発行番号

◇日本人夫の従前戸籍

		（2の2）	全部事項証明

本　　　籍	東京都千代田区平河町一丁目１０番地
氏　　　名	甲野　義太郎

戸籍事項	
戸籍編製	省略

戸籍に記録されている者	
 除　籍	【名】正　夫 【生年月日】平成４年１月１５日 【父】甲野義太郎 【母】甲野梅子 【続柄】長男
身分事項 　出　　生 　婚　　姻	省略 【婚姻日】平成３１年９月１日 【配偶者氏名】ベルナール，エリナ 【配偶者の国籍】アメリカ合衆国 【配偶者の生年月日】西暦１９９２年４月９日 【婚姻の方式】アメリカ合衆国カリフォルニア州の方式 【証書提出日】平成３１年１０月３日 【送付を受けた日】平成３１年１１月１８日 【受理者】在サンフランシスコ総領事 【新本籍】東京都千代田区平河町一丁目１０番地
	以下余白

発行番号

事例23

戸籍の筆頭者である日本人男が，外国人女と在住する外国の方式で婚姻し，その証書の謄本等を在外公館の長に提出し，その証書の謄本が外務省を経由して，夫の本籍地の市区町村長に送付された場合

婚姻届

平成30年5月7日届出
在ニューヨーク 総領事 殿

受理 平成30年5月7日 第148号
送付 平成30年6月25日 第2456号
公館印

書類調査／戸籍記載／記載調査／調査票／附票／住民票／通知

	夫になる人	妻になる人
(1) 氏名（よみかた）	氏名 乙野 春男（おつの はるお）	氏名 マックイン マリア
生年月日	平成3年3月28日	西暦1991年11月3日
(2) 住所（住民登録をしているところ）	アメリカ合衆国ニューヨーク州ニューヨーク市 10番街20 番地番号 世帯主の氏名	アメリカ合衆国ニューヨーク州ニューヨーク市 10番街20 番地番号 世帯主の氏名
(3) 本籍（外国人のときは国籍だけを書いてください）	東京都新宿区西新宿 9丁目200 番地番 筆頭者の氏名 乙野春男	アメリカ合衆国 番地番 筆頭者の氏名
父母の氏名 父母との続き柄（他の養父母はその他の欄に書いてください）	父 乙野幸二　続き柄 2男 母　保子	父 マックイン，ジョン　続き柄 3女 母 エーリー
(4) 婚姻後の夫婦の氏・新しい本籍	□夫の氏 □妻の氏　新本籍（左の☑の氏の人がすでに戸籍の筆頭者となっているときは書かないでください）　番地番	
(5) 同居を始めたとき	平成30年2月（結婚式をあげたとき，または，同居を始めたときのうち早いほうを書いてください）	
(6) 初婚・再婚の別	☑初婚 □再婚（□死別 □離別　年月日）	☑初婚 □再婚（□死別 □離別　年月日）
(7) 同居を始める前の夫婦のそれぞれの世帯のおもな仕事と	夫　妻　1．農業だけまたは農業とその他の仕事を持っている世帯 夫　妻　2．自由業・商工業・サービス業等を個人で経営している世帯 夫　妻　3．企業・個人商店等（官公庁は除く）の常用勤労者世帯で勤め先の従業者数が1人から99人までの世帯（日々または1年未満の契約の雇用者は5） 夫☑　妻☑　4．3にあてはまらない常用勤労者世帯及び会社団体の役員の世帯（日々または1年未満の契約の雇用者は5） 夫　妻　5．1から4にあてはまらないその他の仕事をしている者のいる世帯 夫　妻　6．仕事をしている者のいない世帯	
(8) 夫妻の職業	（国勢調査の年…年…の4月1日から翌年3月31日までに届出をするときだけ書いてください）　夫の職業　　　　　妻の職業	
その他	平成30年2月18日アメリカ合衆国ニューヨーク州の方式により婚姻　婚姻証書謄本提出	
届出人 署名押印	夫 乙野春男 ㊞	妻　　　　　印
		（証人欄省略）
事件簿番号		

◇日本人夫の戸籍

(1の1) 　全 部 事 項 証 明　

本　　　籍	東京都新宿区西新宿九丁目２００番地
氏　　　名	乙野　春男

戸籍事項　　戸籍編製	【編製日】平成２９年１０月８日
戸籍に記録されている者	【名】春　男 【生年月日】平成３年３月２８日　【配偶者区分】夫 【父】乙野幸二 【母】乙野保子 【続柄】二男
身分事項 　　出　　生 　　分　　籍 　　婚　　姻	省略 【分籍日】平成２９年１０月８日 【従前戸籍】東京都新宿区西新宿九丁目２００番地　乙野幸二 【婚姻日】平成３０年２月１８日 【配偶者氏名】マックイン，マリア 【配偶者の国籍】アメリカ合衆国 【配偶者の生年月日】西暦１９９１年１１月３日 【婚姻の方式】アメリカ合衆国ニューヨーク州の方式 【証書提出日】平成３０年５月７日 【送付を受けた日】平成３０年６月２５日 【受理者】在ニューヨーク総領事

以下余白

発行番号

事例24

戸籍の筆頭者である日本人女が，在住するA国において，B国人男とB国の方式で婚姻し，その証書の謄本（B国官憲発行）を在外公館の長に提出し，その証書の謄本が外務省を経由して，本籍地の市区町村長に送付された場合（証書の謄本が婚姻届書とともに提出された場合）

婚 姻 届

平成30年7月5日届出
在サンフランシスコ総領事 殿

受理	平成30年7月5日 第234号
送付	平成30年8月26日 第3589号

（公館印）

	書類調査	戸籍記載	記載調査	調査票	附票	住民票	通知

		夫になる人	妻になる人
(1)	（よみかた）		おつ むら なつ こ
	氏 名	シモン　ジェラール	乙村　夏子
	生 年 月 日	西暦1988年8月9日	平成2年8月12日
(2)	住 所（住民登録をしているところ）	アメリカ合衆国カリフォルニア州サンフランシスコ市バーサス通 300番地	アメリカ合衆国カリフォルニア州サンフランシスコ市バーサス通 300番地
	世帯主の氏名		
(3)	本 籍（外国人のときは国籍だけを書いてください）	フランス共和国	横浜市中区港町3丁目50番地
	筆頭者の氏名		乙村　夏子
(4)	父母の氏名 父母との続き柄（他の養父母はその他の欄に書いてください）	父 シモン，ロバート　続き柄 2男 母 ナタリー	父 乙村孝作　続き柄 長女 母 花江
(5)	婚姻後の夫婦の氏・新しい本籍	□夫の氏　□妻の氏　新本籍（左の☑の氏の人がすでに戸籍の筆頭者となっているときは書かないでください）　　番地番
(6)	同居を始めたとき	平成30年5月（結婚式をあげたとき，または，同居を始めたときのうち早いほうを書いてください）
(7)	初婚・再婚の別	☑初婚　□再婚（□死別　□離別　年月日）	□初婚　☑再婚（□死別　☑離別　28年12月10日）
	同居を始める前の夫婦のそれぞれの世帯のおもな仕事と	夫　妻　1. 農業だけまたは農業とその他の仕事を持っている世帯 夫　妻　2. 自由業・商工業・サービス業等を個人で経営している世帯 夫　妻　3. 企業・個人商店等（官公庁は除く）の常用勤労者世帯で勤め先の従業者数が1人から99人までの世帯（日々または1年未満の契約の雇用者は5） 夫　妻☑ 4. 3にあてはまらない常用勤労者世帯及び会社団体の役員の世帯（日々または1年未満の契約の雇用者は5） 夫☑ 妻　5. 1から4にあてはまらないその他の仕事をしている者のいる世帯 夫　妻　6. 仕事をしている者のいない世帯
(8)	夫妻の職業	（国勢調査の年…　年…の4月1日から翌年3月31日までに届出をするときだけ書いてください）夫の職業　　　　　　妻の職業
その他	平成30年5月16日フランス共和国の方式により婚姻　婚姻証書謄本提出
届出人署名押印	夫　　　　　　　印　妻　乙村　夏子　㊞
事件簿番号	（証人欄省略）

◇日本人妻の戸籍

	（1の1）	全 部 事 項 証 明
本　　　籍	横浜市中区港町三丁目５０番地	
氏　　　名	乙村　夏子	

戸籍事項	
戸籍編製	【編製日】平成２８年１２月１０日

戸籍に記録されている者	
	【名】夏子
	【生年月日】平成２年８月１２日　【配偶者区分】妻 【父】乙村孝作 【母】乙村花江 【続柄】長女

身分事項	
出　　生	省略
離　　婚	【離婚日】平成２８年１２月８日 【配偶者氏名】甲山義治 【送付を受けた日】平成２８年１２月１０日 【受理者】東京都千代田区長 【従前戸籍】東京都千代田区大手町一丁目２０番地　甲山義治
婚　　姻	【婚姻日】平成３０年５月１６日 【配偶者氏名】シモン，ジェラール 【配偶者の国籍】フランス共和国 【配偶者の生年月日】西暦１９８８年８月９日 【婚姻の方式】フランス共和国の方式 【証書提出日】平成３０年７月５日 【送付を受けた日】平成３０年８月２６日 【受理者】在サンフランシスコ総領事
	以下余白

発行番号

事例25

戸籍の筆頭者及びその配偶者以外の日本人の男女が，その在住する外国の方式で婚姻し，その証書の謄本（夫の氏を称する旨及び婚姻後の本籍を夫の従前の本籍と同一の場所にする旨の申出書を添付―婚姻届書使用）が夫の本籍地の市区町村長に直接郵送等により届出がされた場合

婚姻届

平成31年10月19日届出
東京都中央区 長殿

受理 平成31年10月28日 第5678号
発送 平成31年10月28日
送付 平成31年10月31日 第4963号
東京都中央区 長 ㊞

	夫になる人	妻になる人
(1) （よみかた）氏名	へいかわ としお　丙川 利夫	おつやま はなこ　乙山 花子
生年月日	平成4年12月5日	平成5年4月3日
(2) 住所（住民登録をしているところ）	アメリカ合衆国ニューヨーク州ニューヨーク市　5番街6	アメリカ合衆国ニューヨーク州ニューヨーク市　5番街6
世帯主の氏名		
(3) 本籍（外国人のときは国籍だけを書いてください）	東京都中央区築地5丁目70	横浜市西区中央7丁目95
筆頭者の氏名	丙川太郎	乙山耕吉
父母の氏名 父母との続き柄	父 丙川太郎　母 竹子　続き柄 2男	父 乙山耕吉　母 佳子　続き柄 長女
(4) 婚姻後の夫婦の氏・新しい本籍	☑夫の氏 □妻の氏　新本籍 東京都中央区築地5丁目70	
(5) 同居を始めたとき	平成31年9月	
(6) 初婚・再婚の別	☑初婚　□再婚	☑初婚　□再婚

(7) 夫妻のおもな仕事と
☐夫 ☑妻 4. 3にあてはまらない常用勤労者世帯及び会社団体の役員の世帯（日々または1年未満の雇用者は5）
☑夫 ☐妻 5. 1から4にあてはまらないその他の仕事をしている者のいる世帯
6. 仕事をしている者のいない世帯

(8) 夫妻の職業（国勢調査の年…　年…の4月1日から翌年3月31日までに届出をするときだけ書いてください）
夫の職業　　　妻の職業

その他　平成31年9月10日アメリカ合衆国ニューヨーク州の方式により婚姻　婚姻証書謄本提出

届出人署名押印　夫 丙川利夫 ㊞　妻 乙山花子 ㊞

事件簿番号　　　　　　　　　　　　　（証人欄省略）

◇夫婦の新戸籍

(1の1) 　全部事項証明

本　　籍	東京都中央区築地五丁目７０番地
氏　　名	丙川　利夫
戸籍事項 　　戸籍編製	【編製日】平成３１年１０月２８日
戸籍に記録されている者	【名】利夫 【生年月日】平成４年１２月５日　【配偶者区分】夫 【父】丙川太郎 【母】丙川竹子 【続柄】二男
身分事項 　　出　　生 　　婚　　姻	省略 【婚姻日】平成３１年９月１０日 【配偶者氏名】乙山花子 【婚姻の方式】アメリカ合衆国ニューヨーク州の方式 【証書提出日】平成３１年１０月２８日 【従前戸籍】東京都中央区築地五丁目７０番地　丙川太郎
戸籍に記録されている者	【名】花子 【生年月日】平成５年４月３日　【配偶者区分】妻 【父】乙山耕吉 【母】乙山佳子 【続柄】長女
身分事項 　　出　　生 　　婚　　姻	省略 【婚姻日】平成３１年９月１０日 【配偶者氏名】丙川利夫 【婚姻の方式】アメリカ合衆国ニューヨーク州の方式 【証書提出日】平成３１年１０月２８日 【従前戸籍】横浜市西区中央七丁目９５番地　乙山耕吉
	以下余白

発行番号

◇夫の従前戸籍

| | （2の2） | 全部事項証明 |

本　　　籍	東京都中央区築地五丁目７０番地
氏　　　名	丙川　太郎

戸籍事項	
戸籍編製	省略

戸籍に記録されている者 除　　籍	【名】利　夫 【生年月日】平成４年１２月５日 【父】丙川太郎 【母】丙川竹子 【続柄】二男
身分事項 　出　　生 　婚　　姻	省略
	【婚姻日】平成３１年９月１０日 【配偶者氏名】乙山花子 【婚姻の方式】アメリカ合衆国ニューヨーク州の方式 【証書提出日】平成３１年１０月２８日 【新本籍】東京都中央区築地五丁目７０番地 【称する氏】夫の氏

以下余白

発行番号

◇妻の従前戸籍

（2の2） 全 部 事 項 証 明

本　　　籍	横浜市西区中央七丁目９５番地
氏　　　名	乙山　耕吉

| 戸籍事項 | |
| 戸籍編製 | 省略 |

戸籍に記録されている者 除　籍	【名】花子 【生年月日】平成５年４月３日 【父】乙山耕吉 【母】乙山佳子 【続柄】長女
身分事項 　出　　生 　婚　　姻	省略
	【婚姻日】平成３１年９月１０日 【配偶者氏名】丙川利夫 【婚姻の方式】アメリカ合衆国ニューヨーク州の方式 【証書提出日】平成３１年１０月２８日 【送付を受けた日】平成３１年１０月３１日 【受理者】東京都中央区長 【新本籍】東京都中央区築地五丁目７０番地 【称する氏】夫の氏 　　　　　　　　　　　　　　　　　　　　　　以下余白

発行番号

事例26

戸籍の筆頭者及びその配偶者以外の日本人男と外国人女が、在住する外国の方式で婚姻し、その証書の謄本（婚姻後の本籍を従前の本籍と同一の場所に定める旨の申出書を添付—婚姻届書使用）が夫の本籍地の市区町村長に直接郵送等により届出がされた場合

婚姻届

平成30年6月18日届出

千葉市若葉区　長殿

受理	平成30年6月27日
第	2456号
発送	平成　年　月　日
送付	平成　年　月　日
第	号

長印

書類調査／戸籍記載／記載調査／調査票／附票／住民票／通知

		夫になる人	妻になる人
(1)	（よみかた） 氏　名	おつ かわ えい じ 乙川　英治	ベルナール　マリア
	生年月日	平成5年7月9日	西暦1995年5月3日
(2)	住所 （住民登録をしているところ）	アメリカ合衆国カリフォルニア州サンフランシスコ市バーサス通 80番地番号 世帯主の氏名	アメリカ合衆国カリフォルニア州サンフランシスコ市バーサス通 80番地番号 世帯主の氏名
(3)	本籍 （外国人のときは国籍だけを書いてください）	千葉市若葉区桜木北 5丁目35　番地番 筆頭者の氏名　乙川幸吉	アメリカ合衆国 　　　番地番 筆頭者の氏名
	父母の氏名 父母との続き柄	父　乙川幸吉　続き柄 母　松子　長男	父　ベルナール、ウイエン　続き柄 母　エリー　2女
(4)	婚姻後の夫婦の氏・新しい本籍	☑夫の氏　□妻の氏　新本籍（左の☑の氏の人がすでに戸籍の筆頭者となっているときは書かないでください） 千葉市若葉区桜木北5丁目35　番地番	
(5)	同居を始めたとき	平成30年5月　（結婚式をあげたとき、または、同居を始めたときのうち早いほうを書いてください）	
(6)	初婚・再婚の別	☑初婚　□再婚（□死別　□離別　年　月　日）	☑初婚　□再婚（□死別　□離別　年　月　日）
(7)	同居を始める前の夫婦のそれぞれの世帯のおもな仕事と	夫　妻 □　□　1．農業だけまたは農業とその他の仕事を持っている世帯 □　□　2．自由業・商工業・サービス業等を個人で経営している世帯 □　□　3．企業・個人商店等（官公庁は除く）の常用勤労者世帯で勤め先の従業者数が1人から99人までの世帯（日々または1年未満の契約の雇用者は5） ☑　□　4．3にあてはまらない常用勤労者世帯及び会社団体の役員の世帯（日々または1年未満の契約の雇用者は5） □　☑　5．1から4にあてはまらないその他の仕事をしている者のいる世帯 □　□　6．仕事をしている者のいない世帯	
(8)	夫妻の職業	（国勢調査の年…　年…の4月1日から翌年3月31日までに届出をするときだけ書いてください） 夫の職業　　　　　　　妻の職業	
	その他	平成30年5月6日アメリカ合衆国カリフォルニア州の方式により婚姻 婚姻証書謄本提出	
	届出人署名押印	夫　乙川英治　㊞	妻　　　㊞
	事件簿番号		（証人欄省略）

◇日本人夫の新戸籍

(1の1) 全部事項証明

本　　　籍	千葉市若葉区桜木北五丁目35番地
氏　　　名	乙川　英治

戸籍事項	
戸籍編製	【編製日】平成30年6月27日

戸籍に記録されている者	【名】英治 【生年月日】平成5年7月9日　【配偶者区分】夫 【父】乙川幸吉 【母】乙川松子 【続柄】長男

身分事項	
出　　生	省略
婚　　姻	【婚姻日】平成30年5月6日 【配偶者氏名】ベルナール，マリア 【配偶者の国籍】アメリカ合衆国 【配偶者の生年月日】西暦1995年5月3日 【婚姻の方式】アメリカ合衆国カリフォルニア州の方式 【証書提出日】平成30年6月27日 【従前戸籍】千葉市若葉区桜木北五丁目35番地　乙川幸吉

以下余白

発行番号

◇日本人夫の従前戸籍

	（2の2）	全部事項証明
本　　籍	千葉市若葉区桜木北五丁目３５番地	
氏　　名	乙川　幸吉	

戸籍事項	
戸籍編製	省略

戸籍に記録されている者	【名】英治
除　　籍	【生年月日】平成５年７月９日 【父】乙川幸吉 【母】乙川松子 【続柄】長男
身分事項	
出　　生	省略
婚　　姻	【婚姻日】平成３０年５月６日 【配偶者氏名】ベルナール，マリア 【配偶者の国籍】アメリカ合衆国 【配偶者の生年月日】西暦１９９５年５月３日 【婚姻の方式】アメリカ合衆国カリフォルニア州の方式 【証書提出日】平成３０年６月２７日 【新本籍】千葉市若葉区桜木北五丁目３５番地

以下余白

発行番号

著者略歴

荒木　文明（あらき・ふみあき）

　　昭和55年　　東京法務局八王子支局戸籍課戸籍係長

　　昭和60年　　東京法務局民事行政部戸籍課総括係長

　　平成２年　　新潟地方法務局戸籍課長

　　平成３年　　東京法務局民事行政部戸籍課長

　　平成７年　　浦和地方法務局川越支局長

　　平成９年～同23年　　東京家庭裁判所参与員

改訂 戸籍のための
Ｑ＆Ａ「婚姻届」のすべて
届書の記載の仕方及びその解説

定価：本体3,400円（税別）

平成21年3月10日	初版発行
平成29年9月22日	改訂版発行

著　者　荒　木　文　明

発行者　尾　中　哲　夫

発行所　日本加除出版株式会社

本　社　郵便番号 171-8516
東京都豊島区南長崎3丁目16番6号
ＴＥＬ（03）3953-5757（代表）
　　　（03）3952-5759（編集）
ＦＡＸ（03）3953-5772
ＵＲＬ http://www.kajo.co.jp/

営業部　郵便番号 171-8516
東京都豊島区南長崎3丁目16番6号
ＴＥＬ（03）3953-5642
ＦＡＸ（03）3953-2061

組版 ㈱郁 文／印刷・製本 ㈱倉田印刷

落丁本・乱丁本は本社でお取替えいたします。
Ⓒ F. Araki 2017
Printed in Japan
ISBN978-4-8178-4426-2 C2032 ¥3400E

JCOPY 〈出版者著作権管理機構 委託出版物〉

本書を無断で複写複製（電子化を含む）することは、著作権法上の例外を除き、禁じられています。複写される場合は、そのつど事前に出版者著作権管理機構（JCOPY）の許諾を得てください。
また本書を代行業者等の第三者に依頼してスキャンやデジタル化することは、たとえ個人や家庭内での利用であっても一切認められておりません。

〈JCOPY〉　ＨＰ：http://www.jcopy.or.jp/, e-mail：info@jcopy.or.jp
電話：03-3513-6969, FAX：03-3513-6979

届出をする側の立場で解説した事例とQ&A
適正迅速な窓口対応のための必携シリーズ！

戸籍のための Q&A

「出生届」のすべて

荒木文明 著

2008年1月刊 A5判 472頁 本体4,000円+税 978-4-8178-3780-6
商品番号：40333　略号：Q出生

「死亡届」のすべて

荒木文明・菅弘美 著

2013年10月刊 A5判 316頁 本体2,700円+税 978-4-8178-4118-6
商品番号：49094　略号：Q死亡

改訂「離婚届」のすべて
届書の記載の仕方及びその解説

荒木文明・菅弘美 著

2017年3月刊 A5判 448頁 本体3,700円+税 978-4-8178-4378-4
商品番号：49093　略号：Q離婚

改訂「婚姻届」のすべて
届書の記載の仕方及びその解説

荒木文明 著

2017年9月刊 A5判 372頁 本体3,400円+税 978-4-8178-4426-2
商品番号：49092　略号：Q婚姻

日本加除出版
〒171-8516　東京都豊島区南長崎 3 丁目16番 6 号
TEL (03)3953-5642　FAX (03)3953-2061（営業部）
http://www.kajo.co.jp/